KB171116

새로 바뀐
대입자기소개서
인문계열

새로 바뀐
대입자기소개서
인문계열

대치동 입시컨설턴트가 알려주는
2022, 2023 자소서 작성비법

이수민 지음

길위의책

2023학년에 입시를 치른다면
자기소개서는 써야 한다

제가 집필한 자기소개서 작성법에 관한 책이 많은 사랑을 받아 입시 분야는 물론 청소년 분야 베스트셀러에 선정됐습니다. 저자로서 자랑스러운 경험이지만 한편으론 씁쓸합니다. 대한민국의 입시제도가 늘 어려웠다고 했지만, 줏대 없이 수시로 바꾼 나쁜 입시 덕분이 아닌가 하는 생각이 들었기 때문입니다. 특히 올해 이런 입시의 변화 속에서 많은 곤혹을 치르고 있는 게 자기소개서입니다. 누구는 평가에 꼭 필요하다고 하고, 누구는 없애자고 하고 이리저리 휩쓸리다가 결국 2024학년도부터는 없어질 운명에 처해 있습니다. 하지만 결국 자기소개서 작성은 매우 필요한 과제가 될 것이고, 완전히 없어지지 않은 올해까지는 학생들에게 부담으로 다가올 것입니다. 하지만 우리에겐 이미 1년 전 바뀐 양식으로 자소서를 작성한 선배와 바뀐 양식으로 지도한 저자들의 조언이 있으니 걱정할 필요는 없습니다. 이에 이 책을 읽는 독자분들이 가장 많이 할 질문이 무엇일지 고민해 머리말에 담았습니다.

1) 자기소개서, 준비해야 하는가?

2) 자기소개서, 양식 변화에 맞추려면 어떻게 써야 하는가?

첫 번째 질문에 대한 제 답은 간단합니다. '써야 한다'는 것입니다. 2023학년도(2022년 현 고3) 수험생부터는 자기소개서를 제출할 수 있는 대학이 많이 줄었습니다. 그럼에도 내가 지원할 6개의 대학이 모두 자기소개서를 폐지하지 않았다면 결국 한 번은 작성해야 합니다. 따라서 반영하는 대학이 많이 줄었다는 양적인 데이터에 귀 기울이다가 수시 모집 시기에 급하게 자소서를 작성하려고 허둥지둥하기보다 내가 지원할 대학 군(group)을 미리 6월 평가원 모의평가 즈음에 설정하고 그중에 한 대학이라도 자기소개서를 반영한다면 여름이 되기 전에 어떻게 자기소개서를 쓸지와 혹시 보충해야 할 활동은 없는지를 저자와 같은 전문가와 상담하는 것이 맞습니다. 자세한 내용은 **파트1**에서 어느 대학이 자기소개서를 반영하는지, 반영하는 대학에서 자기소개서가 어떤 의미인지 알 수 있도록 했습니다.

두 번째 질문은 상당히 복잡합니다. 2023학년도 입시를 치르는 학생들의 당황한 모습이 눈에 선합니다. 선배들의 자기소개서 샘플을 보면서 자기소개서 작성의 감을 잡았는데, 갑자기 양식이 바뀌었으니 선배들의 자기소개서 샘플이 의미를 잃어버렸습니다. 그래서 이 책에서는 각 파트에서 이 문제를 해결하고자 노력했습니다.

파트2는 기존 책에서도 많은 호응을 받았던 파트로 자기소개서를 쓰는 기본적 원리를 소개합니다. 특히 챕터3에서는 '스펙을 잠재력을 보여주는 도구로 활용'하자고 제안했는데 저자가 강연과 개인지도를 하면서도 매우 강조하는 부분입니다. 자기소개서가 활동 소개서가 되지 않도록 하는 중요한 원리를 담고 있으니 꼭 읽어 보라고 추천합니다.

파트3의 공통 문항 분석은 이번 책에서 가장 심혈을 기울인 부분입니다. 변화된 공통 문항은 어떤 부분이 더 중요해졌는지 그리고 무엇보다 '짧아진 자기소개서에서 어떤 모습을 부각해야 효율적으로 좋은 점수를 받을 것인가?'하는 고민을 담았습니다. 특히 신유형 2번 문항(구 3번 문항)은 가장 중요한 변화를 겪은 만큼 어떤 것이 중요해졌는지 챕터2를 반드시 읽어봐야 합니다.

파트4는 자기소개서를 좀 더 돋보이게 할 수 있는 방법을 서술한 파트입니다. 특히 자기소개서에서 서술할 수 있는 분량이 줄어든 만큼 활동들을 연결해서 짧은 자기소개서 속에서 여러 활동을 임팩트 있게 보여주는 챕터4의 방법이 더 중요해졌습니다. 또 챕터1에서 '자기소개서는 광고문'이라는 내용으로 짧아진 자기소개서라도 자신의 잠재력을 짧고 강하게 보여줄 수 있는 방법론을 제공하고 있습니다.

파트5는 주요 대학별 전형 분석입니다. 전형 분석과 정보 제공이 목적이기도 하지만 저자들이 이제껏 여러 대학의 입시를 경험하면서 알게 된 대학별로 선호하는 학생부나 자기소개서 유형 그리고 특징을 간략하게 전달하고자 노력했습니다. 노련한 입시 컨설턴트는 학생의 성적뿐 아니라 활동 성향과 잘하는 과목, 못하는 과목 등을 종합적으로 고려하는 감(感)을 갖고 있습니다. 완벽하진 않겠지만 그런 감을 지면을 통해 전달하고자 노력했습니다.

파트6을 쓰면서는 신경을 많이 썼습니다. 신경을 많이 쓴 이유는 기존 선배들의 사례가 구 유형에 맞춰져 있어 학생들의 입장에서는 적용하기가 어려웠기 때문입니다. 그래서 '국내 최초'로 구 유형의 사례를 제가 신 유형의 사례에 맞게 직접 적용했습니다. 따라서 이 책을 읽는다면, 남들은 신 유형 자소서 사례가 하나도 없지만, 나는 신 유형의 사례를 가지고 있는 장점을 획득하는 것입니다. 또한 뒤에 나오는 예전 사례는 모두 '국내에서 유일하게' 학생들의 학생부 사례와 자기소개서 사례를 함께 볼 수 있도록 작성함으로써 학생부 속 활동이 어떻게 자기소개서로 이어질 수 있는지 알기 쉽도록 했습니다. 단순히 사례만 보는 것이 아니라 자신의 자기소개서에 어떻게 이 사례들을 적용할 수 있는지 상세히 서술한 만큼 그 어떤 책보다 효과가 크리라 자신합니다.

요즘같이 미디어가 발달한 시대에 책으로 정보를 전달하는 것은 참 어렵습니다. 하지만 그럼에도 저자들의 책이 꾸준히 베스트셀러 목록에 오르는 이유는 다른 책들이 그저 정보를 나열하고만 있을 때, 정보를 가공해 읽는 사람에게 필요한 형태로 제공해 주고자 했던 저자들의 노력이 있었기 때문이라고 생각합니다.

마지막으로 책을 내기까지 수많은 도움을 주신 저자들의 모교 은사님들, 출판사 분들에게 감사를 전합니다.

대치동 연구실에서
저자 어준규, 이수민 드림

Contents
● ● ●

PART 1
------ **학생부종합전형의 핵심 자기소개서**

01 학생부종합전형, 여전히 현역에겐 필수　13

02 평가방법에서 자소서가 보인다　18

03 자기소개서는 평가자를 설득하는 열쇠다　21

PLUS 입학사정관이 좋아하는 학생부 만드는 비법 6가지　24

PART 2
------ **합격하는 자기소개서의 개요 짜기**

01 나만의 활동 목록표를 만들어라　33

02 가치(A) 꿈은 자소서의 종착역이다　42

03 현실(B) 스펙은 잠재력을 보여주는 도구로 활용하라　46

04 대학교(C) 대학이 당신을 뽑아야 하는 이유를 적어라　52

05 과정(D) 대학에 들어간 다음의 행동 계획을 세워라　56

PLUS 인재상에 어울리는 활동 BEST 6　60

PART 3
------ **진부한 자소서에서 벗어나는 공통문항 분석**

01 1번 문항 활동이 아니라 어필 포인트를 고민해라　67

02 2번 문항 이제는 그냥 '착한 얘기' 쓰면 망한다　80

03 3번 문항 대학에서 원하는 것을 써주자　87

PLUS 좋은 독서의 기준　93

PART 4

------ **작은 활동도 돋보이게 하는 자소서 작성기술**

01 글의 종류 알기 자소서는 설명문이 아니라 광고문이다   99

02 첫 문장 쓰기 첫 문장에서 자신의 가치를 확실히 어필하라   105

03 본론 구성하기 능력을 어필하는 최적의 3단 구성   109

04 활동 연결하기 어떻게 엮을지는 미리 계획해라   115

PLUS 사소한 활동도 엮어서 쓰면 의미 있는 활동이 된다   126

PART 5

------ **대학별 전형 분석편 _ 주요 대학별 학생부종합전형 완전 분석**

일반대학편   133

01 서울대학교 | **02** 고려대학교 | **03** 연세대학교 | **04** 서강대학교

05 성균관대학교 | **06** 한양대학교 | **07** 중앙대학교 | **08** 경희대학교

09 한국외국어대학교 | **10** 서울시립대학교 | **11** 이화여자대학교

교육대학편   185

01 공주교육대학교 | **02** 서울교육대학교 | **03** 경인교육대학교

04 춘천교육대학교 | **05** 전주교육대학교 | **06** 대구교육대학교

07 한국교원대학교 | **08** 부산교육대학교 | **09** 광주교육대학교

10 진주교육대학교 | **11** 청주교육대학교

PART 6

------ **자소서 통사례 분석편 _ 주요대학 합격자의 자기소개서 정밀 분석**

01 신유형편 성균관대학교 사회과학계열   223

02 신유형편 고려대학교 행정학과   239

03 심화편 연세대학교 노어노문학과   252

04 일반편 고려대학교 문화ICT융합전공   262

05 일반편 연세대학교 경영학과   273

06 일반편 고려대학교 보건환경정책학부   287

07 일반편 중앙대학교 아시아문화학부   298

07 일반편 서울교육대학교   311

2022년 현 고3에게 적용되는
대입자기소개서 양식에 맞추었다!

PART 1

학생부종합전형의
핵심 자기소개서

"

자기소개서는 학생부종합전형의 핵심 문서다. 따라서 자기소개서를 어떻게 쓸지 고민하기 이전에 우리는 학생부종합전형이 무엇인지 알아야 할 필요가 있다. 이번 파트에서는 학생부종합전형이 어떤 방식으로 학생을 평가하는지, 그 평가 방식을 정확히 이해하도록 할 것이다. 또 그에 따라서 왜 자기소개서가 중요하고 그 평가 과정에서 어떤 역할을 담당하는지를 명확히 할 것이다. 추가로 최근 학생부종합전형의 트렌드와 인재상도 좀 더 알아보고자 한다.

"

01

학생부종합전형, 여전히 현역에겐 필수

2022학년도 서울 주요대학 입시 모집 현황

대학명	모집인원(명)	수시모집 인원(명)	정시모집 인원(명)	정시비율(%)
경희대	5,323	3,120	2,203	41.39
고려대	4,193	2,511	1,682	40.11
서강대	1,715	1,019	696	10.58
서울대	3,423	2,376	1,047	30.59
성균관대	3,676	2,228	1,448	39.39
세종대	2,688	1,675	1,013	37.69
연세대	3,775	2,140	1,635	43.31
이화여대	3,338	2,141	1,197	35.86
중앙대	4,999	3,267	1,732	34.65
한국외대	3,629	2,090	1,539	42.41
한양대	3,192	1,817	1,375	43.08

※ 자료: 한국대학교육협의회 대학입학전형위원회

"학생부종합전형 쓸까 말까 고민돼요."

2018년 대입 전형 개편 발표가 난 이후 정시에 대한 관심이 뜨겁다. 하지만 위의 표를 보면 알 수 있지만 결국 여전히 정시 비율은 많아야 40퍼센트다. 반대로 본다면 수시 비율은 60퍼센트 내외다. 상위 대학은 여전히 수시에서 많은 학생들을 선발하고 있다. 이는 중위권 대학으로 갈수록 더 심해진다. 따라서 현역 학생이 수시를 쓸 것인가 말 것인가 고민하는 것은 의미가 없다. 수시에서 한 번 기회를 잡고, 이 기회를 잡지 못했다면 정시에서 마지막 기회를 잡는 것이 입시의 정답이라고 할 수 있다. 가끔 학원에서 정시비율이 늘어났으니 내신보다 정시에 힘쓰자는 식의 이야기를 많이 하는데, 이 이야기는 학원의 입장을 대변할 뿐 올바른 전략이라고 보긴 어렵다. 재수생이라면 정시 비율이 상승했으므로 많은 기회가 생겼다고 볼 수 있지만 현역 학생에게 유리한 수시 비율이 60퍼센트가 넘는 것을 보면 여전히 '수시 필수 지원'이라는 전략은 유효하다.

학생부의 축소와 자소서의 중요성

"자소서 이제 폐지되나요?"

2018년에 대입 전형이 개편돼 학생부에 기재할 수 있는 사항이 매우 축소됐다. 다음의 표를 참고하면 된다.

서울 주요 대학 중 자기소개서 폐지한 대학교

대학	2022학년도			2021학년도		
	있음	없음		있음	없음	
고려대		2,327	100.0%	2,982		0.0%
서강대		988	100.0%	875	235	21.2%
한양대(서울)		1,489	100.0%		1,879	100.0%
연세대	1,042	869	45.5%	1,789	384	17.7%
성균관대	1,127	718	38.9%	1,610	532	24.8%
서울대	2,256		0.0%	2,447		0.0%
한국외대(서울)		1,012	100.0%	563	544	49.1%
숙명여대	281	814	74.3%	316	967	75.4%
홍익대(서울)	553	616	52.7%	407	766	65.3%
동국대(서울)	753	738	49.5%	911	842	48.0%
건국대	829	775	48.3%	1,358	445	24.7%
중앙대	1,375	1,187	46.3%	1,513	1,193	44.1%
이화여대	1,044	884	45.9%	914	1,014	52.6%
경희대	1,420	1,037	42.2%	2,170	684	24.0%
인하대	1,268	894	41.4%	1,427	1,152	44.7%
아주대	874	422	32.6%	934	462	33.1%
서울시립대	612	269	30.5%	737	294	28.5%

　　서울 주요 대학교 중에 자기소개서를 폐지한 대학이 많다. 더불어 자기소개서는 2024학년도 즉, 현 고1 입시를 기점으로 전면 폐지될 계획이다.

2022학년도 기준으로는 고려대, 서강대, 외국어대가 자소서를 폐지했다. 그러나 이를 가지고 자소서가 이제 중요치 않다고 말하기는 아직 어려운 부분이 있다. 왜냐하면 학생들이 연세대, 중앙대, 경희대 등 아직 자소서를 적용하는 대학에 지원하면서 고려대, 외국어대, 서강대 등 자소서가 폐지된 대학도 함께 지원하는 경우가 많기 때문이다. 어차피 지원서를 여섯 장 쓴다면 자소서를 작성해야 한다. 자소서가 2015 개정 교육 과정이 적용된 이후에 공통 양식이 생기면서 한 대학에 지원하려고 쓰나 서너 대학에 지원하려고 쓰나 작성하는 사람 입장에서 보면 부담은 비슷하다. 따라서 자소서가 완전 폐지될 2024학년도(2021년 현 고1) 입시 전까지는 여전히 중상위권 학생들은 자소서를 중요하게 생각해야 한다.

"폐지된다는데 그럼 평가에 적게 영향을 주는 것 아닌가요?"

만약에 입시 요소에 다른 변화가 없이 자소서만 폐지되는 추세로 간다면, 자소서가 큰 영향을 주지 않을 수도 있다. 하지만 2018년도 대입 전형이 개편되면서 학생부에 기재할 수 있는 요소가 대학 입학처에서도 반발할 만큼 축소됐기 때문에 자소서를 계속 전형 요소로 둔 대학에서는 자소서의 중요도가 오히려 높아진다고 보는 쪽이 합당하다. 자소서를 계속 유지하고 있는 대학의 면면을 보면 입학사정관제 때부터 학생부 전형의 기준이 되어 온 서울대, 경희대와 같이 학생부 평가를 잘한다고 평가되어 온 대학들이다. 그만큼 자소서를 반영하는 대학에서는 자소서를 축소된 학생부 기재 사항을 보완할 수 있는 매우 중요한 요소로 삼을 것이다.

"지금까지 특별하게 해온 게 없는데,
나를 어떻게 매력적으로 담아낼 것인가?"

02

평가방법에서 자소서가 보인다

    학생부종합전형. 이름은 거창하지만, 우리는 두 가지만 기억하면 된다. 학생부종합전형은 '학생부를 종합적으로 평가하는 전형'이다. 문장은 쉽지만 잘 이해가 안 될 수 있는데, 그 이유는 우리가 학생부, 평가, 전형이라는 말은 알지만 '종합적'이라는 말을 잘 모르기 때문이다.

    종합적이라는 것은 쉽게 말해 '숫자 이외의 것도 평가한다'는 뜻이다. 예전에 모대학교에서 있었던 일을 하나 소개하면 이해가 쉬울 것 같다. 학생부를 보면 가장 첫 번째 페이지에 출결사항이 보인다. 기본적이지만, 중요한 내용이다. 출결사항은 결석, 지각, 결과로 나뉘고, 그 사유는 무단, 질병, 기타로 나뉜다. 여기서 가장 안 좋은 사유는 '무단'이다. 만약 어떤 학생이 8일간 무단결석을 기록했다고 가정해보자. 정시나 교과라면 100점을 만점으로, 무단결석당 몇 점씩 차감하는 식으로 출결점수를 반영한다. 무단결석이 정말로 8일이나 있다면, 소수점 몇 점으로도 합불이 갈리는 입시에서 거의 승산이 없다. 이렇게 숫자적 지표를 바탕으로 점수를 엄격히 계산해 평가하는 것을 '정량' 평가라고 부른다. 종합 평가는 바로 이런 정량 평가에 대비되는 개념이다. 무단결석이 8일인 학생이 있다면 정량 평가에서는 이 학생의 점수를 8일치만큼 차감하겠지만, 종합 평가에서는 다르다. 종합 평가라면 이 학생이 왜 8일이나 결석했는지 그 이유를 살펴본다. 살펴보니 학생의 행동특성 및 종합의견(학생부)에 "학생의 부모님이 이혼하시는 과정에서 가정에 불화가 생겨 아이가 방황했지만, 이내 마음을 잡고 다시 성적을 올릴 만큼 의지가 강하고, 인성이 바른 학생"이라는 평이 적혀 있다면? 가정불화가 있음에도 불구하고 8일만 방황하고 나서 다시 성적을 올리려고 열심히 살아온 이 학생의 점수를 우리가 깎는 것이 바람직한 일일까? 비록 학생이 8일간 결석했지만 다른 학생처럼 평범하게 살았다면, 혹은 화목한 가정에서 생활했다면 결석도 하지 않고 더 좋은 성과를 내지 않았을까? 하는 고민이 들 것이다. 종합 평가에서는 이러한 고민을 하고, 이 고민을 바탕으로 이 학생이 결석했더라도 성실하지 않다고 평가하지는 않는다. 이것이 바로 종합적인 평가이고, 정량 평가와 대비된다고 해서 '정성' 평가라고도 부른다.

제대로 이해했다면, 이 질문에 답해보자.

> "내신 1.0 등급인 학생과 1.5 등급인 학생이 있다면,
> 누가 대입에 더 유리할까?"

만약 1.0 등급이라고 대답했다면, 앞의 문단을 다시 읽고 오길 추천한다.

정답은 '모른다'이다. 누구를 선발할지 우리는 알 길이 없다. 왜냐하면, 내신 1.0 등급인 학생과 내신 1.5 등급인 학생 중 누가 더 좋은 인재인지 숫자만 가지고는 평가하지 않기 때문이다. 내신 1.0 등급인 학생이 물론 공부는 조금 더 잘할 수 있다. 이해력이 조금 더 좋을 수도 있다. 하지만, 1.0 등급인 학생은 남을 전혀 도울 줄 모르는 학생이고, 1.5 등급인 학생이 남을 도와가며 함께 공부할 줄 아는 학생이라면, 누가 더 발전가능성이 있고, 누가 더 우리 사회가 필요로 하는 협력이나 창의성을 갖춘 학생이 될 것인가? 당연히 이 경우에는 1.5 등급인 학생이다. 내신이든 출결사항이든 '숫자' 말고 그 너머에 어떤 것이 있는지를 봐주는 것, 그것이 바로 학생부를 '종합'적으로 평가한다는 말의 의미다.

1. 학생부종합전형에서는 학생부에서 드러나는 활동과 내용을 평가한다.
2. 하지만 단순히 내신이나 출결 같은 숫자가 아니라, 그 안에 들어 있는 내용을 종합적으로 평가한다.

03

자기소개서는 평가자를 설득하는 열쇠다

　소개팅을 나간다고 생각해보자. 소개팅에 쌩얼로 나가는 사람이 있을까? 아마도 없을 것이다. 상대방에게 자신의 이목구비가 흐리멍덩하게 보이고 싶은 사람은 없다. 그래서 사람들은 화장을 한다. 그래야 보다 더 강한 인상을 남기고, 예쁘고 잘생겼음을 남들에게 보여줄 수 있을 테니 말이다. 학생부종합전형에서도 마찬가지 현상이 발생한다. 기본적으로 내 모습을 입학사정관이 보고 평가하는 전형이기 때문에, 나의 모습을 인상 깊게 평가자에게 남길수록 유리할 수밖에 없다.

　하지만 입학사정관제에서 학생부종합전형으로 넘어오면서 문제가 생겼다. 외부에서 한 활동을 반영하기 매우 어려운 구조가 돼버린 것이다. 외부 활동을 보여줄 수 있던 입학사정관전형 시절에는 활동할 수 있는 폭도 넓었고, 다양한 자격증이나, 대회 수상 기록을 보여줄 수 있었다. 하지만 학생부종합전형에서는 학생부만 가지고 승부에 임해야 한다. 학교 교육과정 내에서 한 활동만 학생부에 반영될 수 있다. 더 큰 문제는 학교 교육과정으로 진행한 활동이라 하더라도, 선생님이 개개 학생의 모든 것을 알고 평가해주기 매우 어렵다. 또한, 대다수 학교가 교육 과정이 비슷하고, 더욱이 같은 학교 학생이라면 더 유사할 수밖에 없기 때문에, 내 모습을 뚜렷하게 평가자에게 보여주기란 매우 힘들다.

마치 소개팅에 나가기 하루 전인데, 아껴둔 색조 화장품 세트가 모두 사라져버린 것과 마찬가지 상황이다. 눈도, 코도, 턱도 날렵하게 표현해야 하는데 그럴 도구가 사라졌다. 당연히 이 상태로 소개팅에 나갈 것이 아니라, 우리는 조금이나마 얼굴을 또렷하게 만들기 위해, 남아 있는 화장품을 가지고 내 스타일대로 아이라인도 그리고, 입술도 칠하며, '화장'해야 한다.

유사한 교육과정 속에서, 그리고 유사한 환경 속에서, 많은 고등학생들이 함께 경쟁한다. 이러한 과정 속에서 '나'라는 사람의 고유한 특성을 더 짙게 알려주려면 '나'만의 이야기를 담을 창구가 필요하다.

한편, 입학사정관, 즉 평가자의 입장도 마찬가지다. 지원자가 자신의 캐릭터를 보여주기 힘들어진 것처럼, 평가자도 비슷한 수상 경력을 가지고 있고, 유사한 동아리 활동과 진로 활동을 한 지원자 중에서 합격자를 가려내야 하는 어려움이 생겼다. 그러므로 개별 지원자의 특성을 더 자세히 파악할 수 있는 통로가 필요해졌다.

이런 평가자와 지원자의 요구를 동시에 만족시켜줄 수 있는 문서가 바로 '자기소개서'다. 그렇다면 비슷한 활동, 비슷한 수상, 비슷한 경험(자신은 독특하다고 생각하겠지만, 실제로 평가하는 입장에서는 늘 똑같은 스토리일 뿐이다)에서 어떻게 새로운 내용을 뽑아낼 수 있을까?

그 비결이 바로 이 책에서 앞으로 다루고자 하는 내용이다. 평가요소의 제한 때문에 흐리멍덩해진 내 이목구비를 어떻게 뚜렷하게 만들 것인가, 어떻게 화장해서 나를 조금 더 돋보이게 만들고, 진짜 내 모습을 평가자에게 전달할 수 있을지가 앞으로, 계속 이 책에서 고민할 내용이다.

즉, 자기소개서는 제한적인 것만 보여줄 수 있는 환경과 비슷한 경험을 한 경쟁자 사이에서 나만의 여러 가지 특징, 즉 나 자신을 조금 더 또렷하게 전달할 수 있는 유일한 수단이면서 직접 평가자와 소통할 수 있는 수단이다. 그래서 우리는 어떻게 효율적으로, 그리고 뚜렷하게 이것들을 전달할 수 있을지, 앞으로 이 책을 통해 쉽고 명확하게 알아볼 것이다.

입학사정관이 좋아하는
학생부 만드는 비법 6가지

—

학생부종합전형에서 가장 기본이 되는 평가 문서는 당연히 학생부다. 기본적으로 학생부에 좋은 내용이 기재돼야 좋은 대학에 갈 수 있다. 그러므로 우선 '좋은 학생부'를 만드는 비법을 알아보자. 아직 학생부가 기록되지 않은 학생이라면 반드시 참고해야 한다. 학생부는 학교에서 기록하는 문서이므로, 머릿글자를 따서 학교를 뜻하는 'SCHOOL'이라고 기억해보자!

1. Super or Special _ 내신, 특징 있게 만들어라

어느 대학이나 '공부 잘하는 학생'을 뽑고 싶어 한다. 그러니 학생부를 펴고 가장 먼저 확인하는 것은 여러분의 내신 등급일 것이다. 기본적으로 내신의 평균 등급을 가지고 가장 먼저 지원자를 평가하고 그 후에 각 과목별 내신과 주요 내용을 살펴볼 것이다. 그러니 당연한 이야기지만 내신은 무조건 좋을수록 좋다. 내신 등급이 뛰어나다면(super), 평가자들은 당연히 그런 지원자에게 집중할 것이고, 더 많은 시간을 할애할 가능성이 높다. 그렇다면 내신 등급이 굉장히 평범한 학생은 어떻게 해야 할까?

내신 성적이 특출하지 않다면 되도록 내신 성적을 올리려고 노력하면서, 내신 성적을 특화하는(special) 전략이 가장 중요하다. 흔히들 내신은 스펙이 될 수 없다고 생각하는데, 특별한 변별점이 있는 내신이라면, 꼭 내신 점수가 좋지 않더라도 얼마든지 평가자의 이목을 끌고 좋은 평가를 받을 수 있다. 예컨대 1학년에서 3학년으로 올라가면서 내신 성적이 전반적으로 상승한다든지, 혹은 특정 과목의 내신이 눈에 띄게 오른다든지, 지원하고자 하는 학과와 관련 있는 교과의 내신이 다른 교과와 견주어 유달리 좋다면 상대적으로 좋은 평가를 받을 수 있다.

내신은 모든 학생이 좋을 수 없다. 기본적으로 상대 평가이기 때문에 그렇다. 또 같은 대학에 지원하는 경쟁자들은 대부분 내신 등급이 비슷하므로 내신을 특징 있게 만들어가는 것도 좋은 전략이다.

2. Character _ 세부능력 및 특기사항에 본인의 개성이 드러나도록

'내신 1.5등급이 유리할까, 내신 2등급이 유리할까?'라고 묻는다면, 대부분 사람들은 당연히 전자라고 이야기할 것이다. 하지만 실제로는 그렇지 않다. 필자가 늘 강조하는 이야기지만, 학생부종합전형은 말 그대로 '종합' 전형이다. 단순히 성적이 좋다고 좋은 점수를 주지는 않는다. '본인 할 것만 챙기고 받은 1.5등급'과 '남들을 열심히 도와주고 받은 2등급'이라고 바꾸어서 생각을 해보면, 쉽게 이해가 된다.

세부능력 및 특기사항은 말하자면, '내신의 설명서'다. 어떻게 해서 이런 등급을 맞게 됐는지 설명한다. 이 기록은 내신 등급과 맞물려서, 평가자들이 가장 중점적으로 보는 부분 중 하나다. 그러므로 세부능력 및 특기사항에 본인의 개성(Character)이 드러나도록 해야 한다.

많은 학생들이 세부능력 및 특기사항 칸에 개성을 드러내지 못한다. "창의력이 있다"든지, "문제해결 능력이 있다"든지, "학업에 대한 성취 욕구가 높다"와 같이 쓰여 있다면, 표현 자체가 워낙 두루뭉술한 탓에 지원자가 어떤 사람인지, 어떤 노력을 통해서 이런 내신을 받았는지 입학사정관이 파악하기란 쉽지 않다.

그래서 이런 표현들을 개성 있게 바꾸어주는 작업이 필요하다. 가장 쉬운 방법은 기존의 '~하다' 같은 평가를 바꾸어서 '~한 점을 보니/~한 것을 보니, ~하다'와 같은 표현으로 바꾸는 것이다. 즉 평가적 언어 중심에서 경험적 언어 중심으로 서술을 바꾸는 것이다. 막연히 창의적이라고 쓰는 것이 아니라, "수업시간에 수요와 공급 개념을 독특하게 비유해 친구들에게 알려주는 창의적인 학생이다"와 같이 서술된다면, 훨씬 지원자의 모습이 잘 보이는 세부능력 및 특기사항이 된다.

3. Happening _ 동아리 활동은 구체적으로 드러나도록

동아리 활동 내용에 활동 자체만 서술돼 있는 경우가 많다. 학생에 대해 기록하는 문서가 학생부인데, 대다수 학생들의 동아리 활동 내용이 동아리 소개서처럼 작성돼 있다. 이럴 땐, 'Happening'을 기억하자!

"A 활동, B 활동, C 활동을 통해 리더십과 창의성을 보여줌"이라는 서술에서는 동아리가 A, B, C를 했다는 메시지만 강력하게 다가오지, 실제로 동아리에서 학생이 어떤 일을 했는지, 어떤 특성을 가진 사람인지 알 수 없다. 이런 단순한 활동 나열보다는 "A 활동에서 발생한 갈등을 중간에서 잘 조정해 잘 끝마칠 수 있도록 노력함. B 활동에서 실질적인 리더를 맡아 다른 선생님들께도 결과에 대한 칭찬을 받아냄"과 같이 활동 속에서 본인은 어떤 역할을 담당했고, 어떤 일이 있었는지 등을 상세하게 기술해서 입학사정관이 지원자의 모습을 직접 그려볼 수 있도록 노력해야 한다.

4. Option _ 봉사 활동은 선택적으로 기재되도록

학생부에서 봉사 활동 항목 자체가 아예 빈칸인 학생들이 생각 외로 많다. 학생부에서 봉사 활동을 기록하는 곳은 크게 두 군데다. 첫째는 우리가 흔히 알고 있는 '봉사 활동 시간 및 내용' 부분이고, 둘째는 진로 활동, 자율 활동, 동아리 활동을 함께 기록하는 창의적 체험 활동 부분이다. 그런데 학생이 봉사 활동을 실제로 했는데도 창의적 체험 활동 칸에 봉사 활동이 기재돼 있지 않은 경우가 많다. 사적으로 봉사 활동을 하면, 학교에서는 본인이 어떤 봉사 활동을 했는지 정확히 알 수 없는 경우도 있고, 봉사 활동 내용을 입력하기 귀찮아서 입력하지 않는 선생님도 있기 때문에, 반드시 본인이 챙겨서 알찬 학생부를 만들어야 한다.

하지만 봉사 활동이 'Option'인 이유는 다른 부분과 견주어 보면 상대적으로 선택적이기 때문이다. 실제로 제대로 된 봉사를 하지 않은 학생도 무척이나 많고, 특별한 봉사 활동 내역이 없어도 붙는 경우도 많다.

결국 우리가 봉사를 통해 보여줄 수 있는 것이 나눔이나 배려 같은 가치라고 한다면, 이런 것은 특별한 봉사 활동을 통해 보여주지 않더라도 동아리에서 소외된 친구를 배려해준다든지, 공부 못하는 친구를 도와 성적을 올려준다든지 하는 활동으로도 드러낼 수 있기 때문이다. 즉 다른 부분에서 학생의 가치와 봉사정신을 나타낼 수 있다면, 봉사 활동을 억지로 끼워 맞추면서까지 할 필요는 없다는 뜻이다.

물론 지원하고자 하는 학과와 전형에 따라 각자의 사정에 맞게 고려해야 한다. 예컨대 가톨릭지도자추천전형이나 사회복지학과와 같이 전형이나 지원하는 학과 자체가 봉사나 나눔과 밀접한 관련이 있는데도 봉사 활동 내역이 없다면 불합격할 확률이 높을 수밖에 없다.

5. OK _ 수상 실적

수상 실적이 많은 사람은 내용이 많을 것이고, 그렇지 않은 사람은 내용이 적을 수밖에 없다. 하지만 수상 실적이 없다고 너무 걱정하지는 말자.

어떤 대회든 'OK'라는 태도로 다양한 대회에 도전해보자. 기본적으로 수상 실적이 많으려면 대회에 많이 나가야 한다. 일부 상위권 학생을 제외하고는 학교에서 열리는 여러 대회에 많이 나가지 않는다. 하지만 상위권 학생이라고 해서 이런 대회들을 일일이 준비해서 나가지는 않고, 그러는 것도 거의 불가능하다. 그러니까 꼭 상위권 학생만 수상하는 것은 아니다.

그러므로 어떤 대회든, 자신의 성적과 상관없이 무조건 '도전'해보자. 경시 대회도 좋고, 독후감 대회도 좋다. 많이 나가야 뭐라도 탈 수 있다. 상을 타지 못하더라도 관련해서 자기소개서에 "독후감 대회에도 나가 독특한 견해를 제시함" 등과 같이 서술할 사항을 하나라도 더 만들 수 있으니 무조건 나가는 게 좋다.

6. Love _ 마지막 한마디!

마지막 한마디는 이 책을 본격적으로 시작하기에 앞서 여러분에게 하고 싶은 말이다. 필자는 고등학교 3년을 거의 회사 다니는 기분으로 다녔다. 필자에게 3년간 학교는 공부하는 곳 이상의 의미였고, 많은 변화를 가능케 해주고 많은 경험을 할 수 있도록 해준 작은 사회였다.

원하는 대학에 합격하는 사람들의 공통점이 무엇이냐고 묻는다면, '3년간 자신이 변화하고 경험을 쌓는 과정 자체를 즐긴 학생들'이라고 필자는 답할 것이다. 적어도 필자가 합격시킨 학생들은 그런 학생들이었다. 그리고 고려대 OKU미래인재전형으로 전국에서 뽑힌 단 한 명의 학생이었던 필자도 그런 학생 중 하나였다.

학생부 각 부분을 어떻게 채워나가라는 폭력적인 말들로 도리어 학생들을 불행하게 만들어서는 안 된다. 그건 학생부종합전형의 취지에도 어긋나는 일이고, 실제로 그런 활동으로는 학생을 긍정적으로 변화시킬 수 없다. 그런 모습은 학생부 기록에 고스란히 나타난다.

그래서 학생부는 사랑으로 가득 차 있어야 한다. 학생을 뿌듯하게 바라보고 평가하는 교사의 사랑과, 과정을 즐기고 그 안에서 자신의 활동을 사랑하는 학생의 사랑. 이런 사랑이 묻어나는 학생부야말로 '정성 평가적인 면'에서 진짜 훌륭한 학생부다.

2022년 현 고3에게 적용되는
대입자기소개서 양식에 맞추었다!

PART 2

합격하는
자기소개서의 개요 짜기

66 ——————————————

튼튼한 건물을 지으려면 탄탄하고 정밀한 설계도를 작성해야 한다. 자기소개서도 마찬가지다. 입학사정관을 납득시킬 만한 자기소개서를 작성하려면 먼저 탄탄하고 정밀한 틀을 만들어야 한다. 또 입학사정관 입장에서 매력인 활동과 그렇지 않을 활동을 구분할 줄 알아야 한다. 〈파트 2〉에서는 제대로 된 자기소개서 틀을 만드는 작업 과정을 살펴볼 것이다.

—————————————— 99

01

나만의 활동 목록표를 만들어라

"전 해놓은 게 너무 없어요."

학생들이 상담하러 와서 가장 많이 하는 말이다. 이미 학생부종합전형에 맞춰 어느 정도 활동을 해놓고, 자소서를 잘 쓰겠다고 상담까지 받으러 와서 이런 막연한 이야기를 하는 이유는 무엇일까?

답은 아주 간단하다. '무엇인가 하긴 했었다'라는 막연한 느낌만 있고, 정확히 무엇을 했는지 모르기 때문이다. 이런 학생에게 가장 필요한 건, 자신이 무엇을 했는지 명확히 인식하는 과정이다. 자신이 무엇을 했는지 정확히 모른다면, 절대로 제대로 된 자기소개서를 쓸 수 없다. 그래서 자기소개서를 쓰고 싶다면 가장 먼저 해야 하는 일은 활동목록표 만들기다. 저자 역시 대치동에서 학생들을 컨설팅하며, [활동목록표 양식]을 활용해 활동을 정리해보라고 시킨다.(양식은 뒤에 후첨) 사례를 통해 어떻게 양식을 채우는 것이 좋은지 알아보자.

 진로희망사항

학년	진로 희망 + 내용	이유
1, 2	검사	배운 지식을 이용해서 더 나은 사회를 만들고, 그래서 모든 사람이 행복하게 사는 나라를 만들고 싶었다. 그 목적에 가장 부합하는 검사가 돼서 정경유착, 종교단체 등의 문제를 해결하고 싶다.
3	대학 교수	사회의 일탈자들을 바른 길로 인도하는 것도 중요하지만 먼저 그들이 일탈하지 않도록 이끄는 사람들이 지식인이라는 생각이 들었다. 지식인의 역할을 고민해보다가 특정 분야의 지식인을 양성하는 책임을 가지고 있는 교수를 희망하게 되었다.

먼저 진로희망사항이다. 학생부에 진로희망사항이 잘 기록돼 있다면 그대로 가져다 정리해도 좋겠지만, 그렇지 않다면 학생부와 무관하게 작성한 양식을 보며 다시 정리해보길 추천한다. 진로희망을 잘 정리해두었다면 나중에 자기소개서 3번 문항에 수월하게 답할 수 있다. 진로희망 작성에 제일 중요한 부분은 두 가지다.

1. 진로를 희망하는 이유를 '정경유착 문제를 해결하기 위해서', '일탈자 구제를 위해서', '병으로 고통받는 사람을 구하는 약을 만들기 위해서' 등처럼 구체적으로 그 직업의 역할과 연관지어 정리하자.

2. 진로희망이 바뀌는 경우(구체화되는 경우도 포함)가 상당히 많은데, 그렇다면 앞의 두 사례에서 보듯이 그 이유를 명확히 정리해 놓는 작업이 중요하다. 바뀐 계기를 제공한 사건, 책 등을 기록해 두면 더 좋다.

활동 종류	활동명	내용 설명 (보여줄 수 있는 나의 능력)
수상 및 교내대회	청소년 쿱보드 협동조합 창업 아이디어 대회	이 대회는 수상을 하지 못한 외부 대회입니다. 하지만 봉사 활동으로 언급했습니다. 이 창업 아이디어 대회는 팀을 꾸려 아이디어를 내고 제품을 만드는 대회입니다. 저희 팀은 평소 여성 위생품인 생리대가 불편했던 점을 역으로 떠올리며 개선된 새로운 생리대를 제안했고 디자인도 모두 고안했습니다. 직접 제품을 만든다고 생각하니 진지하고 흥미롭게 대회를 준비할 수 있었습니다. (창의성, 협동심, 적극성)

동아리 **(영어 → 과학)** **(변경됨)**	○○스트리 – 교내 유일 과학 동아리(2~3학년)	○○스트리 동아리는 교내의 유일한 과학 동아리입니다. 인원이 정해져 있어 2학년 때부터 활동이 가능합니다. ○○스트리에서 여러 과학 실험을 진행했습니다. 가끔 모둠별로 실험주제를 정해 돌아가며 동아리 활동 시간에 수업을 진행했습니다. 스스로 정리하는 것을 좋아해 실험이 끝나면 항상 실험 보고서를 작성해 이론을 정리했습니다. 또 축제 부스에서 가장 방문객이 많은 인기 있는 동아리가 되었는데 프로그램을 세 가지나 준비한 덕분에 가능했다고 생각합니다. 방문객이 주제가 전혀 다른 세 가지 실험을 직접 해볼 수 있게끔 코스 형식으로 부스를 준비했습니다. 저는 그중에서 드라이아이스로 비눗방울의 크기가 커지는 실험을 담당해 상품을 걸고 게임도 진행했습니다.(협동심, 과학 관련 수학 능력, 지적 호기심)
	○○인사이드 – 영어 방송 동아리 (1학년)	1학년 때 이 동아리 활동을 했습니다. 이 동아리는 학교의 얼굴이라고 할 수 있습니다. 저희 학교는 정규 방송반보다 영어로 학교를 알리는 ○○인사이드 동아리 활동을 부각시킵니다. 저는 직접 대본을 쓰고 앵커나 리포터 역할을 맡아 방송에 출연한 적이 있었고 진로나 관심 분야에 대한 기사를 작성해 교내 영자신문에 실린 적도 있었습니다. 축제 부스 운영 당시 제가 낸 아이디어가 적극 반영돼 제일 기억에 남는 축제 부스로 뽑혔습니다. 여기에서 영어 퀴즈 클럽의 디제이 역할을 맡아 친구들의 호응을 이끌어냈습니다.(영어 능력, 발표/표현 능력)

| 봉사 | 다일작은천국
3년 내내 | 다일작은천국은 집이 없거나 몸이 불편한 노인들이 계신 병원입니다. 1학년 때 이 병원이 있는 것을 알고 봉사 활동을 하다 보니 어느덧 지금까지 오랫동안 봉사를 하고 있습니다. 그곳에서 안 해본 일이 없는 것 같습니다. 메르스가 유행이었을 때 그곳에 계신 모든 환자분의 체온을 잰 적도 있었고, 화장실, 창문, 책상 등을 청소했으며 주방에서 요리하기, 문서 정리하기(컴퓨터로 문서 정리하기를 좋아해서), 짐 나르기, 예배 준비 도와드리기 등 정말 많이 했습니다. 3년 동안 봉사하다 보니 환자분 대부분을 알고 있습니다. 안타까운 것은 그 3년 안에도 돌아가신 분이 계시다는 것입니다. 또, 근처 공원으로 산책 나가시는 것을 도와드릴 때 가끔씩 자리에 주저앉으시는 돌발 상황도 있었습니다. 그럴 때마다 병원으로 달려가 휠체어를 끌고 와 태워드리는 등 여러 상황을 많이 겪었습니다. 이런 봉사를 하며 진정한 의사는 이럴 때 어떻게 하는 것이 좋을까 하는 고민도 했고, 한편으론 의사만 치료할 수 있을까라는 생각도 했습니다. 봉사를 하며 사람을 도와주는 일에 행복감을 느꼈고 주위 분들께 더 큰 관심을 갖게 되었습니다. |
| 탐구
(R&E 등) | 비타민C 함유
비타민제 분석 및
정량을 통한
권장 섭취량 파악 | 친구와 함께 비타민 음료수 속에 실제 함유된 비타민C의 정량을 분석하는 실험을 진행했습니다. 2학년 화학 교과에서 배운 '몰의 개념'을 이용했습니다. 산화 환원 성질이 있는 비타민C 정량을 직접 구해 표기된 비타민C의 양과 얼마나 차이가 있는지 알아보았습니다. 실험에 필요한 약품들이 있었는데 주문해도 제출일까지 마무리할 수 없는 문제가 있었습니다. 결국 과학실에 있는 모든 화학약품을 찾아보며 필요한 시약을 구했습니다. |

		직접 특정 음료수에 함유된 비타민C의 양을 정확히 계산해서 수치를 제시했습니다. 이 실험을 더욱 확장해 비타민C 결핍과 과잉 증상을 막는 비타민 음료수 하루 권장량까지 제안해 선생님과 친구의 흥미를 끌었습니다(누구의 도움 없이 모든 것을 스스로 진행한 탐구 활동이라 시간과 노력이 많이 필요했지만 금상이라는 좋은 결과를 얻을 수 있었습니다). 학술 대회는 논문 대회와는 달리 탐구보고서를 제출하고 질의응답 및 발표도 하는 큰 대회입니다. 저는 팀 대표로 선생님의 질문에 답했습니다. 흥미로운 소재라 관심을 보이는 인문 계열 선생님께는 이해하기 쉽게 설명해드렸고 자연 계열 선생님께는 심화된 질문을 받으며 이 실험의 보안점 등을 피드백 받았습니다.
교과활동 내 특이사항	확률과 통계 심화학습 (기록)	암호의 역사를 주제로 심화학습을 진행해 기본적인 암호화와 복호화 알고리즘을 학습했습니다. 영화 소재로 사용된 암호화 기계 에니그마의 암호화 알고리즘을 배우고 그 경우의 수를 여러 가지 순열을 이용해 계산했습니다. 암호 해독 과정을 친구들과 토론하며 운용하는 사람의 판단과 방심 때문에 치명적인 약점을 노출할 수 있음을 알았습니다. 복잡한 암호를 해독하면서 컴퓨터 개발의 필요성이 대두된 역사적 계기를 직접 체험했습니다.

| 기타 외부 활동 | 서울대 위셋 캠프 | 서울대학교 화학생명공학과 대학원생이 주도하고 전국에서 두 팀만 뽑는 위셋 연구 프로그램에 지원했는데 선정돼 연구에 참여할 수 있었습니다. 직접 서울대학교를 방문해 화학생명공학과 연구원이 사용하는 연구실에서 실험을 진행했습니다. 그곳의 실험기기나 도구를 한 번씩은 작동해보면서 어떤 실험에 사용하는 기구인지 배우고, 그 활용가치를 깨달았습니다. 외부 활동인 까닭에 학생부에 기재되지 못하므로 저희는 이 연구를 바탕으로 교내 논문대회에 출전했습니다. 저희가 작성한 보고서를 바탕으로 논문을 작성했고 연구에서 배운 실험 과정을 3학년 생명과학Ⅱ와 접목한 덕분에 쉽게 이해할 수 있었습니다. |

위는 주요 활동에 대한 정리다. 저자와 함께 자기소개서 작성 수업을 한 학생의 사례를 가져온 것인데, 정말 정리를 잘하고 늘 적극적인 학생이어서 기억에 남는다.

첫째, 모든 활동을 다 정리할 필요는 없지만, 적어도 활동을 8개 정도는 정리해야 실질적으로 자기소개서 항목을 채워 넣을 수 있다. 따라서 수상, 동아리, 봉사 등 주요 활동을 8개 정도 꼼꼼히 정리해 놓는 것이 좋다. 둘째로 중요한 것은 단순히 활동 설명에 그치면 안 되고, 반드시 본인이 수행한 역할과 느낀 점이 드러나야 한다는 것이다. 위 학생의 사례는 거의 자기소개서로 봐도 무방할 만큼 잘 정리해둔 것이다. 위에서 R&E 파트를 보면 단순히 '어떤 실험을 했다'가 아니라 화학 교과에서 배운 "몰의 개념을 이용했습니다"같이 구체적인 방법을 적고 있고, '자발적으로 진행했다'거나 '정확히 화학적 개념을 이해했다'는 등 당시에 깨달은 점도 구체적으로 적고 있다. 이렇게 구체적으로 적어야 나중에 자기소개서를 쓸 때, 시간을 절약할 수 있다. 셋째는 가장 중요한 포인트인데, 이 활동으로 자신이 보여줄 수 있는 능력이나 가치를 괄호 안에 서술하고 있다는 점을 주목하자. 과학 동아리 활동 경험으로 자신이 '과학에 대한 수학능력', '협동심' 등을 보여줄 수 있다고 쓰고 있다. 이 가치나 능력을 적는 행동은 앞으로 이 책에 나올 나머지 장의 내용들과 연결되는 가장 핵심적인 부분이다. 정리해보자.

1. 모든 활동을 정리하되 최소 8개 정도의 활동을 자세하고 꼼꼼하게 정리하자.
2. 활동에서 자신의 구체적 역할(혹은 에피소드)을 반드시 적자.
3. 활동으로 보여줄 수 있는 능력이나 가치를 적자.

활동을 정리하는 이유는 크게 두 가지다.

첫 번째 이유는 이 정리가 앞으로 자신의 모습을 잘 비춰줄 훌륭한 자기소개서를 쓰기 위한 틀이라는 것이다. 이 '틀'을 잡는 과정을 〈파트 4〉에서 기술 1~4에 걸쳐 보여줄 것이다. 여기서 틀을 잡고, 이 틀을 이제 재료로 채울 것이다. 그 재료는 바로 여러분들이 열심히 한 '활동', 소위 말하는 스펙이다. 요리사가 요리하기 전에 당연히 레시피를 살피고, 들어가는 재료를 손질하고 확보하듯이, 자소서라는 하나의 요리를 만들어야 하는 여러분도 당연히 자소서에 들어가는 재료를 확보하고 손질해야 한다. 그 과정이 바로 앞으로 볼 '다 털어놓기'다.

두 번째 이유는 기억하기 위함이다. 많은 학생이 생각나는 활동을 쓰면 되지 않느냐고 반문하곤 하는데, 그런 생각은 매우 위험하다. 사람은 자기가 기억하고 싶은 것만 주로 기억한다. 문제는 자기에게 의미가 있는 활동과 평가자가 의미 있게 생각하는 활동이 분명히 다르다는 것이다. 주로 당사자는 얼마나 힘들었나, 얼마나 재미있었나같이 감정적인 기준을 가지고 중요함과 그렇지 않음을 따진다. 반면 평가자들은 인재상, 결과의 우수성, 삶에 미친 영향 등 보다 더 이성적이고, 분명한 평가 기준을 가지고 판단한다. 따라서 기억에 깊게 남았다는 사실을 넘어, 정말로 자신이 무엇을 했는지 잘 알고 싶다면 이 과정이 필수다. 반드시 이 과정을 끝낸 후, 〈파트 4〉에서 '기술 1~4'를 읽어주길 바란다.

활동 목록표 만들기 ✎

활동 종류	활동명	내용 설명 (보여줄 수 있는 나의 능력)

02

가치(A)
꿈은 자소서의 종착역이다

| 그림 1 |

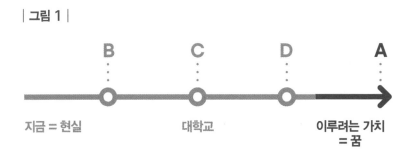

　좁은 방을 꾸민다고 상상해보자. 방의 면적은 한정돼 있다. 아무렇게나 가구를 놓다가는 사람이 쉴 수 있는 공간으로서의 본래 역할을 할 수 없게 된다. 그렇다면 방을 깔끔하게 꾸미는 가장 좋은 방법은 뭘까. 계획을 먼저 세우고 가구를 들여놓는 것이다.

　자기소개서를 쓸 때도 마찬가지 원리가 작용한다. 만약 우리에게 수십 장 정도의 자기소개서가 허용된다면, 이런 배치나 구성을 이야기하는 것이 아무런 의미가 없을지도 모른다. 그렇지만 우리에게는 4개의 문항, 다 합쳐봐야 5000자가량의 글로 나의 모습을 보여줘야 한다는 한계가 있다. 한 사람의 20년이라는 인생, 아니 3년 고등학교 생활을 담기에 턱없이 부족하다. 따라서 어떻게 '구성'할지 반드시 계획해야 한다. 좁은 방을 꾸미듯, 큰 가구들을 먼저 배치해야 한다. 그리고 그런 '큰 가구'들이 바로 [그림 1]에 있는 A, B, C, D다.

〈파트 4〉 기술1에서 기술4까지 가는 동안 자기소개서라는 좁은 방에 우선 배치해야 할 '큰 가구'인 A, B, C, D는 각각 무엇이며, 어떻게 배치해야 하는지 알아볼 것이다.

가장 먼저 자기소개서에서 제일 중요한 A를 알아보자. A는 다름 아닌 '꿈'이다. 적어도 학생부종합전형으로 대학을 가겠다는 학생이라면, 당연히 가고 싶은 과가 있을 것이고, 그런 과를 지망하는 뚜렷한 계기가 있을 것이다. 그런 계기의 종합을 우리는 '꿈'이라고 부른다.

흔히 '꿈'이라고 하면 직업을 떠올리지만, 직업은 꿈이 아니다. 다시 말하면, 직업은 꿈이 되기에는 부족하다. 꿈은 한 단어가 아니라 문장이어야 하고, 한 문장이 아니라 여러 문장으로 구성돼야 한다. 예컨대, '변호사'라는 한 단어보다 "사람들을 대신해 억울함을 풀어주는 일을 하고 싶다"가 꿈이 돼야 하고, 또 이것보다는 "사람들을 대신해 억울함을 풀어주고 싶다. 왜냐하면, 우리 집도 억울한 문제 때문에 힘들어한 적이 있었기 때문이다"처럼 여러 문장이고, 구체적일 경우에 그 꿈은 더 좋은 평가를 받을 수 있다. 다음은 A를 잘 구성하고, 진정성 있게 보여준 사례다.

사례 3 꿈을 구체적으로 구성하여 나타낸 예

꿈=직업	가치	이유나 계기
경제학자=교수	인간을 고려한 경제학으로 세상을 더 따뜻하게 만들고 싶다.	독서를 통해 기존 경제학은 이상적 인간상을 상정해두고 실제와 다른 세상을 연구하고 있다는 것을 느낀 것이 계기.
춤 공연 에이전시	수요자와 공급자를 잇는 에이전시를 함으로써 춤으로 행복한 세상을 만들고 싶다.	춤 동아리에서 공연자들을 만나면서, 수요와 공급의 매개가 부족하다고 생각함.
건축가	내가 만들어낸 결과물이 사람들에게 편안한 휴식처가 되면 좋겠다.	어렸을 때부터, 결과가 확실한 과학이나 수학을 좋아했는데, 건물같이 커다란 결과물이 생기는 건축에 주목함.

A는 매우 중요한 과정이다. 저자가 지금까지 상담한 학생 중에 A에 진정성이 있는 학생은 다 합격했다. 진짜 자신이 꿈꿔온 것, 즉 이루고 싶은 '가치'가 있고 나름 그 이유가 절실한 학생은 그 과정이 설사 힘들더라도, 결국 그 누구보다 기억에 남는 자기소개서를 만들어냈다는 이야기다.

충분히 고민해서, 자신의 A가 무엇인지 다음 표를 채워보자. 꿈을 찾는 일은 매우 어려운 과정이지만, 저자의 경험상 막연하게 '네 꿈은 뭐니?'라고 묻기보다 쉽게 떠올릴 수 있는 직업을 적고, 왜 그 직업을 갖길 원하는지, 그 직업이 자신에게 줄 수 있는 '가치'는 무엇인지 적어보자. 이렇게 꿈을 꾸게 된 동기를 적어보는 것이 진정성을 표현하는 가장 효과적인 방법이다.

꿈을 구체적으로 적어보기 ✏️

꿈 = 직업	가치	이유나 계기

03

현실(B)
스펙은 잠재력을
보여주는 도구로 활용하라

| 그림 2 |

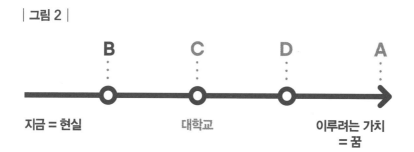

우리가 어떤 일을 하기 위해 부모님께 용돈을 타려 한다고 상상해보자. 일단 부모님께 용돈을 타려면 용돈을 가지고 하려는 일이 부모님이 생각하시기에 그럴듯하고 합당해야 한다(용돈이 필요한 이유를 설명하는 것은 자기소개서에 자신이 이루고자 하는 꿈을 표현하기와 같은 과정이다). 그렇지만 그 일이 합당하다고 해서 무조건 부모님이 용돈을 주는 것은 아니다. 예컨대 열아홉 살인 학생이 대통령 선거에 나가겠다고 용돈 1억 원을 달라고 한다면 그걸 들어줄 부모님은 없을 것이다. 대통령 선거에 당장 나가겠다는 계획은 전혀

현실성이 없기 때문이다.

마찬가지로 자기소개서를 쓸 때도 내가 현재 처한 상황에서 꿈을 향해 나아가는 과정을 제시해야 한다. 우리는 앞에서 대학에 가고자 하는 이유로 꿈을 제시했다. 그러나 대통령 선거에 나가겠다는 열아홉 살 학생에게 아무도 1억 원을 주지 않듯이, 그 꿈을 이룰 것이라는 확신이나 비전이 없다면 대학도 '합격'이라는 자원을 당신에게 투자하지 않는다. 즉 불합격한다는 얘기다.

그런 의미에서 대학에 들어가고 싶다면 대학이 당신을 합격시켜줘야 이룰 수 있는 꿈을 제시해야 하고, 그 '꿈'을 실제로 이룰 자질이 있음을 보여주어야 한다. 그것이 여기에서 설명하려는 내용이다. 여기서 우리가 고민해야 할 것은 딱 두 가지다.

첫째, 꿈을 이루는 데 필요한 자질이나 조건은 뭐가 있을까?
둘째, 꿈을 이루는 데 필요한 자질이 지금 내게 있다는 것을 어떻게 증명할까?

꿈에 필요한 자질을 적어보자

첫째 과정은 각자 꿈을 조사하고 필요한 자질을 생각해보면 된다. 다음의 [사례 4]는 그동안 지도해온 학생들의 꿈과 그 꿈으로 다가가는 데 필요한 자질이라고 생각한 것을 같이 적어본 것이다.

 꿈과 그것에 필요한 자질의 예시

꿈	자질들
경제학자	수학적 사고 능력, 경제학적·합리적 사고 능력, 경제에 대한 탐구 열정, 연구 기획 능력, 리더십, 영어 용어를 이해하고 학습하는 능력, 세계적 학자들과 교류하는 데 필요한 글로벌 능력, 사물을 보는 통찰력
건축가	디자인 감각, 팀을 이끄는 리더십, 수리적 사고 능력, 경제적 사고 능력, 안전을 위한 윤리 의식, 물리·역학적 지식, 창의성, 외국 건축물을 연구하는 데 필요한 글로벌 능력, 원리를 탐구하는 능력
춤 공연 에이전시 업체 창업	공연을 보는 안목과 예술적 감각, 경영학적 사고 능력, 팀을 이끄는 리더십, 글로벌 능력, 문화적 다양성, 실제 공연 경험, 창의성, 춤에 대한 열정, 기획 능력, 모객 능력, 마케팅적 사고

이렇게 필요한 여러 가지 자질을 스스로 적어보고, 또 주변 사람들과 이야기하면서 꿈을 이루는 데 필요한 능력이 무엇인지 생각해봐야 한다. 생각만 하고 적지 못하면 실제로 알고 있는 것이 아닐뿐더러 중요한 순간에는 생각이 나지 않으니 반드시 다음 양식에 적어보자.

꿈과 그것에 필요한 자질의 예시 ✎

꿈	자질들

활동 목록으로 자질이 있음을 증명하자

둘째 과정은 꿈을 이루는 데 필요한 여러 가지 자질들이 본인에게 있음을 증명하는 과정이다. 어떻게 그러한 자질이 있음을 증명할 수 있을까? 여기서 바로 '활동 목록'을 사용한다. 앞에서 우리가 직접 적어본 자질을 내가 해온 활동을 가지고 어떻게 증명할 수 있는지 알아보자. [사례 5]는 [사례 4]를 기반으로 학생들이 작성한 것이다.

사례 5 경제학자가 꿈인 학생의 자질 증명하기의 예

경제학자가 되기 위한 자질	어떻게 증명할 것인가?
경제학적·합리적 사고 능력	교내 경시대회 은상·금상·대상, TESAT S급, 교내 경제 내신 1등, 경제 소논문 작성, 관련 독서
수학적 능력	교내 수학경시대회 동상 수상, 우수한 수학 내신 성적
탐구에 대한 열정	교내 소논문 발표 대회 참가(경제 소논문), 학급 아이들을 대상으로 한 내신 경제 강의(학생부 기재)
학문에 대한 열정과 나눔	저소득층 멘토링 봉사 활동, 복지관 봉사, 교내 정기적 봉사 등
글로벌 능력	영어로 경제 보고서 작성, 교내 글로벌 토크 콘서트 기획 및 진행, 우수한 영어 내신 성적, 영어경시대회 은상

사례 6 건축가가 꿈인 학생의 자질 증명하기의 예

건축가가 되기 위한 자질	어떻게 증명할 것인가?
물리학적·수학적 사고 능력	골드버그 장치 제작 대회, 수학 및 과학 과목 성적 향상, 건축 관련 보고서 작성, 관련 독서
탐구에 대한 열정	스터디 그룹 내 공부 방법 개발, 건축물 모델링 개발, 한옥 건축물 답사, 관련 독서
글로벌 능력	영어 수행 평가 중 영어로 건축물 소개 및 발표, 영어 성적 향상
팀을 이끄는 리더십	교내 건축 동아리 회장, 스터디 그룹 2개 결성 및 주도적 참여
미적 감각, 창의성	벽화 그리기 봉사 활동 참여

[사례 5]와 [사례 6]처럼 앞에서 작성한 활동 목록표를 참고해 자신이 꿈을 이루는 데 필요하다고 생각한 자질들을 어떻게 보여줄 수 있는지 활동과 연관 지어 적어보자. 활동 목록표만 제대로 작성해놨다면 그리 어렵지 않을 것이다. 우선 생각나는 대로 정리해놓고 나중에 배울 여러 가지 기술을 적용해 조금씩 수정하면 점점 더 완벽해질 것이다. 이제 직접 자신의 꿈에 필요한 자질을 기록해보도록 하자.

꿈에 필요한 자질 증명하기 🖉

( )가 되기 위한 자질	어떻게 증명할 것인가?

04

대학교(C)

대학이 당신을 뽑아야 하는
이유를 적어라

| 그림 3 |

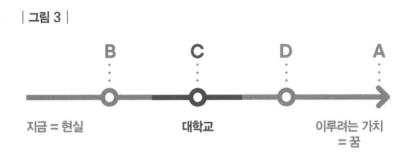

지금까지 꿈을 제시하고 그 꿈을 이루는 데 필요한 자격을 증명하는 과정이 모두 여러분의 입장을 반영한 사항들이라면, 이번에는 대학의 입장을 고려해봐야 한다. 읽으면 무조건 성적이 20점 오르는 과학 문제집이 있다 하더라도 여러분이 문과 학생이라면 그 과학 문제집을 사지 않을 것이다. 왜냐하면 그 문제집이 아무리 좋아도, 문과인 당신에게는 쓸모 없기 때문이다.

대학도 마찬가지다. 아무리 여러분이 미래에 성공할 가능성이 높더라도 대학이 원하는 성과를 내주지 못한다면 여러분을 뽑을 이유가 없다. 아주 단적인 예로 서울에 있는 유명 외국어고등학교의 전교 1등이 수도권에 있는 중하위권 대학에 지원한다면 붙을 수 있을까? 100퍼센트 떨어진다. 왜냐하면 대학이 입학사정을 할 때 가장 큰 평가 요소 가운데 하나가 '이 사람이 합격한다면 우리 학교에 올 가능성이 있는가'이기 때문이다. 대학도 '대학의 입장'을 철저히 고려해 학생을 선발하는 것이다.

앞에서 꿈을 제시하고 또 꿈을 이룰 자격이 있음을 증명했다면, 이번에는 대학 입장에서 바라보고 왜 당신을 뽑아야 하는지를 설득해야 한다. 보통 대학이 선발하고 싶은 지원자의 모습은 '인재상'으로 정해놓았다. 그러므로 대학이 뽑고 싶어 하는 인재를 파악하는 일은 매우 간단하다. 주요 대학의 입학처 홈페이지에 들어가서 각 대학이 원하는 인재상과 자질을 기록해두자. 다음에 나오는 예시는 ○○대학교에 지원한 학생의 사례다(각 대학들이 선호하는 활동이나 지원자의 성향은 주요 대학을 중심으로 〈파트 5〉에서 다룰 것이다).

○○대학교의 인재상과 그 증명 방법

인재상	증명할 수 있는 방법
성실성	매주 멘토링 봉사에 성실히 임함 모범상 수상 2회, 개근
리더십	동아리 부회장 연합 동아리 컨퍼런스 기획 모의국제회의 의장
공선사후 정신	동아리 부회장으로서 리더십 발휘함
전공적합성	교내 경시대회 은·금·대상 수상 TESAT S급 수상 수학경시대회 동상 수상
창의성	경제 탐구 소논문 → 창의적인 주제 선정 → 동아리 활동 기획 및 보고서 작성 → 활동 기획

[사례 7]처럼 각자 지원하는 대학에 맞는 인재상을 적고, 앞에서 만든 활동 목록표를 참고해 인재상을 보여줄 만한 활동을 적는다. 자신의 상황에 맞게 다음 칸을 채워보자.

대학이 원하는 인재상에 맞춰 증명하기 ✎

지원 대학의 인재상	증명할 수 있는 방법

05

과정(D)

대학에 들어간 다음의
행동 계획을 세워라

| 그림 4 |

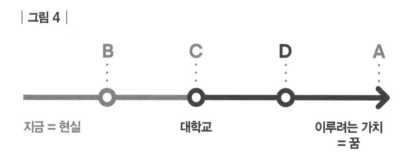

이번에는 대학에 들어간 다음의 행동 계획을 세워보자. 만약 당신이 대학에 간다면 어떻게 꿈을 향해 달려갈지 보여주는 것이다. 보통 대학별로 자율 문항이 주어지는데, '대학에 들어온 후 학업 계획이 어떻게 되는지 서술하시오' 같은 문항이나 '대학에 들어온 후 진로 계획에 대해 서술하시오' 등의 문항을 출제하는 대학들이 있다.

이런 문항들은 지원자가 대학에 입학한다면 진로 희망과 목표를 향해 어떻게 노력할 것인지를 직접적으로 물어보는 것이다. 진정성 있게 목표를 세운 사람이라면, 대학에 와서 목표를 이루기 위해 어떻게 노력할지에 대한 생각이 있어야 한다.

진로 희망과 목표를 달성하기 위한 행동 계획을 표현하는 가장 쉬운 방법은 대학들이 학부생이나 대학원생에게 제공하는 프로그램들을 이용하는 것이다. 보통 많은 학생들이 대학원 진학이나 유학, 교환학생 프로그램 등을 이용하거나 단순하게 학과 수업이나 커리큘럼 등을 이용해 서술한다. 아래 예시를 참고하자.

사례 8 ▶ 국제물류학과 지원자

국제물류학을 전공한다면, 개인적으로는 전공에서 쌓은 지식을 기반으로, 대학생 신분으로 참여할 수 있는 산학 연구가 있다면 직접 참여하거나 나서서 연구해 보고 싶습니다. 제가 현재 속한 경제 동아리는 기업 체험 후 보고서를 발간하는 형태로 활동하는데, 대학생이 되면 산학 연구를 통해 산업에 실질적으로 영향을 미칠 수 있는 활동을 해보고, 이를 고등학교 때와 비교해보고 싶습니다.

또 세계 문화도 공부하고 싶습니다. 문화를 이해하는 것이 그 나라를 이해하는 것이고, 또 물류에서 가장 중요한 것이 물류를 맺는 주체끼리의 이해라고 생각하기 때문입니다.

사례 9 반도체학과 지원자

저는 대학에 입학해서 일차적으로 전자전기 및 컴퓨터 공학 분야에 대한 기본 지식을 쌓는 데 최선을 다할 것입니다. 반도체소자를 알려면 회로설계, 제어, 신호처리, 정보통신과 컴퓨터 분야에 대한 기초적인 지식을 흡수할 필요가 있다고 생각하기 때문입니다. 구체적으로는 전기회로, 전자회로, 객체지향 프로그래밍, 마이크로프로세서, 반도체소자, 마이크로프로세서 응용설계, 집적회로(설계), 임베디드시스템 응용설계 등의 과목에 특히 흥미가 많습니다. 학과 공부를 하며 현재까지 개발된 반도체소자들을 탐구하고자 관련 논문들을 찾아보고 기술을 조사함으로써 어떤 소자들을 개발하고 어떤 기술을 만들어낼 것인지 계획을 잡아가고 싶습니다.

사례 10 Language&Diplomacy 학부

현실적인 성취를 위해 대학교에서 최소 5개의 언어를 익힐 것입니다. 1, 2학년에 걸쳐 진행되는 외국어를 사용하는 토론식 수업에서 저의 목표 달성을 위해 노력할 것이며, 더 나아가 토론하는 과정에서 순발력과 논리성을 배우겠습니다. 특히 외교영어 학습은 지금의 영어 실력을 넘어 아나운서로서의 전문적인 역량을 향상시킬 수 있는 좋은 기회라고 생각합니다.

또한 고등학교 때부터 관심이 많던 역사의 연장선으로 근대외교사와 한국사를 배워나갈 것이며, 다양한 국제법과 국제정치까지 습득해 세계의 흐름과 그 속에서 한국의 발전 방향을 생각하겠습니다. 무엇보다 윤리와 사상을 배우다가 흥미가 생긴 철학을 이수해 동서양 사상가의 서로 다른 철학관을 비교해 철학적 세계관을 성장시킴으로써 생각의 깊이와 실천할 수 있는 바탕을 다지겠습니다. 이를 바탕으로 국제사회에 나갔을 때 세계 속의 한국인으로서 명확한 생각을 전하겠습니다.

이처럼 대학의 프로그램이나 대학에 들어가면 배울 과목들을 가지고 어떤 활동으로 자신이 목표로 적은 꿈에 다가갈지 표현하고 있다.

진로 계획을 물어보는 대학이 많다. 진로 계획은 1~3번 문항을 답변하면서 녹여낼 수 있다면 서술하는 것이 좋다. 목표로 설정한 꿈이나 장래 희망이 진정성 있는 것임을 보여주는 데 목표에 대한 거대한 설계나 비전이 도움되기 때문이다.

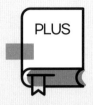

인재상에 어울리는 활동 BEST 6

—

'인재상'에 사용되는 단어는 우리가 평소에 잘 쓰지 않는, 애매한 뜻을 포괄한 단어들이기 때문에 자기소개서 작성에 어려움을 겪는 경우가 많다. 인재상에 쓰인 단어들을 이해하기 쉽도록 설명하고 인재상을 드러내기 좋은 활동을 보여줌으로써 좀 더 자기소개서 작성에 도움이 되도록 했다.

1. 글로벌 ○○

인재상에는 글로벌 능력, 글로벌 인재 등 글로벌 어쩌구 하는 단어들이 많다. 입학사정관제 시기에는 이를 대체로 외국어 능력이나 성적이라고 이야기했지만, 학생부종합전형에서는 글로벌 시대를 살아가는 능력, 혹은 글로벌 시대에서 잘 살아갈 인재를 뜻한다. 즉, 단순히 외국어 성적이 아니라 다른 문화를 이해하고, 수용하고, 열린 자세로 소통할 수 있는 능력을 포괄적으로 의미한다.

보고서를 영어로 작성한다거나, 외국의 문화에 대한 책을 읽고 발표를 하거나, 외국인 친구나 외국인 선생님과의 에피소드 등을 자기소개서에 서술함으로써 이런 능력을 부각할 수 있다.

2. 리더십

리더십은 단순히 회장, 부회장 활동을 뜻하지 않는다. 반 청소를 하거나, 체육부장을 맡더라도, 그 안에서 나름대로 리더십에 대한 정의를 내릴 만큼의 깨달음을 얻는다면, 리더십이 있는 학생이 될 수 있다. 청소를 안 하고 도망가는 아이들을 타이르거나 설득해 청소 참여율을 높였다면, 이걸로도 충분히 리더십을 드러낼 수 있다. 그러므로 회장, 부회장을 맡지 않았다 해도 걱정하지 말고 다른 방면에서 리더십을 보여줄 수 있는 사소한 것부터 살펴보도록 하자.

3. 연구인 또는 학자

연구인, 전문인, 학자 등의 인재상은 '질문과 대답'을 할 줄 아는 사람을 의미한다. 기본적으로 학자와 연구자는 질문을 던지고, 그런 질문을 합리적인 방법과 학문적 지식을 통해 풀어가는 사람들이다. '한자 시간에 상형 한자의 원리를 탐구하려고 수십 개의 한자를 쪼개서 분석함으로써 한자를 외우는 나만의 방법을 발견했다'와 같은 경험이라면 학자적, 연구자적 자질을 보여줬다고 할 수 있다.

4. 지적 호기심

끊임없이 질문할 수 있는 능력이 지적 호기심이다. 역사 교과서에서 본 스페인의 남아메리카 정복이 더 궁금해져서 『총,균,쇠』를 읽고, 이를 바탕으로 보고서 활동을 했다는 식으로 이어진다면, 지적 호기심과 해결 과정의 수준이 충분히 높다고 할 것이다. 꼭 지적 호기심을 거창하게 해결해야 하는 것은 아니다. 수업 시간에 많은 질문을 하고, 어려운 문제를 풀려고 끝까지 노력하고, 세상에 대해 궁금한 것들을 자연스럽게 표현하는 것만으로도 지적 호기심은 충분히 드러난다. 지적 호기심은 선생님의 관점에서 자연스럽게 학생부에 묻어나는 것이 가장 좋다.

5. 문제 해결 능력

문제 해결 능력은 크게 두 가지를 보여줘야 한다. 첫 번째는 문제 상황이나 위기에 대한 분석력, 두 번째는 분석을 바탕으로 한 대책과 그 결과물이다. 성적이 떨어졌다면 이 상황의 원인을 분석한다. 암기 부족이었다는 원인을 찾았다면 자신만의 암기 방법을 만들어 문제를 해결하려고 노력하고, 그 덕분에 성적이 올랐다면 문제 해결 능력이 있는 사람이라고 볼 수 있다. 성적뿐 아니라 친구 관계, 사제 관계, 부모님과의 관계 등 여러 삶의 과정 속에서 문제의 원인을 찾고 해결하는 이야기로 문제 해결 능력을 보여 주도록 하자.

6. 창의성

창의성을 한마디로 정의하기는 어렵지만, 가장 쉽게 드러낼 수 있는 방법은 '문제 해결 능력'과 함께 보여주는 것이다. 똑같이 성적 하락의 원인이 암기 부족이어도, 단순히 공부 시간을 늘려서 문제를 해결한 학생과, 자신만의 암기법을 이용해 해결하고자 한 학생은 다른 평가를 받는다. 당연히 후자의 학생이 더 효율적이고, 발전적인 방법으로 문제를 해결한 것이다. 이런 식으로 문제를 해결하는 나름의 과정을 보여주면 창의성을 드러내는 데 큰 도움이 된다.

2022년 현 고3에게 적용되는
대입자기소개서 양식에 맞추었다!

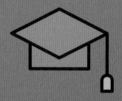

PART 3

진부한 자소서에서
벗어나는 공통문항 분석

"————————————————

"축소됐으니까 우리는 잘 써야 한다."

"먹을 게 없네" 하는 푸념은 정말 먹을 게 없다는 의미이기도 하지만 결국 대안이 없다면 '그거라도 먹겠다'라든지, '먹을 거라곤 그거밖에 없다'는 뜻이기도 하다. 자소서가 줄어들고, 학생부가 줄어든다고 했을 때, 학생부 전형을 평가하는 입학사정관 단체나 대학의 입학처에서는 모두 우려의 목소리를 냈다. 그중 "그럼 이제 뭘 보고 선발하라는 거냐"는 우려의 목소리가 높았다. 반대로 생각하면 결국 이 말은 현재까지 남아 있는 평가 요소는 기존보다 몇 배는 더 중요한 요소가 됐다는 의미이기도 하다. 그래서 우리에겐 줄어든 이 평가 요소 하나하나가 소중하고, 이 중요해진 평가 요소를 이용해 더 많은 것을 대학에 보여주고자 노력해야 한다.

————————————————**"**

01

1번 문항
활동이 아니라 어필 포인트를 고민해라

1번 문항은 단언컨대 이번 자기소개서가 개편된 내용 중에서 가장 중요하다. 기존에 1번과 2번 문항으로 총 2500자 분량으로 서술할 수 있었는데 이제 1500자 한 문항으로 줄어들었다. 문항은 아래와 같다.

2021학년도 자기소개서 공통양식	2022학년도 자기소개서 공통양식(비공식)
1. 고등학교 재학 기간 중 학업에 기울인 노력과 학습 경험을 통해, 배우고 느낀 점을 중심으로 기술해 주시기 바랍니다.(띄어쓰기 포함 1000자 이내)	1. 고등학교 재학 기간 중 자신의 진로와 관련하여 어떤 노력을 해왔는지 본인에게 의미가 있는 학습 경험과 교내 활동을 중심으로 기술해 주시기 바랍니다. (띄어쓰기 포함 1500자 이내)
2. 고등학교 재학 기간 중 본인이 의미를 두고 노력했던 교내 활동(3개 이내)을 통해 배우고 느낀 점을 중심으로 기술해 주시기 바랍니다. 단, 교외 활동 중 학교장의 허락을 받고 참여한 활동은 포함됩니다. (띄어쓰기 포함 1500자)	

이 문항은 어떻게 접근해야 하는지 학부모, 학생들이 가장 많이 궁금해하는 점을 통해 알아보자.

질문 1. 몇 가지 활동·경험을 써야 할까?

많은 학부모들이 묻는 주제인데, 사실 질문 자체가 그렇게 영양가 있진 않다. 몇 개를 쓰느냐가 별로 중요하지 않기 때문인데, 굳이 답을 하자면 세 개다. 그 이유는 기존에 2번 문항이 1500자 문항이었는데, 그 문항이 최대 세 가지 활동을 쓰도록 허용했기 때문이다. 한 활동당 500자씩 배분하거나, 제일 의미 있는 활동에 600자, 나머지 활동에 450자씩 배분하면 가장 좋을 것으로 보인다.

많은 학생들이 '500자는 너무 적은데, 750자씩 두 활동만 쓰면 어떨까?' 하고 많이 고민하는데, 사실 기존 2번 문항을 작성할 때에도 계속 제기돼왔던 의문이다.

"활동이 최대 세 개니까 두 개만 자세히 쓰면 어떨까요?"

뒤에서도 계속 말하겠지만, 학생부가 축소됐기 때문에 현실적으로 학생의 모습을 보여줄 거의 유일한 창구로 남은 자소서에 최대한 많은 내용을 담고자 노력하는 것이 좋다. 활동에 대한 설명을 배제하고, 자신의 역할과 어필포인트를 밀도 있게 담는다면 세 가지 활동 내용을 쓰는 것이 가능할 것이다. S대 입학사정관과의 질답으로 이 질문에 대한 답을 마무리하려 한다.

> **나 :** (기존) 2번 문항에 활동이 최대 세 가지까지 쓸 수 있도록 했는데 두 개가 유리한가요? 세 개가 유리한가요?
>
> **입사관 :** 하하. 저희 학교 지원하는 학생들은 대부분 세 개를 쓰던데요?

경쟁이 심한 학교일수록 우수한 학생이 모이기 마련이고, 당연히 활동이 많은 학생은 활동을 많이 보여주고자 노력한다. 그래서 대부분이 세 가지 활동을 쓴다는 이야기이다. 문항이 합쳐졌으니 당연히 경쟁자들은 더 많은 것을 보여주고자 세 개의 활동을, 혹은 그 이상의 활동을 쓰고자 하지 않을까.

질문 2. 활동 3가지를 뭘 쓰면 좋나요?

이런 단순한 질문을 기반으로 1번 문항을 작성하면, 어떤 활동 3가지를 쓰든 평가자의 입장에서는 지원자에 대해 읽어낼 내용이 없다. 계속 반복해서 이야기하지만 자기소개서를 쓰는 이유는 정량적으로 보여주지 못하는 자신의 모습을 보여주기 위함이다.

사례 1 춤을 좋아해, 한일교류까지 하게 됐는데, 춤이란 공통점 덕분에 일본인 친구와 금방 친해졌습니다. 이들과 소통하며 문화를 접하고 배우는 '환경'이 부족함을 다시 깨달았고, 행사 마지막 날에 친구들과 SNS 친구를 맺고, 후에 한국으로 초대해 지속적인 인연으로 만들었습니다. 그 덕분에 일본 문화와 정서를 접할 수 있는 '환경'을 스스로 만들 수 있었습니다.

사례 2 한 번에 모두 모여서 안무, 음악, 의상을 짜려면 오랜 시간이 걸렸습니다. 많은 사람을 한 번에 모으는 것은 비효율적이었습니다. (…) 경제학 수업 시간에 배운 분업의 원리가 생각났고, (…) 그 결과 평소보다 줄어든 준비 시간으로 동아리 공연 준비의 효율성을 높일 수 있었습니다.

[사례 1]과 [사례 2]는 모두 춤을 춘 경험을 말하고 있다. 하지만 [사례 1]은 춤을 통해 일본어도 배울 수 있었음을, 그리고 그 과정에서 일본어를 학습하기 좋은 환경으로 스스로 만들었다는 내용을 보여준다. [사례 2]는 댄스 동아리 활동에서 분업의 원리를 이해하고 이를 조직에 적용해 효율적으로 운영할 수 있었음을 강조하고 있다. 이렇게 같은 '춤을 춘 경험'이지만, 이를 통해 보여줄 수 있는 가치는 활동 자체가 아니라 활동 속에서 자신이 맡은 '역할' 그리고 그 역할을 '수행'하는 과정에 따라 무궁무진하게 달라진다. 따라서 우리는 [파트 1]에서 어떤 가치가 대학에 진학하는 데, 혹은 내가 꿈을 이루는 데 필요한지 적은 자기소개서 설계도를 보면서, 1번에서 어떤 가치를 보여줄지 설정하는 것이 가장 먼저 고민해야 할 부분이다. 따라서 1번을 쓰기 전에 먼저 다음과 같은 순서로 고민해봐야 한다.

1. 대학의 평가자가 나에게 기대하는 모습(가치)은 무엇인가?
2. 그런 모습을 보여줄 수 있는 경험은 무엇이 있는가?

다음 고민을 표로 나타내면 아래와 같다.

 경영학과 지망 학생의 예시

대학이 원하는 가치	가치를 보여줄 활동	가치를 보여줄 수 있는 이유	다른 문항에 쓴 활동인가?
인문학적 관심	인문학 강의	인문학 강의를 들으면서 현대의 여러 기술이 인문학과 어떤 관 계가 있는지 살펴봄	X
기획력	인문 아카데미	인문 아카데미에서 느낀 점을 바탕으로 실제 기업에 서비스 기획안을 작성해 제출해봄	X
깊이 있는 통찰력	토론활동	토론 준비 과정에서 다양한 각 도에서 하나의 주제를 비춰봄	X
경영에 대한 관심	수업 시간 중 경영 관련 내용을 보고서로 작성	경영과 관련이 없는 수업 시간 에도 경영과 관련한 보고서를 작성해서 제출함	1번에 사용

앞의 [사례 3]과 같이 대학이 원하는 가치를 쓰고, 그 가치를 보여줄 수 있는 활동이 무엇인지 적으면 된다. 이미 우리는 [파트 2]에서 다양한 활동을 대학이 평가하고자 하는 가치를 중심으로 정리해 봤다. 가치와 활동을

그대로 옮겨 적되, 1번에서는 활동을 1500자가량 서술해야 하기 때문에, 만약 토론대회에 참여했다면, 어떤 역할을 맡았는지 혹은 어떤 깨달음이 비판적 사고력이나 사안에 대한 깊은 통찰력을 얻게 해주었는지를 적어두자. 그러면 1번을 서술하는 방향성을 설정하기 좋다. 당연한 이야기지만 다른 문항에 이미 사용한 활동은 활동이 너무 부족하지 않은 이상 굳이 반복해 쓸 필요 없다. 다음은 앞의 사례를 바탕으로 작성한 실제 자기소개서 일부다.

 실제 작성된 자기소개서

　영어 디베이트 동아리와 디베이트 심화반은 끝없이 이어지는 '생각의 뫼비우스의 띠'를 쳤습니다. (…) 토론을 통해 제 주장이 강화되기도, 때론 부족한 부분이 드러나기도 하면서 혼자 탐구할 때보다 하나의 사안을 더 균형 있게 이해하는 법을 배웠습니다. (…) 토론은 다양한 수상으로 이어졌고 더불어 상대를 설득하는 스킬과 주제에 대한 이해, 호기심을 강화해 사회를 보는 깊이와 폭을 넓혀주었습니다.

　'인문 아카데미 테마 캠프 보고서 대회'는 기획으로 세상을 변화해보려는 제 실천이었습니다. 통영에서의 캠프에서 통영이 유네스코 음악 창의 도시임을 알게 되었습니다. 통영 미술가 전혁림의 작품에 등장하는 오방색과 코발트색을 각각 한국과 통영을 상징하는 색으로 기획한다면 컬러 콘텐츠로서 큰 개발 가능성이 있을 것이라 생각하였습니다. (…) 이를 통영시에 제안해 실제로 기획을 결과물로 만들기 위해 실천했고, (…) 기획은 거창한 것이 아닌 사소한 아이디어에서 출발할 수 있음을 배웠습니다.

2학년 인문아카데미에서 '과학, 창의 그리고 미래' 강연을 듣고 IT 기술과 인문사회학의 접목에 관심이 생겼습니다. 해방촌 답사를 다녀온 뒤, 도시재생사업을 통해 해방촌이 단순히 현대화된 외관으로 탈바꿈됨으로써 그 역사적 의의를 잃어버릴 수도 있겠다는 우려가 들었습니다. (…) 이에 대해 영어회화 시간에 발표했고, 인문적 관점이 사회문제 해결에 도움이 됨을 느낄 수 있었습니다.

여러분도 다음 양식을 채움으로써 1번을 고민하는 방향을 올바르게 바꿔, 활동 자체가 아니라 자신의 구체적인 모습과 역할을 서술해보도록 하자.

자기소개서 소재 정리 양식 🖊

대학이 원하는 가치	가치를 보여줄 활동	가치를 보여줄 수 있는 이유	다른 문항에 쓴 활동인가?

질문 3. 반드시 들어가야만 하는 내용도 있을까요?

대학은 공부하는 곳이다. 그런 곳에서는 당연히 학생의 '수학 능력'을 알고 싶어 한다. 군이 비유하자면 1번 문항은 수학할 만한 잠재력이 있는 학생인지 알아보는 '수능'이라고 생각하면 된다. 그런데 모든 학생이 1번 문항을 받아들고는 이렇게 말한다.

"학습경험에는 공부한 경험을 쓰는 건가요?"

자기주도학습이라고 하면 학생들은 독서실 책상에 박혀 문제집을 푸는 모습을 떠올린다. 사실 학생 잘못이라고 할 수도 없다. 그만큼 우리는 '학습'의 의미를 지나치게 좁게 생각하고 있다. 학습이 무엇인지 국어사전에서 찾아보면 다음과 같이 나온다.

- **학습** : 연습이나 경험의 결과로 생기는 비교적 지속적인 유기체의 행동변화(교육학대사전)
- **학습** : 배우고 익힘 (국어사전)

교육학적 정의로 보나 국어사전적 정의로 보나, 학습은 교과 공부를 통해 성적을 올린 경험만으로 한정되지 않는다. '배우고 익힘'은 당연히 일상생활에서도 가능하다. '연습이나 경험'이 문제집을 푸는 것만 뜻하는 것도 아니고 '행동변화'를 만드는 방식에는 제한이 없다. 따라서 우리는 문제집을 풀거나 국영수를 열심히 공부한 경험 대신 동아리에서 배운 것, 봉사에서 배운 것, 독서에서 배운 것, 발명하며 배운 것 등 다양한 종류의 활동 경험을 '학습경험'으로 생각할 수 있다. 이제부터는 성적 올린 이야기 말고 다른 신선한 소재로 1번을 채워보자. 이제부터 많은 사례를 살펴볼 텐데 그렇게 쓰고 싶어 하는 '성적 올린 이야기'도 있으니 굳이 쓰고 싶다면 참고하도록 하자.

동아리 활동도 1번에 쓸 수 있다

 동아리 활동을 통한 학습을 보여준 사례

(…) 종교, 가족관 등 공유하는 문화 배경이 일본과 서로 달랐기 때문입니다. 축제가 일어로 마쓰리라는 건 알았지만, 우리가 생각하는 축제와 일본인이 생각하는 마쓰리는 달랐습니다. 한국인끼리는 일본의 정서와 문화를 자세히 익히기 힘들었습니다.

이 고민은 '한일 중고생 교류 댄스댄스댄스'라는 활동에서 해결됐습니다. 춤을 좋아해, 한일교류까지 하게 됐는데, 춤이란 공통점 덕분에 일본인 친구와 금방 친해졌습니다. 이들과 소통하며 문화를 접하고 배우는 '환경'이 부족함을 다시 깨달았고, 행사 마지막 날에 친구들과 SNS 친구를 맺고, 후에 한국으로 초대해 지속적인 인연으로 만들었습니다. 이로써 일본 문화와 정서를 접할 수 있는 '환경'을 스스로 만들 수 있었습니다. 특산물 중심인 우리나라의 축제와 다르게, 마쓰리는 그들이 믿는 신, 지역적 특징, 심지어 가족에 이르기까지 그들의 삶 전체와 깊은 관련이 있는 행사임을 직접 느꼈습니다. 그와 함께 많은 문화 배경을 공유했고, 이런 관심을 발전시켜 일본의 자연환경과 소수민족 등을 다룬 일본문화 탐구보고서를 작성하면서 일본 문화를 더 깊게 배울 수 있었습니다.

[사례 5]는 동아리를 학습경험으로서 서술했다. 동아리 활동에서 전공과 관련한 자질을 보여줄 수 있다면 얼마든지 1번 내용으로 사용할 수 있다. 물론, 그렇게 할 것이라면 동아리 활동이 자신의 교과적인 역량과 학습 역량에 어떻게 도움이 됐는지 위주로 서술하는 것이 바람직하다. 따라서 동아리 활동을 하기 전에는 어떤 상황이었으며 활동 후 어떤 깨달음을 얻었는지를 학습적인 측면에서 명확히 전달해줄 필요가 있다.

공부한 경험을 쓴다면 다양한 가치를 드러내자

학생부종합전형이 내신 숫자만을 본다면, 자기소개서를 쓸 필요가 없지만 앞선 여러 장에서 말했듯이 학생부종합전형은 내신 등급 자체보다 그런 내신 등급을 어떻게 받게 됐는지, 내신은 좋지 않더라도 과목에 대한 관심이 있는지, 내신 성적이 좋다면 남들과 지식을 나눌 줄 아는지, 협력할 수 있는지 등을 평가하는 전형이다. 따라서 단순히 내신이 3등급에서 1등급이 됐다는 식으로 '성적 향상'만 보여줄 것이 아니라 그 과정이 자신에게 내재되어 있는 가치에서 나왔다는 것을 보여줘야 한다. 그런데 많은 학생이 "성실하게 공부했다", "암기가 아니라 이해를 했다"는 유의 판박이 같은 내용들로 자기소개서를 채우고 있다. 판박이 같은 내용 속에서 평가자는 지원자에게 어떤 특징이 있는지 찾을 수 없다. 다음은 판박이에서 벗어나 다양한 수업,

성적 관련 내용으로 자신만의 특색을 어필한 사례다.

사례 6 ▶ 수업시간 중의 활동을 활용한 사례

저는 고등학교를 저만의 경영학과로 만들었습니다. 저는 경영에 관심이 많아 이런 관심을 채우려고 다양한 수업 시간을 활용했습니다. 우선 영어보고서 시간은 제게 경영학 시간이었습니다. 영어보고서의 주제는 선생님이 정해주시는데, 2학년 1학기에는 운이 좋게도 제 관심 분야인 CSR를 주제로 탐구발표를 할 수 있었습니다. 마이클 포터(Michael Porter)의 TED강연을 비롯해 다양한 영어 논문 및 칼럼에서 마이크로소프트 같은 글로벌 기업의 CSR 실천사례를 찾았고, 그것을 기반으로 삼아 보고서를 작성했습니다. 저는 운이 좋아서 관심 분야라 작성이 용이했지만, 다른 아이들의 수업 만족도가 떨어지는 게 문제였습니다. 저는 영어부장으로서 학생이 직접 주제를 정하는 방식으로 수업을 변화시키자고 건의했습니다. 그러자 2학기부터 많은 아이들이 적극적으로 수업에 참여했습니다. 저는 당시 큰 인기를 끌던 '로즈골드' 선호 현상과 관련해 색상이 심리에 미치는 영향을 다룬 지문을 공부한 뒤, 관심이 더 높아져 IT 산업에서의 '색'을 알아보기 시작했습니다. 그래서 여러 자료들을 가지고 마케팅에서 색상이 주는 심리적 효과 등을 탐구했습니다. 영어 능력을 길러 각종 영어 대회에서 수상함은 물론 경영 지식을 공부했고, 원하는 공부를 하고자 환경을 변화시켜본 경험이었습니다. 주어진 것에 만족하지 않고, 주도적으로 발전시킬 수 있다는 것을 배울 수 있었습니다. (…)

[사례 6]은 수업시간에 하는 활동을 활용해 1번 문항을 채운 사례다. 학교에서는 수업시간 중 발표, 보고서 작성, 독서 등 다양한 활동을 할 수 있다. 학습부장을 맡았다면, 아이들과 함께 공부한 과정을 보여줄 수 있고, 영어시간에 전공 관련 발표를 했다면 영어 실력과 더불어 전공에 대한 관심도 보여줄 수 있다. 이런 다양한 경험을 바탕으로 자기소개서 1번을 채우면 단순히 성적이 우수하다거나 올랐다는 이야기 말고도 다양한 모습을 학업 역량과 함께 보여줄 수 있다.

 다양한 공부 방법을 보여준 사례

사회 성적이 불안정하게 나오는 것이 저의 가장 큰 약점이었습니다. 놓치는 부분 없이 암기했다고 생각했는데도 실전에서 자꾸 허점을 보였기 때문입니다. 원인은 오로지 시험만을 위한 '암기'에 있었습니다. 사회 과목은 실생활과 밀접한 관계가 있음에도 교과서 속 개념을 현실과 접목시키지 못했습니다. 이를 보완하려고 저는 시사토론 동아리 '○○○'에서 진행한 NIE 활동을 적극 활용했습니다. (…) 또 이후에는 토론을 하며 사회 개념들을 '글자'로만 보던 제 습관을 버릴 수 있었습니다.

2학년 후반부에는 더 세분화된 분야로 나눠 경제, 경영 NIE를 담당했습니다. 그중 PB 상품 관련 NIE는 '마케팅'에 대한 관심을 심화하는 데 큰 영향을 주었습니다. (…)

NIE와 여러 가지 활동을 하며 저는 교과목과 현실 사이에 스스로 만든 벽을 허물 수 있었습니다. 다양한 분야에서 쌓은 배경지식들이 교과와 개념 사이를 이어주는 유기적인 연결고리를 만들어주었습니다. 이것은 불안정했던 2학년 때와 달리 안정적인 3학년 성적을 받을 수 있게 한 소중한 학업 성취였습니다.

[사례 7]은 많은 학생들이 쓰고 싶어 하는 '공부 과정과 성적 향상'이라는 소재의 우수한 사례다. 공부해서 성적이 올랐다는 소재 자체는 나쁘지 않지만 단순히 성실히 임했다는 뻔한 가치 외에는 평가자에게 어필할 수 없다는 것이 많은 학생이 안고 있는 문제다. 따라서 성실했기에 성적이 올랐다고 말할 것이 아니라, 자신이 적용해본 다양한 공부 방법들, 즉 NIE, 논문 읽기, 독서 등을 통해 성적을 올린 과정을 보여주면, 전공에 대한 관심 등 다양한 모습을 평가자에게 어필할 수 있다.

이외에도 문항 1번에 이용할 수 있는 소재가 많이 있겠지만, 독자들이 시행하기 좋은 방법을 위주로 소개했고, 나머지 다양한 소재는 〈파트 6 사례편〉을 참고하면 좋겠다. 1번을 작성할 때 앞에 소개한 사례들을 참고하면 성실성만 돋보이는 뻔한 서술에서 벗어날 수 있다.

02

이제는 그냥 '착한 얘기' 쓰면 망한다

다음 내용을 보고 자신이 쓰고자 하는 2번 유형이 있는지 체크해보자.

1. 멘토링 봉사 활동을 3번에 쓰려고 한다. 처음에는 멘티가 말을 듣지 않았지만 시간이 지나니 말을 들으며 '눈높이에 맞게 소통했다'는 내용을 쓸 예정이다.

2. 축구대회나 합창대회 혹은 반티 제작 과정을 쓰려고 한다. 주된 내용은 의견을 모으는 과정이나 연습 과정에서 갈등이 발생했고, 내가 그 갈등을 소통의 자세로 해결했다는 내용이다.

3. 학생회나 조별과제에서 갈등이 생긴 내용을 쓰려고 한다. 애들이 일을 하지 않는 바람에 프리라이딩 문제가 생겨 갈등이 있었지만 내가 솔선수범해서 해결했다는 내용이다.

4. 노인정, 양로원, 장애 시설에서의 봉사 내용을 쓰려고 한다. 처음에는 하기 싫었지만, 나중에는 봉사의 참의미를 깨닫고 자발적으로 봉사하게 됐다는 내용이다(학급의 장애인 친구를 도와줬다는 것도 비슷한 맥락).

만약에 위 네 가지 중에 자신이 쓰려고 하는 내용이 있다면, 지원하는 수험생 7만 명과 같은 소재로, 같은 플롯으로 자기소개서를 쓰고 있다고 생각하면 된다. 학생이 처음 써오는 자기소개서 2번을 보면 항상 저런 내용이 주를 이룬다. 왜 그럴까? 왜냐하면 배려, 갈등관리, 협력 등을 서술하고 싶은데 실제 삶에서 의미 있는 경험을 할 기회가 적기 때문에 그렇다. 자기소개서에는 대단해 보이고 착하게 보이도록 적기는 해야겠고, 식스센스급 '반전'도 찾다보니, 결국 생각할 수 있는 내용에 한계가 있어 다들 비슷한 내용으로 가득한 자소서를 쓰게 된다. 한 대학의 입학사정관은 "2번만 보면 우리나라는 인정이 넘치는 살기 좋은 나라다"라는 우스갯소리를 하기도 한다. 2번 문항, 그럼 어떻게 써야 할까?

2번 문항, 착한 일만 사례가 아니다

다른 수험생과 차별성 있는 2번을 쓰려면 우선 소재에 대한 관점을 넓혀야 한다. 2번은 착한 봉사활동만 쓰는 칸이 아니다. 갈등, 협력, 리더십 경험 등 주로 학업과 연관이 없는 인성 요소는 거의 대부분 2번의 사례가 될 수 있다. 실제로 저자는 2번에 자신의 '내적 갈등'을 내면적 갈등 관리의 사례로 서술해 합격한 학생도 봤고, 첫사랑에게 차인 사건을 계기로 자신을 변화시키려 노력했다는 사례도 봤다. 그만큼 2번에는 소재 제한이 없다. 다음 사례를 보자.

사례 8

'재미'있는 기획은 풋살장의 불평등도 해결해 주었습니다. 저희 학교는 풋살장이 하나뿐이라 이기는 편이 계속 경기를 했고 지는 팀은 경기를 한두 판밖에 하지 못하고 밖에서 대기해야 했습니다. 저는 주로 이기는 편이었지만, 그날따라 경기에서 지고 밖에서 대기하다가 지는 팀의 고충을 느낄 수 있었습니다. 모두가 게임을 즐기고 있는 줄 알았지만 그것이 아니었습니다.

'어떻게 해야 모두가 참여할 수 있을까'라는 고민을 하다가 문득 요즘 인터넷에서 핫한 '리그오브레전드'라는 게임이 떠올랐습니다. 이 게임은 티어라는 것이 있어 상대팀과 우리 팀의 밸런스가 맞춰진 상태로 게임을 할 수 있는데 이것이 재미 요소였습니다. 그래서 저희 반을 A팀에서 E팀까지 총 5개 팀으로 나눈 후 승급전이라는 시스템을 통해 1군부터 5군까지 티어를 나누었습니다. 처음에는 잘하는 친구들이 밸런스를 맞추자는 아이디어에 반대했습니다.

(…) 저는 설득의 방향을 평등에서 재미로 바꾸었습니다. 친구에게 이길 게 뻔한 게임보다 비등비등한 게임이 더 재미있을 것이라고 설득했습니다. 실제로 균형이 맞도록 팀을 꾸려 경기를 해보니 골도 쉽게 들어가지 않고 반응도 좋았습니다. 덕분에 문제도 해결돼 풋살장에 평등이 찾아왔습니다.

작은 경험이지만, 경제학을 더 공부해 사람들이 구체적으로 어떻게 재미와 같은 '요인'에 반응하는지 배우고 싶어졌습니다. 또, '사람'에 관심을 가져야 좋은 상품을 기획하는 사람이 될 수 있음을 깨달았습니다. 그래서 지역별로 사람마다 어떻게 다른 기호를 가지고 있는지, 국가 별로 상품을 취급하는 정책은 어떻게 다른지 배우고 싶습니다. 그 결과로 마케팅과 국가 간 통상, 더불어 다양한 지역과 국가의 사람에 관심을 쏟으며 세계인에게 다가가는 콘텐츠를 만들겠다는 제 꿈을 시작해보고 싶습니다.

위의 [사례 8]은 갈등관리 사례를 서술한 것이다. 하지만 어디에도 '내가 착한 사람이다'라는 유의 서술은 없다. 그저 풋살을 좀 많이 해보고 싶던, 좀 더 재미있게 해보고 싶던 욕망만 좀 드러날 뿐이다. 하지만 이것 역시 갈등관리이며 또 협력을 이끌어낸 과정이고, 또 다른 관점에서는 나눔도 될 수 있다.

사례 9 고등학교에 입학하고 얼마 지나지 않아 STEAM이라는 대회가 열렸습니다. STEAM 대회는 과학, 기술, 공학, 예술, 수학을 융합한 활동을 구성해 중학교에서 수업할 팀을 뽑는 대회인데 재능 기부 창의성 캠프의 일환입니다. 처음 접해보는 것이라 낯설었지만 여러 과목을 융합한다는 것에 흥미가 생겨 친구와 출전해보기로 했습니다. 중학교 친구에게 수업하는 것이기에 너무 깊은 내용이 아니면서도 재미있게 진행할 수 있는 활동을 구성해야겠다는 생각이 들었습니다. STEAM 활동이 익숙하지 않은 분야라 먼저 선행 연구들을 찾아보았습니다. 그중 탱탱볼 만들기가 눈에 들어왔습니다. 직접 재료를 가지고 해보니 그렇게 어렵지 않고 간단했지만 소요시간이 짧아 수업으로 하기에 뭔가 부족했습니다. 조원들과 더 주제를 찾아보기로 하고 집으로 가던 중 우연히 탱탱볼로 스마트폰 터치가 되는 것을 발견했습니다. 정말 신기해 탱탱볼을 터치펜으로 사용하면서 다녔습니다. 탱탱볼이 고무와 같은 성질이어서 전기가 통하지 않을 것이라 생각했기에 어떤 원리인지 궁금하기도 했습니다. 탱탱볼로 터치하는 모습을 친구들에게 보여주자 정말 신기해했습니다. 고등학생이 놀랄 정도면 중학생 친구도 충분히 호기심을 갖고 참여할 것이라는 생각이 들었습니다. 회의한 결과 플라스틱 계란 판으로 꽃을 만드는 활동을 추가해 '나만의 터치펜 만들기' 수업을 구성했습니다. 이후 대회에서 선생님과 친구들에게 좋은 호응을 얻었고 재능 기부 창의성 캠프에 선발돼 수업을 진행했습니다. STEAM 대회를 준비하며, 어떤 활동을 구상할 때 대상을 고려해 기획하는 능력을 기를 수 있었습니다. 또한 세상의 모든 것이 꼭 그 용도로만 사용되는 것이 아니라 새로운 분야와 예상치 못한 곳에서 사용될 수 있다는 창의적인 발상법을 배웠습니다.

[사례 9]에서는 재능기부라는 '나눔'을 소재로 하고 있지만 주된 주제는 나눔이 아니다. 오히려 인성 영역보다 동일한 소재로 다른 문항에서 보여주지 못한 창의성이라는 가치를 보여주는 데에 초점을 맞추고 있다.

사례 10 마을 분들이 마을을 홍보할 수 있는 지도를 만들어달라고 부탁하셨습니다. 저는 마을을 돌아다니며 특징적인 사물을 관찰했고 면사무소에 방문해 실제 지도를 얻었습니다. (…) 이장님이 말씀해주신 마을의 역사를 듣고 지도에서 부각해야 할 것들을 표시하면서 지도를 그렸고 어르신들도 쉽게 볼 수 있도록 큰 글씨를 사용했습니다. 농촌봉사 활동을 떠나기 전 폐교가 된 학교가 있다는 말을 듣고, 조를 나눠 벽화를 그리기로 결정했습니다. 폐교란 말을 들으면 부정적인 이미지가 떠오르기 때문에 분위기를 화사하게 바꾸려고 고민을 많이 했습니다. (…) 실제 그림은 편안한 느낌을 주고자 밝은 톤의 노란색, 분홍색, 하늘색을 이용했고 복잡한 그림보다 누구나 알아볼 수 있는 간단한 패턴 형식의 그림을 그렸습니다. 그러자 기대한 대로 폐교의 분위기가 밝아졌습니다. 제 능력이 다른 곳에 쓰이고 그 결과가 남들에게 기쁨이 되는 모습을 보며 자존감도 올라가고 성취감도 있었습니다.

[사례 10]도 마찬가지다. 벽화와 약도를 그리는 봉사를 언급하고 있지만, 그 초점은 나눔이 아니라 자신의 창의성, 그 속에서 발휘한 미적인 감각이었다.

기존에는 일반 봉사 사례라도 자세하게만 쓰면 괜찮다고 학생들에게 지도하기도 했다. 1번과 2번 문항이 나뉘어 있을 때는 글자 수도 많았고, 쓸 수 있는 활동 개수도 많아서 3번에 중요한 활동을 쓰기가 현실적으로 어려웠다. 의미 있는 활동의 수는 한정돼 있으니까 말이다. 그러나 이제는 1번, 2번 문항이 통합됐고 글자 수도 줄었기 때문에 착한 얘기만 하다가 자소서를 끝낼 수 없는 상황이 됐다.

꼭 대단한 얘길 쓰지 않아도 '협력'한 활동이라면 모두 괜찮다

> **사례 11** '모든 걸 다 잘하지 않아도 된다. 잘하는 사람을 곁에 두라'는 말의 의미를 협력을 통해 깨달았습니다. 3학년 때에도 사회적 문제에 지속적인 관심을 갖고자 친구들과 적은 시간을 들여서라도 할 수 있는 시사 자율동아리를 만들었습니다.

초기에는 본인이 관심 있는 주제만 스크랩해서 서로 의견을 나누는 방식을 채택해서 진행했는데, 어차피 서로 발표를 하는 시간이 정해져 있다면 오히려 하나의 주제를 정해놓고 다양한 관점에서 의견을 나누는 방식이 더 낫겠다는 생각이 들어 친구들과 함께 토의해 동아리 시스템을 바꿨습니다. 시스템을 바꾼 이후 친구들과 함께 '트럼프의 장벽건설'을 주제로 삼아 서로 기사를 스크랩했는데, 우리나라나 미국뿐 아니라 다른 나라는 이 사건에 대해 어떻게 생각하고, 어떤 관점에서 바라보는지 궁금했습니다. 그런데 번역기를 통해 불어를 번역해 보니 조금 어색했기에, 친구 중에 프랑스에서 살다 온 친구, 일본에서 살다 온 친구를 동아리에 영입해 동아리 활동 과정에서 한국어와 영어가 아닌 기사를 번역해 달라고 설득했습니다. (…)

제2외국어에 능숙한 친구들을 동아리에 영입하는 과정에서 단순히 정이나 친분이 아니라 모두가 win-win하는 상황을 만드는 것이 가장 확실한 협력의 동기가 됨을 배웠고, 협력을 잘 이끌어내는 능력만 갖춘다면 나에게 모든 능력이 다 있지 않아도 모든 능력을 활용할 수 있는 사람이 됨을 배웠습니다.

[사례 11]은 그냥 인성 관련 내용이라기보다 활동 서술에 가깝지만 이런 활동도 당연히 2번에 들어갈 수 있는 내용이다. 하지만 내용을 풀어가는 방향에 따라 협력이나 공동체에서 내가 리더로서 기여하는 경험으로 해석할 수 있다. 다시 한번 말하지만 소재에 제한을 두지 말고, 활동을 하나라도 더 보여줄 수 있는 창구로써 문항에 접근하자.

03

3번 문항

대학에서 원하는 것을 써주자

3번 문항은 대학별로 자율적으로 운영된다. 그래서 각각 문항도 다르고 매년 조금씩 바뀌고는 한다. 하지만 다르다 하더라도 대체로 5가지 유형 정도로 요약해서 생각해볼 수 있다.

유형 **1_** 입학을 위해 기울인 노력
유형 **2_** 입학 후 본인의 계획
유형 **3_** 성장환경 등이 미친 영향
유형 **4_** 선발해야 하는 이유 "○○대가 지원자를 선발해야 하는 이유"
유형 **5_** 독서

1번 유형과 2번 유형은 같다고 생각하면 된다. 대학 대부분이 1번 유형이나 2번 유형을 포함한 3번 문항을 제출하고 있다. 흔히 2번 유형처럼 입학

후의 계획을 쓰라고 하면 정말로 계획만 쓰는 경우가 많은데, 〈파트 4 기술편〉에서 밝혔듯이 계획만 장황하게 늘어놓아봐야 아무런 소용이 없다. 계획만으로는 지원자의 역량을 판단할 수 없기 때문이다. 따라서 2번 유형은 1번 유형과 마찬가지로 항상 노력 과정을 써준 뒤에, 이런 노력을 더 발전시켜 대학에서도 이런 노력을 이어가고 싶다는 식의 서술이 가장 바람직하다. 1번 유형도 노력 자체만 많이 보여주기보다는 노력을 했음에도 불구하고 부족했던 부분을 찾고, 그런 부분을 대학에 가서 어떻게 발전시키고 싶은지 써야 한다. 아래 [사례 12]는 이전에 한 노력이 어떻게 앞으로의 계획으로 이어지는지 잘 서술한 사례다.

사례 12 (실험 활동에 대한 구체적인 소개) 이 실험에서 왜 모든 과학 탐구에서 변인통제의 중요성을 강조하는지 알았고, 이후 실험을 구상할 때, 우선적으로 지키려 노력했습니다.

연세대학교가 미래융합연구원을 구축하고, 융합사이언스 파크 설립을 추진하는 등 다양한 학문 간 교류를 장려하고 있다는 사실을 접했습니다. 학문이 융합해 전례 없는 새로운 탐구 분야가 등장할 미래를 정확히 내다보고 투자를 아끼지 않는 연세대학교야말로 제 진로 방향을 고려할 때 최고의 대학이라고 생각합니다. 이것이 '연세대학교 화학과'에 지원한 이유입니다.

3번 유형은 환경을 써달라는 이야기다. 중앙대나 경희대, 연세대에서 이런 문항을 제시한다. 이 문항에서 많은 학생이 자신의 가정사를 이야기한다. 가정사가 없는 친구는 대체 무엇을 써야 하는지 모르겠다고 말하기도 하는데, 우선 왜 대학에서 환경을 써달라고 하는지를 이해해야 한다. 대학이 환경을 써달라고 하는 이유는 '출발선'이 다름을 고려해주기 위함이다. 하루에 5시간씩 알바하며 공부한 학생 A가 맞은 90점과 돈 걱정 없이 사교육을 받은 학생 B가 맞은 90점은 서로 다른 것이고, 전자를 더 값지게 평가하는 것이 바람직하다. 따라서 환경을 서술해달라고 말하는 문항을 마주하면, '자신이 불리했던 점'을 쓰는 것이 유리하다. 만약 공부 환경에 아무런 불리한 점이 없는 사람이라면, 환경은 언급하지 않거나, '주어진 좋은 환경에 만족하지 않고, 스스로 더 발전하고자 노력한 점'을 보여주는 편이 좋을 듯하다. 아래는 불리한 환경에 대해 서술한 것이다.

사례 13 일반고에서 패션 진로를 선택하려 하니 가장 갖추기 힘든 능력이 미적 감각이었지만, 미술 시간에 활발하게 참여하고, 과학 수업 시간에 포스터를 그리고, 패션 일러스트레이션을 그리는 동아리 활동을 주도적으로 만들고, 무엇보다 예산을 확보해 패션쇼를 여는 등 예술고 학생 못지않게 진로에 필요한 미적 감각을 유지하고 발전시키려고 노력했습니다. 저의 미적 감각을 향상시킴은 물론, 후에 패션 쪽 진로를 희망하는 후배가 생긴다면 활동할 수 있는 틀과 길을 새로 개척한 경험이었습니다. 패션회사를 방문하고, 동아리에서 패션쇼를 개최하면서, 패션 관련 진로를 더 깊이 이해했고, 제 재능과 흥미가 디자인뿐 아니라, 기획, 마케팅, 유통 등 산업 분야에도 있음을 알았습니다.

다른 사람들이 제 동아리를 '회사'로 여길 만큼, 주어진 환경을 변화시키며 패션 관련 진로를 향해 노력해왔습니다. 패션 종사자가 되는 데 필요한 다양성이 있는 연세대학교라는 환경이 제게 주어진다면 이런 적극성을 바탕으로 역사부터 마케팅, 의류제작, 과학섬유, 패션경영에 이르기까지 배우고 연구해 한국의 미를 접목시킨 패션전문가가 되고자 노력할 것이고, 제가 배운 다양성을 가지고 학우의 성장에 기여하고 싶습니다.

4번 유형은 소수 대학에서 포함하는 내용이다. 많은 학생이 이 문항과 '내가 대학에 가고 싶은 이유'를 헷갈려 한다. 하지만 문항을 명확히 읽어보면, 내가 대학에 가고 싶은 이유가 아니라 '대학이' 나를 선발해야 하는 이유를 쓰라는 것이다. 대학이 반드시 나를 선발해야 하는 이유를 내 안에서 찾아야 한다. 질문을 좀 더 쉽게 바꾸어 보면, "너는 어떤 장점이 혹은 능력이 있기에 우리 대학에 뽑힐 만하다고 생각하니?"라고 묻는 것과 같다. 따라서 이런 문항은 1번과 2번처럼 자신의 노력을 쭉 써주되, 왜 이 대학에 들어갈 만한 노력인지, 그런 노력으로 대학에서 원하는 어떤 능력을 길렀는지 등을 함께 써주는 것이 좋다. [사례 14]는 참고하기 좋은 사례다.

사례 14 저는 이렇게 의류를 비롯한 가정현상에 꾸준히 관심을 갖고, 학습자인 후배들이 공부할 수 있는 환경을 만들며 3년의 고교생활을 보냈습니다. 또 과학적 탐구력을 바탕으로 이런 가정현상을 분석해 우수한 평가를 받기도 했기에 ○○대 가정교육과에 적합한 인재라고 생각합니다. ○○대 가정교육과에 입학한다면 저의 적극성과 융합적 탐구력을 바탕으로, 기초부터 탄탄한 패션 전문가가 되는 첫 걸음을 떼고 싶습니다.

유형 5는 유일하게 서울대에서 채택하고 있는 문항이다. 책 내용을 요약 하거나 단순히 책을 소개하기보다 책을 통해 내 행동이나 활동이 변화한 점 혹은 가치관이 변화한 점을 구체적으로 서술해주는 것이 중요하다. [사례 15]는 서울대 합격생의 자기소개서 일부인데 책을 통해 자신이 변화한 점 을 구체적으로 잘 보여주고 있다. 책을 선정하는 자세한 방법과, 독서 문항 이 아니어도 책을 서술하는 방법은 이번 파트의 'PLUS'에서 더 구체적으로 설명하겠다.

 『엔트로피』(제레미 리프킨)

『행복한 사회는 누가 만들까』를 읽고 시작된 행복한 사회에 대한 고민은『엔 트로피』에서 끝을 맺었습니다. 1학년 때 읽은『행복한 사회는 누가 만들까』 는 제게 과학자로서 어떻게 하면 사회를 행복하게 만들지에 대한 질문을 던졌 습니다. 그 후 교과 시간에 공부한 과학은 사회와 무관한 지식 같아 보였습니 다. 그러던 중 알게 된『엔트로피』는 과학적 개념인 엔트로피를 경제학에 적용 해, 기술 진보로 에너지 효율이 증가하는 것이 아니라 무용한 에너지의 증가폭 을 더 늘리는 것일 뿐이라는 관점을 알려주었습니다. 과학이 곧바로 환경 보호 나 경제 정책과 같은 사회적, 윤리적 당위를 설명하는 데에 쓰일 수 있다는 것을 깨달았습니다. 교과 시간에 배운 과학적 지식과 앞으로 연구원으로서 발견할 과학적 지식이 현대사회의 문제를 해결하는 데 쓰일 수 있다는 것을 알았고, 자연 현상으로 사회 현상을 기술하는 책을 보니 과학자는 사회와 동떨어진 과학적 과제만 해결하는 사람이 아니라는 생각이 들었습니다.

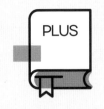

좋은 독서의 기준

—

"독서한 책 중에 어떻게 3권을 선정하죠?"
"독서를 했는데 어디에다 쓸지 모르겠어요."

　서울대를 지원하는 학생들은 자기소개서 3번에 어떤 책을 선정해서 써야 할지가 고민일 것이고, 서울대를 지원하지 않는 학생들은 독서를 하긴 했지만 어디에 그 내용을 써야 할지를 몰라서 고민이다. 그래서 우선 '쓸 만한' 독서가 무엇이고, 독서 문항이 없다면 어디에 독서 내용을 담아야 할지 알아보도록 하겠다.

좋은 독서의 조건

1 독서가 어떤 활동의 계기가 됐다.
2 공부(활동)를 하다가 모르는 것을 해결하려고 독서를 했다.
3 독서 방법이 특이했다.
4 독서에서 확실히 느낀 점이 있거나 가치관이 뚜렷하게 변했다.

우선 독서가 활동의 계기가 됐다면 매우 훌륭하다. 서울대는 『이타적 인간의 출현』이라는 책을 읽고 행동경제학과 관련한 보고서를 쓰는 식의 서술을 3번에서 보고 싶어 한다. 책을 도구로 삼아 지적 호기심이 확장되는 과정을 보여주고 있기 때문이다. 서울대 지원자가 아니라도 실험이나 보고서 활동을 소개할 때, 책을 언급해주는 것이 좋다.

둘째로 공부나 활동 과정에서 책을 활용하는 경우가 있다. 예를 들어서, 서울대는 경제 공부를 하다가 『청소년을 위한 국부론』을 읽는 과정을 3번에 써줄 것을 권장한다. 서울대가 아니더라도 이런 과정은 1번에 쓰기 정말로 좋은 소재다.

셋째로 독서 방법이 특이한 경우다. 필자가 지도한 학생 중에 독서를 제대로 하고자 『독서의 기술』이라는 책을 읽은 학생도 있었다. '독서를 하려고 독서 방법에 대한 책을 읽은 것이 자신의 독서 방법'이라며 3번에 담았다. 어려운 책을 읽고 싶어서 관계된 쉬운 해설서를 몇 권 읽은 경우도 쉬운 책부터 접근하는 것이 자신의 독서법이라며 3번에 담았다. 서울대 지원자가 아니더라도 하나의 책을 정복하는 과정을 1번 문항에 서술할 수 있다.

마지막으로 책을 통해 가치관이 변화된 경우나 직업에 대한 고찰이 성숙한 경우다. 『건강한 기업의 장수 이야기』라는 책을 읽고 경영자로서 윤리의식이 중요함을 느꼈다면, 서울대 3번에 가치관 변화를 명확히 담아 쓰는 것이 좋다. 서울대 지원자가 아니더라도 책을 읽고 가치관의 변화가 있었다면 각 대학 3번 문항 중 진로를 향한 노력이나 꿈 부분에 서술할 수 있다.

어떤 유형의 독서를 했는지, 어떻게 이 독서를 자기소개서에 잘 담아낼지 고민하다 보면 면접장에서 의미 있게 자신을 보여주는 질문을 받는 긍정적 효과도 노릴 수 있다.

2022년 현 고3에게 적용되는
대입자기소개서 양식에 맞추었다!

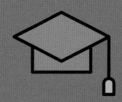

PART 4

작은 활동도 돋보이게 하는
자소서 작성기술

고등학교 3년을 다니면서 학생들이 경험할 수 있는 활동은 아주 예외적인 학생을 제외하고는 대부분 동일하다. 많은 학생들이 자신의 경험을 풀어내는 도구로 동아리를 활용하는데, 동아리에서 하는 활동도 대부분 비슷하다. 심지어는 이름도 비슷한 경우가 많다. 봉사도 마찬가지다. 멘토링, 양로원, 다문화가정, 쓰레기 줍기, 하천 정화 활동 등 자세한 내용은 다르지만, 사실 그 내용이 특별하다기보다 시키는 일을 열심히 수행한 수동적인 경험들이다.

자소서 작성에서 중요한 것은 이런 뻔하고, 흔한 활동들 속에서 내 모습을 어떻게 두드러지도록 부각하고, 또 평가자가 보고 싶은 나의 모습을 어떻게 드러낼 수 있는가 하는 것이다. 이미 활동은 끝났고, 문항에 어떤 내용을 써야 할지는 알았다. 이제 그 내용들을 어떻게 써야 더 돋보이고, 더 나를 뽑고 싶게끔 만들 수 있는지 알아보자.

01

글의 종류 알기
자소서는 설명문이 아니라 광고문이다

자기소개서는 어떤 종류의 글일까?

쓰는 글의 종류가 무엇인지는 작문 시간이나 국어 시간에 집중해서 들은 사람이라면 누구나 안다. 글을 쓰기 전에 가장 먼저 던져야 하는, 가장 핵심이 되는 세 가지 질문은 다음과 같다.

첫째, 쓰고자 하는 글의 종류는?
둘째, 쓰고자 하는 글의 주제는?
셋째, 쓰고자 하는 글의 독자는?

둘째 질문에 대한 답은 매우 명확하다. 자기소개서의 주제와 소재는 당연히 '나' 또는 '나의 삶'이다. 셋째 질문에 대한 답은 당연히 대학의 교수나

입학사정관이다. 그런데 첫째 질문에 대한 답은 의견이 분분하다. 대체로 의견을 모아보면 설명문이라는 답변이 가장 많다. 간혹 논설문이라는 주장도 있다.

설명문은 사실적인 정보 전달을 목적으로 하는 글이다. 얼핏 자기소개서가 이 갈래라고 이야기해도 무리가 없어 보인다. 그러나 자기소개서는 설명이 주목적이 아니다. 귀한 시간을 아껴서 대학에 내가 누군지 설명하려고 글을 써야 하는가? 정확히 말하면 자기소개서는 '선택받기 위해' 쓴다. 그래서 설명문은 아니다. 자기소개서는 정보를 전달하지만 그 자체가 목적은 아니다.

자기소개서가 논설문이라는 주장은 얼핏 설득력이 있다. 그러나 논설문은 의견이 다른 상대를 논리적으로 '설득'하는 글이다. 그러나 우리는 자기소개서를 누군가의 생각을 바꾸려고 쓰지는 않는다. 정답은 설명문과 논설문의 중간이다. 설명문보다는 좀 더 적극적이고 행동을 이끄는 글이어야 하지만, 논설문보다는 조금 온건한 글이다. 정확히 말하자면 대학을 하나의 '소비자'로, 여러분을 '상품'으로 보았을 때, 자기소개서는 한 편의 광고문이라고 할 수 있다.

광고문이건 설명문이건 자기소개서가 어떤 종류의 글인지를 아는 것이 왜 중요하냐고 물을 수도 있겠다. 그 이유를 음료수 광고를 예로 들어 설명하겠다.

사례 1

① 이 음료에는 폴리덱스트로스(식이섬유), 산도조절제, 합성착향료, 비타민C, 감귤추출물 등이 들어 있어요. 총 20칼로리인데 맛도 아주 좋습니다.

② 이 음료에는 산도조절제가 들어 있고, 합성착향료가 들어 있어요. 이 두 물질은 인체에 무해하고 안정적입니다.

③ 이 음료에는 당근 200그램만큼의 식이섬유가 들어 있어서 당신의 장 건강에 도움을 줍니다. 게다가 비타민까지 있는데 칼로리는 무척이나 낮아요.

만약 여러분이 음료 회사 사장이라면 어떤 광고 문구를 채택할까? 당연히 **③**번일 것이다. 까닭은 소비자들이 음료를 사 먹고 싶다는 생각을 가장 많이 할 것이기 때문이다. **①**번은 전형적인 설명문이고, **②**번과 **③**번은 광고문에 가깝다. 광고와 설명은 사실을 바탕으로 한다는 공통점이 있다. **①**번, **②**번, **③**번은 모두 사실을 바탕으로 한다.

설명이 광고가 될 수 없는 가장 큰 이유는, 소비자가 단순한 사실이 아니라 '자신에게 유익한 사실'에 반응하기 때문이다. 좀 더 쉽게 말하면 소비자가 어떤 물건을 살지 판단하는 기준은, 어떤 제품인지, 얼마나 훌륭한지가 아니라 '이 제품을 사용하면 내게 어떤 일이 벌어지는지', '나한테 뭐가 좋은지'다.

①번은 음료에 포함된 성분을 그대로 보여준다. 성분들이 나에게 어떤 영향을 끼칠지 가르쳐주지 않으면 어떤 소비자도 음료에 눈길을 주지 않을 것이다. **②**번과 **③**번은 각 성분이 소비자에게 미칠 영향을 설명하는 점에서 한층 더 광고의 성격을 띤다. 그러나 **②**번은 **③**번과 비교하면 당신에게 벌어질 일들이 형편없기 때문에 광고 회사 사장의 선택을 받지 못할 것이다. 다시

말해 효과가 보잘것없어 보이기 때문이다.

자신이 추구하는 가치가 얼마나 중요한지 알려라

자기소개서도 마찬가지다. 자기소개서를 읽는 입학사정관은 지원자가 뭘 했는지, 어떤 경험을 했는지 전혀 궁금하지 않다. 왜냐하면 학생부라고 불리는 성분 분석표에 여러분이 어떤 활동을 했는지, 내신은 어떤지, 출결은 어떤지 다 적혀 있기 때문이다. 대학이 궁금해하는 것은 '당신이 우리 학교에 어떤 도움을 주는지'다. 이 질문을 두 가지로 쪼개 생각해볼 수 있다.

> 첫째, 네가 한 활동이 네게 어떤 능력을 길러주었니?
> = 수학 능력 혹은 문제 해결력을 갖췄는가?
> 둘째, 그런 능력을 지닌 네가 이 학교에 오면 뭐가 좋니?
> = 학교의 인재상에 맞는가?

앞에서 자기소개서를 쓰는 과정을 이야기하면서 '가치'의 중요성을 이야기했다. 그런데도 많은 학생이 자기소개서를 쓰라고 하면 열심히 설명문을 써 온다. 개념을 이해했으니 문화콘텐츠학과를 가고 싶은 학생의 사례로 넘어가보자.

사례 2 저는 학생회에서 홍보팀을 맡았습니다. 학교 축제가 시작되기 전 프로그램을 홍보할 홍보물 부착 장소를 찾고자 반마다 돌면서 설문 조사를 했습니다. 이 설문을 통해 학생들이 학교 운동장, 식수대 등에 많이 머문다는 사실을 알아냈고, 이 구역들을 중심으로 홍보물 설치를 결정했습니다. 그리고 각 장소의 특성을 살린 홍보물을 제작하였습니다.

제작과 장소 설정을 마치고, 다음날 홍보물을 붙이니 아이들이 많은 관심을 보였고, 행사 당일 많은 아이들이 몰렸으며 선생님들께서도 인상 깊었다며 칭찬을 해주셨습니다. 대상을 알아야 매력적인 홍보물이 나온다는 사실을 알게 되었습니다.

사례 3 ❶ 저는 콘텐츠를 만들어 사람들을 유도하는 것을 직접 해보고 싶었고, 그 마음으로 학교행사 홍보팀에 참여했습니다. 성공적인 홍보를 위해 아이들과 '어떤 홍보물이 사람들을 사로잡을까'를 상의했고, 그 끝에 답으로 찾은 것은 ❷ '대상을 알라'는 것이었습니다. 학교 학생들을 대상으로 '교실 이외에 자주 머무는 장소는?' 등의 ❸ 질문지를 만든 후 점심시간을 활용해 교실을 돌며 조사했습니다. '학교 독서실'과 '운동장'에 자주 머문다는 결과를 통해, 운동장에 홍보물을 어떻게 설치해야 할지 생각하다가 곧 식수대를 떠올렸습니다. ❹ 그리하여 교실과 식수대에는 인상에 남도록 궁금증을 유발하는 간결한 단어로 된 홍보물을 붙여 학교 독서실 앞으로 오게 만들었고, 행사의 특성을 담은 상세 정보는 학교 독서실 앞에 붙였습니다.

행사 당일 많은 아이들이 몰리고 선생님들께서도 인상 깊었다며 칭찬을 해주셨습니다. 대상을 알아야 매력적인 홍보물이 나온다는 것을 알게 되었습니다. 이는 앞으로 관광객을 유도하는 ❺ 콘텐츠를 만들 때 도움이 될 값진 경험이라고 생각합니다.

대부분 학생들이 [사례 2]와 같은 자기소개서를 써 온다. [사례 2]에는 활동만 있고 본인의 모습이나 능력, 왜 본인을 뽑는 게 대학에 이점인지가 없다. 그냥 자신의 활동을 '설명'한다. 이런 자기소개서를 첨삭하면 [사례 3]이 된다. [사례 3]에는 본인의 능력이 나타난다.

구체적으로 설명하면 ❶에 지원자가 활동하게 된 계기가 나타나 평가자는 '아! 얘는 콘텐츠에 대한 관심이 많구나'라는 사실을 알 수 있다. ❷, ❸, ❹에서 콘텐츠를 만드는 과정이 나타나고 이를 통해 평가자는 '얘는 콘텐츠를 좀 아는 학생이구나, 얘는 이쪽에 대한 공부를 했구나, 관심이 있다는 게 가짜가 아니구나'라는 생각을 한다. 마지막으로 ❺에서 경험이 있으니 '콘텐츠 학과에 들어와서도 공부를 잘하겠구나'와 같은 인상을 준다.

'활동'은 거들 뿐이다. 자기소개서를 쓰는 과정에서 우리가 가장 중요하게 고려해야 할 점은 '어떤 의미를 담을까', '어떤 가치를 담을까'라는 것을 잊어서는 안 된다. 그리고 각 가치와 의미에 맞는 활동을 골라서 담아야 한다. 우리는 활동을 통해 내게 어떤 능력이 있는지를, 내가 왜 대학에 가서 잘할 수 있는지를, 내가 왜 이 대학의 인재상에 맞는지를 입학사정관에게 보여줘야 한다.

02

첫 문장 쓰기
첫 문장에서 자신의 가치를 확실히 어필하라

　지금껏 우리는 특정한 의도를 담아 자기소개서를 쓰는 방법을 배웠다. 정확히 말하면 내가 대학에 가서 공부할 능력과 가치를 가진 사람이라는 것을 알아달라는 의도를 담는 방법을 배웠다. 그런데 입학사정관이 내 의도를 확실히 알 것이라는 보장은 없다. 따라서 입학사정관이 오해하지 않고 글을 이해하도록 앞서 예로 든 사례처럼 읽는 '방법'을 제시해줄 필요가 있다. 다시 말해 가장 첫 문장에 앞으로 입학사정관이 어떻게 이 글을 읽어나갔으면 좋겠는지에 대한 팁을 주어야 한다.

　자기소개서의 어떤 문항이든지 간에 전달하려는 이야기는 간단하다. '내가 대학에 갈 자격과 가치가 있다는 것'이다. 우리는 지금까지 그 가치와 자격을 몇 가지로 나누어 각 문항에 배치하는 방법을 배웠다.

사례 4 저는 우직하고 무엇 하나를 시작하면 쉽게 포기하지 않는 끈기 있는 성격을 지니고 있습니다. 이런 제 습관은 제가 생활하는 데뿐만 아니라 공부를 해나가는 면에도 배어 있습니다.

첫 문장이 중요하다고 해서 [사례 4]처럼 '우직하다', '리더십이 있다', '창의력이 있다', '나눌 줄 안다'와 같은 너무 노골적인 표현을 쓰면 자칫 평가자의 권리를 침해하는 월권처럼 보일 수도 있다. 또 '리더십'이나 '창의력'과 같이 추상적인 단어는 이를 수없이 접하는 입학사정관에게는 굉장히 진부한 표현이다. 따라서 주목을 끌지 못할 뿐만 아니라 지루할 수도 있다.
 그러니 조금 '덜 노골적이면서, 참신한' 첫 문장을 구성하는 방법을 생각해봐야 한다. 그중에서 가장 먼저 살펴볼 방법은 '키워드'다. [사례 5]를 살펴보자.

사례 5 제 별명은 '곰'입니다. 행동이 민첩하지 못해 생긴 별명이지만 책상에 서너 시간 앉아 공부한다든가 결정하면 꾸준히 밀고 나가는 저를 보곤 선생님과 부모님께서는 정말 '곰' 같다고 말씀하셨습니다.

'우직하다'는 성격이나 특성, 가치 등을 노골적으로 제시하기보다 곰이라는 표현을 통해 우회적으로 전달하였다. 또 이런 별명을 남이 붙여주었다는 서술에서 자신의 생각이 아니라 남들이 자신을 보는 관점임을 밝혔다. 이는 특성에 객관성을 더할 뿐만 아니라 직접적인 서술이 주는 거부감을 줄인다.

이렇듯 '곰'이라는 별명과 그 설명으로 '우직함'이나 '끈기'와 같은 가치가
뒤에 이어질 것임을 전달할 수 있었다.

사례 6 항상 배의 앞에 있고 가장 먼저 보이는 부분, 전 동아리의 뱃머리였
습니다. 밖으로는 연계 동아리 'So通' 한영고 대표 발표자, '청소년 경제 체험
대회' 대표 발표자 등 늘 동아리를 소개하고 낯선 사람 앞에 서는 역할을 맡았
고, 안으로는 '스마트 소비' 캠페인, '하이유 프로젝트', 기업 체험 활동 'CELL'
등을 기획하고 동료들과 추진하는 역할을 맡았기 때문입니다.

별명이 아니더라도 첫 문장에서 타당한 설명을 제시한다면 충분히 원하
는 목적을 달성할 수 있다. '뱃머리'라는 비유는 리더십, 추진력 등의 가치를
이야기하려는 의도를 충분히 드러냈다.

사례 7 '준큐'는 저를 부르는 또 다른 이름입니다. '준큐'는 친구들이 '일상
이 경제인 사람'이라며 맨큐를 따서 붙인 별명입니다. 담임선생님의 추천으로
우연히 들어온 시사 경제 동아리에서 처음 경제를 접했습니다. 동아리에서는
체험을 통해 경제를 직접 접할 수 있게 해주었습니다.

비유 대신 아예 새로운 별명을 만들어 넣는 것도 좋다. [사례 7]은 필자가
대학에 지원할 때 실제로 작성한 자기소개서 일부다. 당시 K대에 진학하느

라 이 자기소개서를 쓴 대학에는 등록하지 않았다. 그런데 이 자기소개서를 읽은 대학의 입학사정관이 다음 해에 있었던 설명회 장소에서 고3 당시 담임선생님께 "준큐는 우리 학교는 안 오고 잘 지내느냐"고 안부를 물었다고 한다.

이처럼 잘 지은 별명은 입학사정관의 머릿속에 박히고, 심지어는 1년이 지나도 기억에 남길 수 있다. '준큐'라는 별명과 그 설명을 보면 뒤에 이어질 내용이 '경제에 대한 열정, 관심, 학업 능력' 등이라고 충분히 예측할 수 있다.

거듭 강조하지만 첫 문장은 입학사정관을 지원자의 의도대로 글을 읽을 수 있도록 유도한다는 측면에서 매우 중요하다. 앞 장에서도 말했지만 의도대로 글을 읽도록 해야 입학사정관에게 강렬한 인상을 남길 수 있다. 좋은 첫 문장은 평가자의 머릿속에 당신을 1년 동안 박히게 만드는 힘이 있다. 좋은 첫 문장을 쓰기 위해 이렇게 스스로에게 물어보자.

첫째, 첫 문장이 뒤에서 보여줄 특성을 충분히 반영하는가?
둘째, 너무 노골적이거나 진부하지는 않는가?

03

본론 구성하기
능력을 어필하는 최적의 3단 구성

| 질문 1 | '꽃사슴'을 열 번 큰 소리 내서 읽어라.
　　　　　→ 산타가 크리스마스에 타는 것은? (1초 내로 답변)

어렸을 때 정말 많이 하던 장난이다. 꽃사슴을 열 번 말하게 한 다음 산타가 타는 게 뭐냐고 물어보면 사람들이 대부분 '루돌프'라고 대답한다. 하지만 산타는 루돌프를 타지 않는다. 산타는 썰매를 타고 루돌프는 그 썰매를 끌 뿐이다. 뻔히 알면서도 오답을 말하는 건 인간의 직관 때문이다. 인공지능이라면 꽃사슴을 100번 말하게 한 다음 물어도 썰매라고 대답할 것이다. 하지만 인간은 처음에 제공된 정보에 영향받아 다음에 추론 과정에서 다른 정보를 배제한다. 그만큼 강력한 힘을 발휘한다.

우리나라에서 입학사정관 교육이 가장 잘돼 있고, 학생부종합전형 평가가 잘 이루어진다고 공언할 만한 서울대학교의 입학사정관 숫자는 2015년 기준 26명이다. 일반전형과 지역균형선발전형의 지원자 수는 적게 잡아도 약 1만 6000명 정도다. 1만 6000명 나누기 26을 하면 입학사정관 1명 당 지원자 수는 약 695명 정도다(학과마다 입학사정관이 배정되므로 정확한 수치는 아니다). 서울대학교는 보통 사정 기간이 접수 마감일로부터 45일 정도다. 45일을 24시간 일하지는 않을 테니, 주 5일 근무에 12시간(살인적인 노동 강도다!)을 일한다고 가정하면 총 480시간 정도가 평가 시간이다. 지원자 1명 당 평가 시간은 대략 41분 정도인 셈이다.

학교별로 입학사정관 숫자도 차이가 나니 1명당 평가 시간이 30분도 채 안 되는 곳도 있다. '학생부+자기소개서'를 약 40분 안에 보고 평가하는 것이다. 단순히 읽는 것만으로도 상당한 시간이 걸릴 텐데, 그 시간 동안 독해는 물론 평가도 해야 하며, 그 타당한 이유를 사정 자료로 남겨 공정성을 확보해야 한다.

따라서 입학사정관은 컴퓨터가 아니다. 논리성보다 직관에 의존해 학생의 모습을 머릿속에 그려본다. 따라서 꽃사슴을 열 번 읽게 하듯이 우리가 어떻게, 어떤 순서로 정보를 제공해주느냐가 평가에 영향을 미칠 수밖에 없다. 직관은 다음과 같은 정보를 선호한다.

> 첫째, 두루뭉술하지 않고 명확한 정보
> 둘째, 반복되는 정보

예시를 보면서 생각해보자.

사례 8 농촌 봉사 활동을 떠나기 전에 폐교가 된 학교가 있다는 말을 듣고 조를 나눠 벽화를 그리기로 결정했습니다. 폐교란 말을 들으면 부정적인 이미지가 떠올라 분위기를 화사하게 바꾸려고 고민을 했습니다. 유명한 벽화마을의 사진을 찾아보며 어떤 색깔을 자주 이용하는지와 많이 쓰이는 그림을 알아봤습니다.

실제로 톤을 밝게 하고자 노란색, 분홍색, 하늘색을 이용했고 복잡한 그림보다는 누구나 알아볼 수 있는 간단한 패턴 형식의 그림을 그려서 폐교의 분위기가 밝아졌습니다. 모둠 작업이 끝난 후에는 다른 모둠 친구들을 도우며 벽면을 채워갔기 때문에 모든 모둠 작업을 해가 지기 전에 마칠 수 있었습니다.

제 능력이 다른 곳에서 쓰이고 그 결과가 남들에게 기쁨을 주는 모습을 보며 자존감도 올라가고 성취감도 있었습니다. 마지막 날 밤에는 다리가 불편하신 할머니께 살아오신 이야기를 들을 수 있었습니다. 이야기를 다 하시고 제게 '고맙다' 말하시는 것을 보고 거창한 활동이 아니라도 진정성을 가지고 임한다면 남들에게 도움이 됨을 알았습니다. 결론적으로 마음이 움직여서 하는 나눔은 반드시 상대의 마음을 움직인다는 것을 깨달았습니다.

[사례 8]의 자기소개서를 읽은 입학사정관은 다음과 같이 생각할 것이다.

'얘는 농촌 봉사를 갔구나.'

'거기서 벽화를 그렸네.'

'색깔을 선택할 때 고민을 했네. 간단한 패턴을 사용했구나.' → '디자인 감각이 있구나.'

'재능을 통해 나름 사회에 기여를 했네.' → '나눌 줄 아는 애구나.'

'할머니랑 대화를 했어? 이건 뭐지?' → '진정성하고 무슨 상관이지?'

자기소개서를 읽으면서 학생의 특성을 명확히 파악하는 것이 쉽지는 않다. 또 학생의 행적을 보고 특성을 파악하는 과정 속에서 의도와는 달리 입학사정관에게 엉뚱한 의미가 닿을 수도 있다.

명확한 구성을 제안하는 3단 구성법

 사례 9 제가 가진 재능을 통한 나눔은 저를 기쁘게 했습니다.

농촌 봉사 활동에서 만난 마을 분들이 마을을 홍보할 수 있는 지도를 만들어 달라고 부탁하셨습니다. 저는 마을을 돌아다니며 특징적인 사물들을 관찰했고 면사무소에 방문해서 실제 지도를 얻었습니다. 이장님이 말씀해주신 마을의 역사를 듣고 지도에서 나타내야 할 것들을 강조하면서 지도를 그렸고 어르신들도 쉽게 볼 수 있도록 큰 글씨를 사용했습니다. 그렇게 순천 화지마을의 지도가 완성되었고 마을회관에 설치했습니다.

농촌 봉사 활동을 돌아보며 제가 가진 지식, 능력을 사용해서 봉사할 때 가장 기쁘다는 것과 봉사는 열정을 가지고 시작해야 함을 깨달았습니다.

[사례 9]의 자기소개서를 읽는 입학사정관은 아마 다음과 같이 생각할 것이다.

'재능을 통해 나눔을 실천했다고?' → '재능을 어떻게 보여주지?'

'글씨를 크게 해서 사용자를 배려하는군. 패턴을 보니 디자인 재능이 있네.' → '재능이 있구나.'

'친구들과 함께?' → '협력과 리더십이 있구나.'

'능력을 사용한 봉사가 기뻤다고?' → '재능을 통해 나눔을 진짜 실천했고 봉사를 좋아하는 게 사실이구나!'

[사례 9]의 자기소개서를 읽는 입학사정관은 자신이 평가하려는 바와 정확히 일치하는 '나눔'과 '(디자인적) 재능'이라는 두 가지 정보를 바로 접했을 것이다. [사례 8]에서는 여러 활동을 읽어가며 특성을 찾아야 하는 반면에 [사례 9]에서는 단번에 특성을 파악할 수 있다. [사례 9]를 읽는 입학사정관은 학생의 특성이 무엇인지 고민할 필요가 없다. 특성을 증명하는 글이 바로 나오기 때문이다. 입학사정관의 머릿속에 명확한 특성이 각인되고 내용을 읽어가면서 이런 특성이 사실이라는 확신이 생긴다.

이와 같이 인간의 사고방식을 토대로 하여 전하고자 하는 바를 가장 효율적으로 전달할 수 있는 방법이 3단 구성이다.

서론 ❶ 제가 가진 재능을 통한 나눔은 저를 기쁘게 했습니다.

본론 ❷-1 농촌 봉사 활동에서 만난 마을 분들이 마을을 홍보할 수 있는 지도를 만들어달라고 부탁하셨습니다. (중략)

본론 ❷-2 농촌 봉사 활동을 떠나기 전에 폐교가 된 학교가 있다는 말을 듣고 조를 나눠서 벽화를 그리기로 결정했습니다. (중략)

결론 ❸ 농촌 봉사 활동을 돌아보며 제가 가진 지식, 능력을 사용해서 봉사할 때 가장 기쁘다는 것과 봉사는 열정을 가지고 시작해야 함을 깨달았습니다.

서론 ❶에서 먼저 메시지를 전달한다. 이때 메시지는 보통 입학사정관이 사용하는 언어로 명확하게 전달해야 한다. 하지만, 그 정도가 지나치게 노골적이면 안 된다. 예를 들어 "저는 리더십이 있습니다"와 같이 노골적인 문장은 보는 이를 불편하게 한다(첫 문장을 어떻게 만들까에 대한 내용은 앞에서 자세히 다루었다). 입학사정관이 사용하는 언어는 대학의 인재상에 있는 단어들이라고 생각하면 무난하다. 입학사정관에게 나의 어떤 부분을 평가해달라고 미리 알려주는 셈이니 다른 길로 빠질 가능성이 줄어든다.

본론 ❷-1과 본론 ❷-2는 서론 ❶에서 말한 특성을 증명할 수 있는 활동들로 채운다. 이로써 평가자는 서론 ❶에서 지원자가 내세운 특성이 지원자에게 실제로 있음을 알 수 있다.

결론 ❸에서는 다시 한 번 서론 ❶의 내용을 구체화해 특성을 강조해준다. 결론 ❸을 통해 서론 ❶에서 본 '재능'이나 '나눔'과 같은 평가자의 언어가 다시 한 번 머릿속에 각인된다. 입학사정관의 머릿속에 지원자가 재능이 있으며, 그것을 나눌 수 있는 사람으로 각인되는 것이다. 물론 본론 ❷를 어떻게 쓰느냐에 따라 효과는 조금씩 달라지겠지만 말이다.

04

활동 연결하기

어떻게 엮을지는 미리 계획해라

'거짓'은 금물, '사실'로 채워라

'활동을 디자인하라'는 말은 '거짓말을 하라'거나 '사기를 치라'는 말이 아니다. 맥락이라는 것은 활동 속에 내가 감춰둔 함의, 의의, 의미다. 그리고 활동을 디자인한다는 것은 자신이 느꼈던 의미와 의의를 구체적으로 기술하고 배열함을 뜻한다. 그런데 이 작업을 사기라고 생각한다면 의미도 찾지 못한 채 맹목적인 활동을 했다는 소리밖에 안 된다.

활동에서 느끼지 못하고 성장하지 못하는 사람은 절대로 학생부종합전형을 통해 대학에 갈 수 없다. 설령 서류가 통과한다고 해도 면접을 해보면 추천서의 말과 문장에 진정성이 없다는 것이 뻔히 보일 것이다. 마치 이 기술이 하지 않은 활동을 한 것처럼 보이게 하고 뭔가 엄청난 뻥을 쳐서 대학에 갈 수 있게 해주는 비법이라고 생각한다면 그건 분명 오해다. 필자가 자기소개서를 첨삭 지도할 때는 '이 학생의 것이 아닌 것은 생각이 나더라도 쓰지 않는다'는 규칙을 지킨다.

컨설팅을 하다 보면 이상적인 스토리가 떠오른다. A라는 활동의 계기에 B라는 이유를 붙이면 정말 좋겠다 싶을 때가 있다. 그렇지만 모든 학생에게 B라는 동기가 있는 것은 아니다. 그건 말 그대로 '이상적인' 경우다. 그럴 때는 학생들이 솔직하게 말하는 C라는 계기를 서술한다. 그것이 진짜 그 학생의 이야기이기 때문이다. 자기소개서가 거짓으로 가득 찬 소설이 되는 것을 경계하자.

수시 평가의 중요한 원칙 중 하나는 '일치성'이다. 그건 어떤 대학이든 똑같다. 입학사정관이 보는 모습과 서류의 모습이 일치하지 않으면 뽑지 않는다. 어딘가 부풀려 있다면 거짓이다. 그런 거짓 서류는 결국 지원자를 탈락으로 이끈다. 그러니 이 기술을 활용할 때는 언제나 내가 거짓말을 지어내려는 것은 아닌지 점검해야 한다. 매우 중요한 이야기이므로 반드시 '사실'로 채운 자기소개서를 쓰길 바란다.

'활동', 제대로 디자인하기

활동을 디자인하는 방법은 여러 가지가 있다. 사실 '잘 쓴' 자기소개서인지는 널브러져 있는 활동들을 디자인해서 내 모습을 얼마나 효과적으로 보여주는지에 달려 있다. 활동을 디자인한다는 표현은 '조직'한다는 단어로 바꾸어 생각할 수 있다. 필자는 디자인이라는 단어가 더 좋으므로 디자인이라는 단어로 서술하려 한다. 이제부터는 활동을 디자인하는 몇가지 방법을 소개하겠다.

1) 인과적 서술 : 성장과 변화에 초점을 맞추어라

"여기 찢어지지 않는 종이가 있습니다"라고 말하며 어떤 장사꾼이 당신에게 종이를 판다고 해보자. 당신은 이 종이가 매우 마음에 드는데, 이 종이가 진짜 찢어지지 않는지 궁금하다. 당신은 어떻게 할 것인가?

① 사기꾼 같지만 일단 믿고 산다.
② 필요하지만 의심이 가니까 사지 않는다.
③ 진짠지 확인해보려고 종이를 찢는다.

정답은 ③번이다. 장사꾼이 찢어지지 않는 종이라고 했으니 찢어보면 될 것 아닌가. '종이는 찢어지지 않는다'라는 주장을 증명하려면 그 종이에 찢는 힘이라는 '자극'을 주고, 종이가 찢어지는지 안 찢어지는지 '결과'를 확인해야 한다.

당신은 '찢어지지 않는 종이'와 마찬가지다. 입학사정을 하는 평가자 앞에 학생부나 추천서 등의 서류가 있더라도 기본적으로 리더십이 있다든지, 창의력이 있다든지 하는 부분을 판단하기란 쉽지 않다. 여러분은 본인이 능력 있는 사람이라는 것, 즉 '찢어지지 않는 종이'임을 스스로 입증해야 한다. 그런데 입학사정관이 직접 찢어보면 좋겠지만 그러기엔 시간이 매우 오래 걸린다. 따라서 스스로를 '찢어서' 그들에게 '안 찢어져요!' 하며 보여줘야 한다.

자기소개서 3번 문항에서 '갈등 관리 능력'을 묻는 이유도 바로 이 때문이다. 적절한 '자극'이 될 만한 활동을 선정하고, 그런 자극 속에서 본인이 어떻게 반응했는지를 보여준다면 입학사정관도 간접적으로나마 여러분이 주장하는 바를 효과적으로 느낄 것이다. 국어교육과를 지망하는 학생의 사례를 살펴보자.

사례 10 평소 책을 좋아하고 문학 쪽 진로를 고민하던 제게 학교 국어 선생님은 독서 토론 동아리를 권하셨습니다. 좋아하는 독서를 할 수 있고, 더불어 독서를 통해 얻은 생각과 미처 생각하지 못한 부분을 토론을 통해 교환하고 보충할 수 있어서 알찬 활동이었습니다.

동아리 활동을 하면서『스마트한 바보들』이라는 책을 읽고, 시·도 토론 대회에 참가했을 때 생각을 체계적으로 정리해 논리적으로 말함으로써 논리적인 말하기의 기본 방법을 스스로 터득할 수 있었습니다. 교내 독서 골든벨, 독서 논술 대회 등 각종 독서 대회를 진행하며, 여러 사람 앞에 서는 두려움도 조금씩 없어졌습니다. 또『태백산맥』,『탁류』,『두근두근 내 인생』,『엄마를 부탁해』에 관한 논술 문제를 직접 출제함으로써 제가 직접 주제를 정하고 그에 맞는 논리적인 답변을 생각해보는 경험을 할 수 있었습니다.

[사례 10]의 자기소개서는 활동을 소개하지 않고, 활동에서 자신의 역할은 무엇이었는지와 활동에서 본인이 얻은 것이 무엇인지를 비교적 솔직하고, 자세하게 기록했다. 그렇지만 독서 토론 동아리 활동을 해본 사람이라면 누구나 이 정도 느낀 점이나 활동 내역은 가지고 있을 테니 차별점이 없다. 이런 자기소개서를 조금 변별점 있게 '인과적 서술'을 통해 만들어보면 [사

례 11]과 같은 자기소개서가 된다.

사례 11 어릴 적부터 책을 좋아하고 글을 쓰는 것을 좋아했지만 여러 사람 앞에 서서 그것을 발표할 때면 준비한 말도 제대로 나오지 않았고, 항상 자신감이 부족하다는 평을 들었습니다. (계기)

학교 국어 선생님은 지식은 받아들이고 표현하면서 크기를 키워가는 것이라고 가르쳐주셨습니다. 그래서 선생님의 권유로 독서 토론 동아리에 들어가게 되었습니다. (자극 : 선생님의 권유)

동아리 활동을 하면서 『스마트한 바보들』이라는 책을 읽고 시·도 토론 대회에 참가했을 때 제 생각을 체계적으로 정리해 논리적으로 말하는 연습을 함으로써 남들 앞에서 하는 발표에 대한 부담감이 조금씩 사라졌습니다. 또 교내 독서 골든벨, 독서 논술 대회 등 각종 독서 대회를 진행하며 여러 사람 앞에 서는 두려움도 조금씩 없애 나갔습니다. (결과-깨달음 ❶ : 남들 앞에 서는 두려움 극복)

또 『태백산맥』, 『탁류』, 『두근두근 내 인생』, 『엄마를 부탁해』에 관한 논술 문제를 직접 출제했습니다. 제가 직접 주제를 정하고, 그에 맞는 논리적인 답변을 생각해보고, 친구들의 답안을 읽고, 토론하는 과정에서 남들과 소통 가능한 '쌍방향 지식'을 얻는 방법을 배울 수 있었습니다. (결과-깨달음 ❷ : 소통의 방법을 깨달음)

자기소개서를 이렇게 교정하기 전에 가장 먼저 해야 할 일은 '국어교육과에서 학습하고 교사가 되려면 내게 필요한 자질은 무엇인지'를 고민하는 것이다. [사례 10]처럼 여러 깨달음만을 전달하는 것이 아니라 깨달음이라는 '결과'를 설득력 있게 전달하는 방안으로 독서 토론 동아리라는 '자극'을 활용해 서술하고 있다.

이 자기소개서를 읽는 입학사정관은 독서 토론 동아리 활동에 초점을 맞추는 것이 아니라 '지원자가 이제는 남들 앞에서 말하고 표현할 수 있는 사람이 되었구나!'라는 판단을 내릴 수 있을 것이다.

2) 수직적 서술 : 결과의 향상과 꾸준한 노력에 초점을 맞춰라

수직적 서술이란 시간이 흐르면서 한 가지 활동이나 사안, 성질 등이 긍정적인 방향으로 나아가고 있음을 보여주는 방법이다. 학생부종합전형의 중요한 평가 요소 가운데 하나가 '성장 가능성'이다. 이때 시간이 흐르면서 긍정적인 방향으로 변화하고 결과가 나아지는 모습을 보여줌으로써 대학에 와서도 성장할 수 있다는 이미지를 줄 수 있다.

일반적으로 수직적 서술은 학업 성적이 10등이었는데 1등으로 올랐다든지, 수상 실적이 꾸준히 높아졌다든지, 정량적으로 결과를 표현할 수 있을 때 쓴다. 또 봉사 활동을 꾸준히 하면서 점진적으로 성과가 나타나는 경우처럼 지속성을 강조해야 할 때도 쓸 수 있다. 예시를 보자.

사례 12 제 경제 수상 경력이 말해주듯 대학에 가서도, 제 성장은 멈추지 않을 것입니다. 여러 가지 수상 가운데서 가장 두드러지는 점은 '성적이 계속 올랐다'는 것입니다. 이런 결과로 저를 이끌어준 것은 호기심과 그 호기심을 해결하는 과정이었습니다.

처음 경제 시험을 봤을 때만 해도 저는 경제에 대해 아무것도 알지 못했습니다. 하지만 경제 동아리에 들어오면서 경제에 흥미가 생겼고, 동아리에서 기업 체험 같은 창의적 체험 활동을 기획해 다녀오고, 또 체험보고서 등을 작성하면서 직접 경제를 접했습니다. 그리고 신문이나 책을 보면서 경제를 익히기도 했습니다.

이런 과정에서 경제를 사랑하게 되었고 저는 수많은 질문을 스스로 했습니다. 신문을 보거나 기업을 다녀오면 '기업가 정신의 가치는 얼마일까?', 길을 걷다가도 '닭강정 가게가 두 개인데 앞으로 어떤 가게가 이길까?'와 같은 질문들을 하게 됐습니다. 이러한 질문들에 대한 답을 찾고자 더 열심히 책을 보고, 혼자서 연구해보고, 설문을 하고, 선생님께 여쭤보기도 했습니다.

이런 질문을 해결한 결과는 블로그의 논평 글이나, 〈닭강정 초한지〉 같은 연구 보고서, 논문으로 나타났습니다. 이런 활동들을 하면서 얻은 경제적 지식과 마인드는 테샛 1급, 교내 경제경시 대상 등의 수상 실적을 낳았고, 제게 평생 경제를 공부하는 경제학자가 되고 싶다는 꿈을 주었습니다.

수직적 서술을 가장 많이 사용한 전형적인 자기소개서다. 학생들이 자기소개서를 쓰며 가장 많이 실수하는 부분이 바로 '성장세'에만 집중하는 점이다. '성적이 올랐다', '꾸준히 상을 받았다'와 같은 사실은 학생부나 자기소개서 한 줄로 금방 확인할 수 있다. 입학사정관이 실제로 궁금해하는 것은 '이런 성장이 무엇 덕분에 가능했는가?'다. 왜냐하면 대학에 와서도 과연 성장을 이어갈 수 있을지 궁금하기 때문이다. 그래서 위의 사례처럼 성장 자체보다 그런 성장이 가능했던 이유와 고민을 극복하면서 성장이 계속될 수 있음을 보여주는 게 중요하다.

'호기심'이라는 기본적인 태도와 속성은 대학에 가서도 사라지지 않을 것이니 나라는 사람은 계속 성장할 것이라는 논증에 주목해보기 바란다. 한 가지 더 이야기하자면 수상 실적 대신 경제경시대회 참여나 독서와 같은 활동을 호기심과 엮어 글을 쓰는 것도 지속적인 '관심'이라는 주제를 이끌어 내는 데 효과적이다.

3) 수평적 서술 : 나만의 흐름을 만들어라

인과적 서술과 수직적 서술은 비교적 정해진 틀 안에서 진행되지만 수평적 서술은 그야말로 자기소개서를 쓰는 사람의 능력을 보여주는, 가히 자기소개서 작성의 '정수'라 할 만하다. 수평적 서술은 개별적이고 파편적인 활동에서 접점을 찾아 하나의 주제나 틀로 묶어서 서술하는 방식이다. 그러므로 어떻게 틀을 짜느냐에 따라 달라진다. 몇 가지 사례를 가지고 어떤 식으로 틀을 짜서 활동을 디자인하는지 살펴보자.

사례 13 저는 봉사 속에서 봉사와는 멀어 보이는 효율성을 실현했습니다. 진심이 담긴 봉사가 가장 효율적이고 모두에게 좋을 것이라 생각했습니다. 그래서 저는 가장 진심으로 할 수 있는 멘토링을 택했고 대상은 달라졌지만 약 2년간 꾸준히 봉사했습니다.

2학년 때는 저소득층 아이들을 대상으로 학습 멘토링을 하면서 아이들의 내부에서 자신감과 적극성을 이끌어내, 단순한 지식 나눔이 아닌 진정한 멘토 역할을 수행했습니다.

3학년 때는 시간 제약상 학교에서 후배들의 학습 질문을 받아주는 멘토링을 했습니다. 여기까지는 평범한 봉사일 수 있지만, 전 '또래 세미나'란 프로그램을 기획해 후배들에게 강연자로서 진정한 경제의 재미를 알려주려고 노력했고, 또 그들이 다시 강연자가 되어 활동하게 하는 선순환 구조를 만들었습니다. TED라는 강연 사이트를 모티브로 시작한 이 프로그램은 〈게임이론과 경제학의 미래〉를 강연한 저를 시작으로 현재 네 명이 강연했고 계속 진행 중입니다.

'봉사'라는 틀 안에서 저소득층 멘토링 봉사, 후배 멘토링, 강연 프로그램 기획과 같은 활동을 엮었다. 이를 통해 봉사정신, 나눔, 경제 전공적합성 등을 복합적으로 보여주었다. 단순히 봉사만 나열했다면 나눔에 대한 이야기만 보일 것이고, 강연 기획만 나열했다면 전공적합성, 기획력만 보일 것이다. 그렇지만 이 활동들을 '봉사는 세상을 향한 효율적이고 최선의 나눔이다'라는 틀 안에 엮어서 서술한 덕분에 전공적합성과 따뜻함을 함께 보여준 자기소개서가 됐다.

사례
14

제 고등학교 생활은 한마디로 '표현'의 연속이었습니다. 말과 글이 '표현'의 가장 기본적인 수단이라 생각해서 고등학교 내내 말하기와 글쓰기를 하는 교내 활동이라면 절대 빠지지 않았습니다.

시사 토론 활동은 제가 꾸준히 해온 기본적인 '표현' 활동이었지만 무언가를 표현하려면 그 방법은 물론 표현하려는 대상을 제가 가장 먼저 잘 알아야 했습니다. (…) 그 결과 3년 내내 참석한 교내 논술경시에서 빠짐없이 수상할 수 있었습니다.

영어를 사용한 '표현' 활동도 게을리하지 않았습니다. 저는 방과후수업으로 영어 인증 성적을 받거나 시험 대비를 하는 수업이 아닌 '영어 강독 수업'을 선택했습니다. (…) 흑인의 억양을 따라할 만큼 치열하게 그들의 문화와 정서를 이해하고 '표현'하려고 노력했습니다.

비공식 동아리 ○○○○은 제 가치관의 '표현'이었습니다. 저는 '학문은 인간을 위해 존재한다고 생각하기에 내게 배움이 있으면 나누어야 한다'고 생각합니다. (…)

저는 '표현'하기를 좋아하는 사람입니다. 지금까지는 자신을 표현하면서 표현 '연습'을 해왔습니다. 그리고 이 연습을 바탕으로 대학에 가서 다양한 방법으로 계속 '표현'하고, 나아가 이 나라를 대신해 '표현'하는 사람이 되고 싶습니다. 외교관일 수도, 국제공무원일 수도 있지만 언제나 제 인생은 당찬 '표현'으로 가득할 것입니다.

[사례 14]는 정치외교학과에 지원하는 학생의 자기소개서 2번 공통 문항이다. 의도적으로 중략해서 여러분이 틀만 볼 수 있게 준비했다. 보통 세 가지 활동을 따로 쓰는 경우가 많지만 이 친구는 세 가지 활동을 연결해서 서술했다. 정치, 외교에 의사소통이 중요하기에 '표현'이라는 부분을 강조했다. 다양한 활동 내용을 '표현'이라는 큰 주제와 연관시켰고 표현 능력을 중

심으로 가치관이 드러나도록 썼다.

이런 식으로 다양한 방법과 틀을 가지고 수평적으로 흩어진 활동들을 통합할 수 있다. 만약 의료 봉사 경험을 들어 간호학과에 지원하는 학생과 영자신문반 경험을 내세워 간호학과에 지원하는 학생 두 명이 있다면, 당연히 후자의 자기소개서를 조금 더 읽어보고 싶을 것이다.

이처럼 얼마나 참신한 '틀'을 잡아 자기소개서를 쓰느냐에 따라 진부한 활동도 재미있게 만들 수 있다. 그래서 정해진 틀이 없는 수평적 서술이 가장 어렵다. 그런 까닭에 학원이나 업체보다 학생들이 더 훌륭한 자기소개서를 쓰기도 한다. 보통 자기소개서 업체들은 정해진 틀에서 이야기를 풀어가지만 학생들은 직접 자신이 한 활동으로 이야기를 풀어가기 때문에 누구도 생각하지 못하는 참신함이 튀어나온다. 본인이 한 활동에 가치를 불어넣는데 어떤 디자인을 활용할지 고민해보자.

사소한 활동도 엮어서 쓰면
의미 있는 활동이 된다

——

문제 1 _ 왼쪽 가운데의 동그라미와 오른쪽 가운데의 동그라미 중 어느 것이 클까요?

① 왼쪽 ② 오른쪽 ③ 같다!

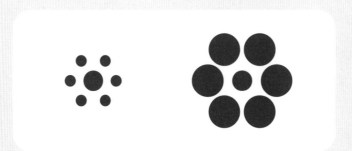

　정답은 ③번이다. 겉보기엔 누가 봐도 왼쪽 동그라미가 더 커 보인다. 그렇지만 이 두 동그라미의 크기는 같다. 반지름 길이를 재보면 알 수 있다. 두 동그라미의 크기가 다르게 보이는 까닭은 주변 동그라미들의 크기 때문이다. 똑같은 문제를 하나 더 풀어보자.

문제 2 _ 위의 선분과 아래의 선분 가운데 무엇이 더 길까요?

① 위 ② 아래 ③ (누굴 바보로 아나) 같다!

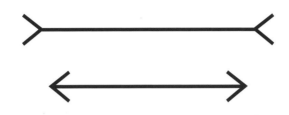

정답은 ③번이 아니라 ①번이다. 혹시나 ③번이라고 자신 있게 말씀하신 분들이 있다면 직접 선분의 끝점을 이어서 확인해보라. ①번이 확실히 더 길다는 것을 알 수 있을 것이다.

이게 바로 '맥락과 관점의 힘'이다. 〈문제 1〉에서 여러분은 '원래는 같지만, 다르게 보이는 착시현상에 대한 이야기구나'라는 '관점과 맥락'을 얻었다. 그리고 〈문제 2〉에서도 비슷한 상황이 발생하자 의심 없이 같다고 생각했을 것이다. 만약에 〈문제 1〉에서 두 동그라미의 크기가 다르다고 이야기했다면, 여러분은 〈문제 2〉에서도 '진짜 다른 거 아닐까' 하는 의심을 했을 것이다.

자기소개서도 마찬가지다. 맥락에 따라 문제의 정답이 달라 보이듯이 어떤 활동을 했든지 간에 그 맥락에 따라 천차만별로 달리 해석된다.

예컨대 같은 봉사 활동을 했더라도 계기가 '나눔을 실천하고자'라고 했을 때와 '봉사 시간을 채우기 위해서'라고 했을 때는 그 평가가 다를 수밖에 없다. 따라서 우리는 자기소개서를 쓸 때 활동을 디자인할 필요가 있다. 활동을 어떻게 보여줄지 디자인하는 방식에 따라 별것이 되기도 하고, 별것인 활동이 시시해지기도 한다. 조금 극단적인 예시를 살펴보자.

사례 1 나는 유니세프에 일정 금액을 기부해왔다. 생명을 구하는 건 뿌듯한 일이다.

꽹장히 일반적인 활동이다. 누구나 돈만 있으면 할 수 있는 활동이고, 특별한 경험이 되기에는 조금 부족해 보인다. 이 활동에 맥락을 불어넣어보자.

사례 2 나는 『왜 세계의 절반은 굶주리는가』라는 책을 읽고 감명을 받아, 내가 할 수 있는 일이 무엇일지 찾다가 유니세프에 기부를 했다. 귀중한 생명을 내 조그만 도움으로 구할 수 있다는 사실이 기뻤다.

이제 활동에 의미가 조금 생겼다. 누구나 할 수 있는 활동이지만 지원자의 가치관이 조금 보인다. 예컨대 독서 활동을 엿볼 수 있다.

맥락을 통해 '이 친구는 독서를 하는 친구고, 깨달은 바를 실천에 옮기는 친구'라는 사실을 알 수 있다. 맥락에 조금 더 살을 붙여보자.

사례 3 　나는 『왜 세계의 절반은 굶주리는가』를 읽고 너무나 마음이 아팠다. 그래서 내가 아침마다 학교에서 빵을 사 먹는 돈을 한 달 동안 모아서 유니세프에 기부했다. 경제학에서 같은 비용이라면 최대의 효용을 내는 게 옳다고 배웠다. 생명보다 세상에 소중한 게 어디 있는가. 경제학에서 배운 대로 잠시의 배고픔을 참고 더 가치 있는 선택을 했다.

훨씬 더 맥락이 풍부해졌다. 독서 활동은 물론 독서를 통한 가치관 설정과 실천이 드러난다. 무엇보다 일상생활에서 자신이 깨달은 바를 실천할 수 있는 능력과 전공 적합적인 성향을 확인할 수 있다. 그냥 기부한 것이 아니라 경제학의 원리에 따라 기부하고, 자신이 배우고 깨달은 경제적 원리를 명확히 제시했다.

앞선 세 예시 모두 중심이 되는 활동은 '기부'다. 유니세프에 매달 정기적으로 기부하는 것은 누구나 할 수 있는 아주 흔하고 쉬운 활동이다. 하지만 기부 활동에 어떤 맥락을 불어넣어 주느냐에 따라서 해석이 달라진다.
　여기서 가장 중요한 점은 활동에 맥락을 더한답시고 거짓으로 맥락을 지어내는 것은 옳지도 않을뿐더러 진정성이 없어 면접에서도 떨어진다는 것이다(맥락의 중요성에 이어 맥락을 만드는 방법을 이야기하고, 이런 방법을 사용할 때의 주의점을 함께 살펴보도록 하자).

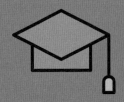

2022년 현 고3에게 적용되는
대입자기소개서 양식에 맞추었다!

PART 5

주요 대학별
학생부종합전형 완전 분석

아무리 내신이 좋고 자기소개서를 잘 쓴다 하더라도 대학마다 인재를 선발하는 기준이 다르므로 자신이 목표하는 대학의 평가 기준을 모르고 준비한다면 입시에 성공하기 어렵다. 〈파트 5〉에서는 일반대학교와 교육대학교로 나눠 각 대학이 자기소개서를 평가하는 방식이나 선호하는 평가 요소, 합격자들의 평균 내신 등을 분석했다.

현실적으로 모든 대학의 정보를 다룰 수 없기 때문에 일반적으로 학생들이 선호하는 주요 대학, 특수한 수요가 존재하는 대학 등을 위주로 선정했다. 설령 본인이 지망하는 대학이 이 책에 없더라도 전부 읽어보길 권한다. 이 책에 소개된 대학의 평가 기준을 숙지하면 다른 대학의 평가 기준도 쉽게 이해할 수 있고 익힐 수 있기 때문이다. 최대한 많이 읽고 이해해서 합격의 문에 들어서길 바란다.

01
서울대학교

· 전형분석 ·

전형명	지역균형전형	일반전형
선발 방법	(1) 고교별 학교장 추천 2인 [종합 평가] (2) 서류 평가 + 면접	[단계별 평가] 1 차 : 서류 평가 2차 : 면접 및 구술고사
수능 최저	○	X
비고	단계별 평가 X	단계별 평가 ○

　한국에서 학생부종합전형을 최초로 도입한 대학이자 가장 통찰력 있는 평가 역량을 보유한 대학이 서울대학교다. 서울대학교를 목표 대학으로 삼지 않은 학생이라도 서울대학교 편을 읽으면 좋은 이유는 두 가지다. 첫 번째, 방금 언급한 바와 같이 학생부종합전형에 맞게 제대로 평가하는 대학이기 때문이다. 서울대학교의 전형과 추구하는 목표를 파악한다는 것은 사실 학생부종합전형의 정석을 익힌다는 뜻과 같다. 두 번째, 평가 역량이 탁월한

대학이라서 대학들 대부분이 서울대학교와 같은 방향으로 전형을 설계하기 때문이다. 대표적으로 2018학년도를 기점으로 대폭 변화한 고려대학교가 이에 해당한다. 다른 대학도 마찬가지로 속도 차이는 있지만 조금씩 서울대학교가 추구하는 방향으로 변화해나가고 있다. 그러므로 이번 서울대학교 편은 〈이론편〉의 실전 버전이라고 생각하면서 읽어주자.

1. 지역균형선발전형 : 다양성의 확보

지역균형선발전형은 이름 그대로 '균형 있는' 선발을 목표로 한다. 고교별로, 지역별로, 그리고 경제적으로 교육 환경은 확연히 다르다. 예를 들어 이름은 같은 방과후학교라도 서울 강남권 고등학교에서 참여할 수 있는 프로그램과 지방 소도시 고등학교에서 참여할 수 있는 프로그램에는 분명 큰 차이가 있다. 그렇기 때문에 이렇게 다양한 교육 환경과 배경을 고려했을 때 충분히 의미 있는 성과를 낸 학생에게 관심을 가질 필요가 있다. 지역균형선발전형은 이 취지에 따라 고교별로 학교장의 추천을 두 명씩 받아 선발한다. 최고의 대학으로 꼽히는 서울대학교인 만큼 일반적으로 문과 계열 전교 1등, 이과 계열 전교 1등이 선택받는다(고교 특성에 따라 추천 기준이 다를 수 있는 만큼 반드시 확인해보자).

결국 전교 1등이 지원하는 전형이므로 아래 질문은 무의미하다.

> "몇 등급 정도가 돼야 지원 가능한가요?"

그렇다면 질문을 바꿔보자. 전교 1등끼리 경쟁하는 상황이라면 내신이 얼마나 중요할까? 답은 당연히 '중요하지 않다'이다. 서울대학교는 전형별 합격자 내신은 물론 불합격자 내신을 정량적으로 공개하지 않는다. 하지만 표본 자료나 합격자들의 내신을 고려해봐도 내신 수치 자체가 절대적으로 중요하다는 근거는 없다. 불합격자의 평균 내신과 합격자의 평균 내신 사이에 결정적인 차이가 없기 때문이다. 이유는 간단하다. 앞에서 말했다시피 이미 '전교 1등'이기 때문이다.

'전교 1등'은 결국 해당 고교라는 교육 환경에서 가장 탁월한 성과를 보였다는 뜻이다. 따라서 이 추천 자격을 갖추었다면 내신 수치 그 자체는 걱정할 필요가 없다(쉽게 말해 일반고 전교 1등이기만 하면 절대적인 내신 수치 자체는 문제되지 않을 것이다. 물론 전교 1등을 할 수 있느냐가 가장 큰 문제이기는 하지만……).

그렇다고 내신이 평가 영역에서 배제된다는 뜻은 물론 아니다. 절대적인 수치에 휘둘릴 필요가 없다는 뜻이다. 그 외에 3년간의 내신 변화 추이, 지원 전공과 관련된 교과 내신 성적은 여전히 주요하게 작용한다. 따라서 일단 지원 자격을 얻었다면 전체적인 수치 대신 등급 숫자 하나씩 자세히 살펴 합격 가능성을 높여보자. 서울대가 평가 과정에서 학생부에 기록된 '모든' 내용을 평가 대상으로서 살펴본다고 밝힌 것은 결코 빈말이 아니다.

어쨌든 전형의 취지가 이런 만큼 지역균형선발전형 합격자 중 절대 다수가 일반고 학생이다. 또한 일반 전형에 비해 더 다양한 지역에서 합격자가 나온다. 이 또한 다양한 배경을 가진 학생을 선발하고자 하는 취지와 닿아 있을 것이다. 아래 표를 참고하자.

| 표 1 | 서울대학교 수시 모집 합격생의 고교 유형

	일반고	자사고	자공고	과학고	영재고	외고	국제고	기타
지역균형	87.8%	4.8%	6%	없음				1.4%
일반전형	33.6%	16.4%	2%	8.3%	14.4%	12%	1.2%	11.1%

| 표 2 | 서울대학교 수시 모집 합격생의 지역별 현황

	서울	광역시	시	군
지역균형	25.8%	25.4%	44.6%	4.2%
일반전형	41%	22.8%	33%	3.1%

일반 전형에서 서울 출신 학생이 강세를 보인다면 지역균형선발전형에서는 시 출신 학생이 강세를 보인다. 이는 지역균형선발전형이 추구하는 인재가 다양한 지역적 환경에서 우수한 역량을 보인 학생임이 여실히 드러난다. 본인이 일반고 전교 1등이라면 지역에 따른 유·불리를 걱정하지 말고 적극 지원해보길 권한다.

왜 굳이 다양성을 확보해야 하는지를 묻는 사람들이 있는데, 이유는 간단하다. 다양한 환경과 성장 배경을 가진 사람들이 캠퍼스에 한데 모여 협력하고 부딪히는 과정 속에서 새로운 가치가 창출될 수 있기 때문이다. 이것은 학생부종합전형이 추구하는 궁극적인 목표이기도 하다.

2. 지역균형선발전형의 마지막 변수 : 수능최저학력기준

지역균형전형에는 또 다른 중요한 변수가 있으니 바로 수능최저학력기준
이다(일반 전형에는 수능최저학력기준이 없다). 구체적인 기준은 다음 표를 참고
해라. 2015학년 입시 이후로 다음 기준을 계속해서 유지해왔다.

| 표 3 | **2022학년도 서울대학교 지역균형선발전형 수능최저학력기준**

모집단위		수능최저학력기준
전 모집단위(음악대학 제외)		4개 영역 중 3개 영역 이상 2등급 이내
음악대학	작곡과	4개 영역 중 3개 영역 이상 2등급 이내
	기악과, 국악과	4개 영역 중 2개 영역 이상 3등급 이내

최소한의 학업 역량을 확인하고자 하는 장치이지만 다음 표에서 알 수 있
듯이 많은 학생들에게, 특히 일반고 학생에게는 큰 부담이다. 2015학년도
를 기점으로 수능최저학력기준이 강화되자 미달 인원이 크게 증가하기도
했다. 하지만 2018학년도부터 영어 절대평가가 도입되자 일반고 미달 인원
이 크게 줄어들 것으로 예상했지만, 이후 수능 영어 시험의 난도가 어려워
져 일반 미달 인원은 여전히 많았다. 이에 수능최저학력기준은 2020학년도
입시까지 대부분의 일반고 학생에게 큰 부담으로 작용했다.

| 표 4 | 지역균형선발전형 수능최저학력기준 미달인원

지역균형전형	수능최저 미달인원(비율)	일반고 미달인원(비율)	수능최저학력기준
2012학년도	539명(22%)	460명(85%)	4개 영역 중 2개 영역 2등급
2013학년도	504명(21%)	443명(88%)	
2014학년도	686명(28%)	612명(90%)	
2015학년도	1101명(44%)	이후 년도 자료 X	4개 영역 중 3개 영역 2등급

　2022학년도 입시의 경우 수능최저학력기준은 딱히 변하지 않았다. 하지만 여전히 학생들에게는 큰 변수이니 유의하자.

3. 일반 전형 : 학생부종합전형 선발의 정수

　일반 전형에는 수능최저학력기준이 없다. 왜? 애초에 필요없기 때문이다. 학생부와 자기소개서를 밀도 있게 평가하는 것만으로도 수능 이상의 철저한 학업 역량 평가가 가능하다는 서울대학교의 근거 있는 자신감이다. 서울대학교는 이미 2000년대 초반부터 학생부 위주 평가 방식을 연구해왔다. 이미 서울대학교의 학생부종합전형을 평가하는 역량은 흠 잡을 데 없는, 교과서 수준이라 해도 무방하다.

　그렇다면 학생부에 자신이 있다면 내신의 불리함을 가장 효과적으로 극복할 수 있는 지원 전략이 서울대학교 일반 전형에 지원하는 것일까? 절반만 맞다. 실제로 2.0에서 2.3 사이의 합격자가 간혹 등장하지만 인문 계열이라면 적어도 1점 중반대 이상의 내신을 갖춰야 현실적으로 서울대학교에 지원해볼 수 있다. 애초에 인문 계열에는 서울대학교 이상의 대학이 사실상 존재하지 않는 만큼 가장 우수한 자원이 몰리고 결국 교과 내신 경쟁이 치열해질 수밖에 없음을 잊지 말자.

어쨌든 서울대학교 학생부 평가 방식은 탁월한 만큼 서울대학교가 추구하는 인재상을 살펴보는 것은 서울대학교에 지원하려는 학생이 아니라도 학생부종합전형에 도움이 된다. 이번 기회에 서울대학교 인재상을 자세히 읽어보도록 하자.

서울대학교 인재상

1. 학교교육과정을 성실히 이수하고 **학업능력이 우수한 학생**
2. **학교생활에서** 적극적이고 진취적인 태도를 **보인 학생**
3. 글로벌 리더로 성장할 수 있는 자질을 지닌 학생
4. 다양한 교육적, 사회적, 문화적 배경과 경험을 **지닌 학생**
5. 사회적 약자에 대한 배려심과 공동체 의식을 **가진 학생**

'글로벌 리더'라는 용어는 다소 낯설게 느껴질 것이다. '공동체 의식'처럼 익숙하지만 의미가 추상적이라 온전히 와 닿지 않는 용어도 있다. 이런 용어만 한번 정리해보고 가자. 낯설거나 추상적으로 느껴지는 용어들을 이해하고 받아들이는 데에 큰 도움이 될 것이다.

1) 글로벌 리더

'글로벌 리더'라 하면 다양한 국가의 사람들과 한데 모여 중요한 회의를 이끄는 모습이 상상된다. 크게 다르지는 않다. '글로벌 리더'란 '리더십'의 확장된 형태다. 다양한 인종적, 문화적, 지역적 배경을 가진 사람들과 소통할 수 있는 역량을 갖춘 리더라고 이해하면 좋겠다.

여기서 핵심은 '소통 역량'과 '리더'다. 사실 이 둘은 크게 다르지 않다. 좋은 리더는 자신이 바라보는 방향을 구성원과 공유하고 같은 길을 걸어갈 수 있도록 설득할 능력이 있는 사람이지 자신과 같은 길을 걷도록 강제하는 사람이 아니기 때문이다. 의미로 봐서는 어마어마한 능력이다. 그렇다면 서울대학교는 어떤 활동을 리더십, 혹은 글로벌 리더십을 쌓을 수 있는 활동이라고 제시하고 있을까?

서울대학교 인재상에 맞는 활동

- 학교생활 내에서 구성원 간의 갈등을 조화롭게 해결한다.
- 수업 중 모둠 과제를 성공적으로 이끌어 수행한다.
- 토론 활동에서 함께 결론을 이끌어가며 설득력 있게 자기 의견을 주장한다.
- 동아리 활동에서 부원들을 행복하게 만든다.
- 모두가 주저할 때 친구들을 독려해 청소를 주도한다.

전혀 대단한 활동이 아니다. 활동 예시에서 보이듯이 서울대학교뿐만 아니라 모든 학생부종합전형은 완성된 학생을 뽑으려고 존재하는 전형이 아니다. 그럴 '가능성'을 가진 학생을 선발하려 하는 것이고, 이를 파악하려고 학생부에 기재된 모든 사소한 내용까지 평가 대상으로 삼는다.

반장, 부반장, 동아리 회장과 같은 직함을 예시로 제안하지 않았음에 주목하자. 특히 문과 학생은 어떤 모임의 장 역할을 수행했다는 것을 중요시하는 경우가 많은데 그런 역할을 맡으면 '리더십'을 발휘하기 좋을 뿐이지, 직함 자체가 '리더십'을 부여해주는 활동은 아님을 분명히 알아야 한다.

본인이 예시와 유사한, 인상 깊은 경험을 한 적이 있다면 '글로벌 리더십'을 충분히 갖춘 학생이라 할 수 있다. 이렇게 거창해 보이는 용어라도 사실 그 속을 살펴보면 별것 아닌 경우가 많다. 대부분은 학교생활 속에서 충분히 경험하고 느낄 수 있는 것이니 너무 부담을 가지지 말자.

2) 공동체 정신

'공동체 정신'은 서울대학교에서만 강조하는 특성이라기보다 많은 대학에서 공통적으로 요구하는 인성에 가까운 역량이다. 이번 기회에 한번 제대로 짚고, 정리해보는 것이 좋겠다.

'공동체'는 사실 거창한 개념이 아니다. 아주 작은 단위부터 시작해볼 수 있다. 물론 시작점은 학교다. 당장 수업 시간에 활동을 함께 하는 모둠도 작은 공동체라 할 수 있다. 모둠 활동 중 함께 머리를 맞대고 수행 평가 과제를 하면서 협력의 가치를 배울 수도 있고 모둠장으로서 모둠 토론 활동을 성공적으로 이끌며 리더십을 발휘할 수도 있다.

이제 조금만 더 시야를 넓혀보자. 한 교실의 구성원도 공동체일 수 있다. 더 나아가 한 학교도 공동체일 수 있다. 조금만 더 나아가 아예 지역 사회가 하나의 공동체일 수 있다. 그런데 사실 이 정도가 한계다. 학생들이 실질적으로 관심을 가지고 개선할 수 있는 공동체 크기는 지역 사회 수준이다. 너무 거창하게 생각할 필요 없다. 당장 주변부터 관심을 기울이기 시작해라.

예를 들어 문과 계열 학생들이라면 '세계 공공 서비스 탐구 동아리'보다는 '지역 공공 서비스 문제 해결 동아리'가 더 현실적일 수 있다는 소리다.

02
고려대학교

· 전형분석 ·

전형명	학교추천	일반-학업우수형	일반-계열적합형
선발 방법	교과 성적 80% + 서류평가 20%	(1) 서류평가 100% (2) 1단계 성적 70% + 면접 30%	(1) 서류평가 100% (2) 1단계 성적 60% + 면접 40%
수능 최저	○		X
비고	추천 인원은 고교별 4%	학교추천전형과 동시에 지원할 수 없음	수능최저학력 기준 없음

    2022학년을 기점으로 고려대학교는 자기소개서를 폐지하였다. 이는 서강대도 마찬가지이다. 앞으로 이런 변화를 보이는 대학의 수는 늘어날 것으로 예상된다. 또한 일반전형의 경우 1단계 선발 비율이 기존의 5배수에서 6배수로 늘어났다. 앞으로 학교추천 전형은 이전에도 그랬지만 더욱 확고히

학생부교과 전형으로 자리매김하였다. 반대로 일반전형의 경우 면접의 비중이 더욱 높아짐에 따라 정성평가가 강조되는 학생부종합전형의 성격이 더 강화되었다고 평가할 수도 있다. 이런 변화로 인하여 고려대학교를 지원할 학생들의 분포가 크게 달라질 일은 없다. 다만 자기소개서 폐지로 인해 학생들 입장에서는 부담이 크게 줄어든 셈이다.

일반적인 학생부종합전형은 '학업우수형'과 '계열적합형'으로 나뉜다. 선발 방법에는 유의미한 차이가 없다. 대신 '학업우수형'은 학교추천전형과 동시에 지원할 수 없다. 복수 지원을 희망한다면, '학교추천 전형과 계열적합형'을 동시에 지원하거나 '학업우수형과 계열적합형'을 동시에 지원하는 방식이 가능하다.

교과 내신에 자신 있다면 전자의 복수 지원을, 교과 내신에 자신은 없지만 면접에 부담이 없다면 후자의 복수 지원을 택하면 된다.

| 표 1 | **2022학년도 고려대학교 전형별 수능최저학력기준**

전형명	수능최저학력기준
학교추천	**〈인문계〉** 국어, 수학, 영어, 탐구(2개 과목 평균) 4개 영역 중 3개 영역 등급의 합이 5 이내 및 한국사 3등급 이내 **〈자연계(의과대학 제외)〉** 국어, 수학 가, 영어, 과학탐구(2개 과목 평균) 4개 영역 중 3개 영역 등급의 합이 6 이내 및 한국사 4등급 이내 **〈의과대학〉** 국어, 수학 가, 영어, 과학탐구(2개 과목 평균) 4개 영역 등급의 합이 5 이내 및 한국사 4등급 이내

학업우수형	〈인문계〉 국어, 수학, 영어, 탐구(2개 과목 평균) 4개 영역 등급의 합이 7 이내 및 한국사 3등급 이내
	〈자연계(의과대학 제외)〉 국어, 수학 가, 영어, 과학탐구(2개 과목 평균) 4개 영역 등급의 합이 8 이내 및 한국사 4등급 이내
	〈의과대학〉 국어, 수학 가, 영어, 과학탐구(2개 과목 평균) 4개 영역 등급의 합이 5 이내 및 한국사 4등급 이내

1. 학업우수형 & 계열적합형 : 어떻게 선택해야 할까?

학업우수형은 계열적합형보다 선발인원이 훨씬 많다. 수능최저학력기준도 존재하므로 면접에 대한 부담도 덜할 가능성이 높다(수능최저학력기준을 충족하지 못한 경쟁자들이 배제되기 때문이다). 이 두 가지 지점을 고려해서 본인이 어떤 전형을 지원할지 선택하는 편이 좋다.

첫 번째, 본인이 내신에 충분한 자신이 있는 학생들이다. 이런 학생들은 학교추천전형을 지원하고 계열적합형을 지원하거나, 지원하지 않는 것이 좋다. 유리한 내신을 가졌으면서 학교추천전형 대신 학업우수형을 지원할 이유가 없다.

두 번째, 내신에 자신이 없으면서 수능에 자신이 있는 학생들이다. 고려대학교는 학교추천에서 4퍼센트라는 제법 넉넉한 추천 인원을 두고 있지만 이 추천 인원을 모두 채운 학교는 많지 않다. 이는 추천 인원에 들어도 내신이 객관적으로 높지 않으면 지원에 큰 의미가 없기 때문이다. 이렇게 내신에는 자신이 없는데 수능에 자신이 있다면, (이때 수능에 자신이 있다는 것은 고작 고등학교 2학년 시절 교육청 모의고사를 몇 번 잘봤다는 이야기가 아니다. 최소한 고등학교 3학년 6월 평가원 모의고사를 잘봤냐 하는 얘기다) 무조건 학업우수형을 지원하는 편이 안전하다. 복수 지원을 희망한다면 학업우수형도 지원하고 계열적합형도 지원할 수 있지만, 반드시 1순위는 학업우수형이어야 한다. 같은 이유에서 상대적으로 수능에서 유리한 재수생의 경우 학업우수형을 권한다.

세 번째, 내신에 자신이 없으면서 동시에 면접이 특히 부담스러운 학생들이다. 계열적합형의 경우 선발인원은 적은데 수능최저학력기준이 없는 대신 면접의 비중이 학업우수형보다 높다. 따라서 면접이 더 결정적으로 작용할 가능성이 크다. 여기에 해당하는 학생이라면 계열적합형을 지원하는 게 낫다. 복수 지원을 희망하더라도 1순위는 계열적합형에 놓는 편이 좋다.

마지막으로, 본인의 활동이 특기자에 준할 정도로 탁월하다면, 즉 심층적인 학교 활동에 충실했다면 계열적합형에 지원하는 편이 좋다. 특히 본인의 관심 분야에 대해 연속적인 탐구 활동을 적극적으로 주도한 경험이 있다면 더욱 계열적합형에 지원하도록 하자.

2. 학교추천 : 결국 교과 내신이 핵심이다

본래 학생부교과전형이었던 학교추천 I 은 꾸준히 평균 미만의 경쟁률을 나타냈다. 이 전형이 극상위권 내신을 갖춘 학생들만 지원할 수 있는 교과 위주 전형이었기 때문이기도 하지만 전년도 학교장추천전형의 경쟁률이

5.9:1이었음을 고려하면 매우 낮은 경쟁률이다. 일반고 학생 입장에서는 제법 높은 수능최저학력기준이 부담으로 작용한 결과다.

| 표 2 | **2021학년도 고려대학교 전형별 경쟁률**

구분	총모집인원	지원인원	경쟁률
서울캠퍼스 학생부교과 (학교추천)	1,183	7,520	6.36 : 1
서울캠퍼스 학생부종합 (일반전형-학업우수형)	1,213	13,141	10.83 : 1
서울캠퍼스 학생부종합 (일반전형-계열적합형)	530	7,463	14.08 : 1

따라서 합격자들의 평균 내신은 1.2에서 1.4 사이로 예상되지만 일부 학과에는 의외로 매우 낮은 내신을 받은 합격자들도 있을 것으로 예상된다. 물론 이는 올해 입시를 해석한 것에 불과하다. 그렇다면 내년에는 무엇이 달라질까? 무엇보다도 선발 인원이 대폭 늘어났다. 따라서 내신에 자신 있는 학생이라면 학교추천전형을 지원할 가능성이 매우 높다. 선발인원이 적었을 때는 면접이 결정적인 역할을 수행하는 경우가 많았다. 하지만 이제는 교과 내신이 결정적인 역할을 수행할 가능성이 높다.

03
연세대학교

· 전형분석 ·

전형명	학생부종합전형 - 면접형	학생부종합전형 - 추천형
선발 방법	(1) 교과 40% + 비교과, 자기소개서 60% (2) 1단계 성적 60% + 면접 40%	(1) 서류 평가 (2) 1단계 성적 60% + 면접 40%
수능 최저	X	○

1. 학생부종합전형 – 면접형 : 새로운 학교장추천전형

2020학년까지는 학생부교과전형에 종합전형이 가미된 성격의 전형이었다면, 이제부터는 학생부교과전형의 성격이 강화됐다. 이제는 학교장 추천을 요구하는데, 연세대학교가 지향하는 '면접형'이 서울대학교의 지역균형선발전형과 매우 유사해졌음을 의미한다. 따라서 일반고 학생이 면접형을 지원하고자 한다면 높은 교과 내신을 갖출 필요가 있다.

교과를 반영하는 방식 역시 독특하다. 이전의 학생부교과전형에서는 Z점수만 활용했는데 이제는 50퍼센트는 등급 점수, 50퍼센트는 Z점수를 활용한다. 이를 점수화하는 방식은 아래와 같다.

| 표 1 | **연세대학교 면접형 교과점수 학년별 반영비율**

1학년	2학년	3학년
20%	40%	40%

학년별 반영비율은 전년도와 동일하다. 즉, 1학년의 비중이 가장 낮다. 따라서 본인이 1학년 때 상대적으로 낮은 3등급대의 등급을 받았다고 지원이 아예 불가능해지는 것은 아님을 명심하자. 이제 구체적으로 계산하는 방식을 살펴보자.

일단 과목을 반영과목A와 반영과목B로 분류한다. 쉽게 말해 국어, 수학, 영어, 사회, 과학 교과 같은 주요 과목은 반영과목A로, 그 외 과목은 반영과목B로 분류된다. 반영과목B는 그 비중이 30퍼센트에 불과한 점도 있지만 평가 방식이 다르다. 9등급이 아니라면 감점하지 않는다. 즉 주요 과목이 아닌 과목은 9등급만 아니라면 평가에 반영하지 않는다는 의미다. 주요 과목이 아니라도 아예 놓지는 말라는 신호로도 볼 수 있지만 반영과목B에서 큰 감점을 받는 경우는 거의 없다. 따라서 정말 핵심은 반영과목A다. 바로 여기서 Z점수와 등급 점수가 절반씩 반영된다.

| 표 2 | 연세대학교 면접형 교과점수 반영 방식 – Z점수

$$Z = \frac{원점수 - 평균}{표준\ 편차}$$

먼저 50퍼센트는 Z점수로 계산된다. 단순한 등급 대신 Z점수를 활용하는 것은 더 섬세한 변별이 가능하기 때문이다. '표준편차'라는 표현이 익숙지 않을 텐데, 쉽게 말해 학생들의 점수가 흩어져 있을수록 표준편차의 값이 크다. 더 쉽게 말하자면 비교적 공부를 못하는 일반고는 표준편차가 크고 공부를 잘하는 학교, 주로 특목고, 자사고는 표준편차가 작다. 이는 공부를 잘하는 학생들이 많이 모여 있을수록 점수대가 비슷하기 때문에 자연히 표준편차의 값이 작아진다는 의미다(물론 공부를 못하는 학생만 모인 학교도 표준편차의 값이 작아지겠지만 이런 경우는 드물다).

식을 참고하면 Z점수는 표준편차가 낮을수록 커진다. 하지만 앞에서 설명한 대로 표준편차란 한 학생이 통제할 수 있는 것이 아닌 학교의 특성에 따라 결정되는 것이기 때문에 학생 스스로 그 값을 예측하기는 쉽지 않다. 따라서 반드시 계산해보길 바란다.

| 표 3 | 연세대학교 면접형 교과점수 반영 방식 – 등급 점수

	1등급	2등급	3등급	4등급	5등급	6등급	7등급	8등급	9등급
점수	100	95	87.5	75	60	40	25	15.5	5

나머지 50퍼센트는 단순 등급으로 계산한다. 3등급부터는 치명적인 하락

폭이 발생한다는 점에 주목하자. 주요 과목에 해당하는 반영과목A 중에 버리는 과목이 없도록 모두 신경 써야 한다는 점을 의미한다.

연세대학교 면접형의 교과 평가 방법은 매우 난해하다. 또한 이전 학생부교과전형과 달리 비교과도 평가에 반영되는 만큼 엄밀한 합격선을 잡기가 쉽지 않다. 다만 일반고에서 지원하는 경우 교과 내신이 1.3에서 1.5 사이에 위치하는 경우가 많았음을 기억하자.

이렇게 1단계를 통과한 후에는 40퍼센트라는 매우 높은 비중이 걸려 있는 면접 평가를 마주해야 한다. 주로 제시문 기반 면접을 진행해왔으며 앞으로도 그럴 것으로 판단된다.

2. 학생부종합전형 – 활동우수형 & 국제형 : 정석적인 종합전형

일반적으로 연세대학교의 종합전형을 지원한다면 선택하는 전형이다. 따라서 특별히 설명할 내용이 없다.

2022학년부터 수능최저학력기준이 부활했다. 심지어 제법 높은 편이다. 학생들에게 큰 부담으로 다가올 가능성이 특히 크다. 연세대학교에 대한 최종 지원 여부는 반드시 9월 평가원 모의고사 결과를 토대로 결정하자.

| 표 4 | 연세대학교 학생부종합전형 수능최저학력기준

전형명	계열	국어, 수학, 탐구 (사회탐구/과학탐구)	영어	한국사
활동우수형	인문 · 사회	국어, 수학 중 1개 과목을 포함하여 2개 과목 등급 합 4 이내	3등급 이내	4등급 이내
	자연	수학을 포함하여 2개 과목 등급 합 5 이내		
	의예/치의예/약학	국어, 수학 중 1개 과목을 포함하여 1등급 2개 이상		
국제형	국제(국내고)	국어, 수학 중 1개 과목을 포함하여 2개 과목 등급 합 5 이내	1등급	

　또한 연세대학교는 2021학년도부터 특기자 전형을 대폭 줄였다. 따라서 이전에는 특기자 전형을 지원할 학생들이 이제는 활동우수형과 국제형에 지원할 가능성이 높아졌다. 그만큼 서류평가가 훨씬 더 치열해질 예정이다. 면접의 비중이 높아진 것 역시 같은 맥락으로 서류 평가에서 드러난 활동 내역을 더욱 엄격히 검토하겠다는 의미로 보인다. 하지만 수능최저학력기준이 없다는 것은 분명히 매력적이다. 본인이 수능최저학력기준에 맞출 자신이 없으나 활동과 면접에 자신이 있다면 연세대학교 학생부종합전형에 적극 도전해보자.

04
서강대학교

전형명	학생부교과(고교장추천)	일반전형
선발 방법	일괄합산 교과 90% + 비교과 10%	일괄 합산 서류 평가 100%
수능 최저	4개 영역 중 3개 영역 등급합 6 이내 (한국사 3,4등급 이내)	X

　서강대학교는 2022학년부터 고려대학교와 마찬가지로 자기소개서를 받지 않는다. 오직 학교생활기록부만으로 학생을 선발한다는 얘기다.

1. 수능 최저가 핵심이다

구분은 간단하다. 고교장추천 전형의 경우 추천 전형이기는 하지만 고교별 최대 10명까지 추천이 가능하다는 점에서 딱히 부담스럽지는 않다. 두 전형 모두 공통적으로 제출해야 할 서류는 학생부종합전형뿐이다. 이렇게 생각하자.

본인이 교과 내신에 자신이 있고 수능 최저를 맞출 자신이 있다면 학생부 교과 전형을 중심으로 지원하자. 그렇지 않은 경우에는, 즉 그 대신 본인의 활동 내역에 더 자신이 있다면 일반전형에 지원하자.

| 표 1 | 2022학년도 서강대학교 학생부종합 자기주도형 VS 일반형 선발인원 비교

모집단위	모집전공	일반	고교장추천
인문계	국어국문학	10	24
	사회	10	
	철학	10	
	종교학	8	

05
성균관대학교

· 전형분석 ·

전형명	학생부종합전형-계열모집	학생부종합전형-학과모집
선발 방법	일괄합산 서류 100%	일괄합산 서류 100% (단, 의예, 사범대학, 스포츠과학의 경우 면접을 포함한 단계별 평가 시행)
수능 최저	X	

1. 학생부종합전형 : 큰 특징은 없다

정말 특별히 따질 내용이 없다. 두 전형의 평가 방식 모두 동일하다. 요즘에야 계열모집은 '계열 단위'로 선발하고 학과모집은 '학과/학부 단위'로 선발하지만 이 또한 최근의 변화일 뿐 이전에는 그런 구분 없이 선발해왔다. 같은 학과를 계열모집에서도 선발하고 학과모집에서도 선발하는 식이었다.

많은 사람들이 당시 그 두 전형의 차이점을 고민했지만 사실 정말 아무 차이가 없었다. 정말 이름만 다르게 붙였을 뿐이다.

혼란을 줄이고자 '계열 단위'와 '학과/학부 단위'로 구분이 이루어졌지만 이는 결국 이 두 전형이 사실 큰 차이점 없이 평가한다는 점을 시사한다. 애초에 성균관대를 지원하는 학생 대부분은 서울대, 고려대, 연세대를 함께 지망하는 상위권 학생이기에 우수한 학생일 확률이 높다. 결국 성균관대의 현명한 전략이라 할 수 있겠다.

| 표 1 | 2022학년도 성균관대학교 계열모집 VS 학과모집

학년별 반영 비율	계열모집	학과모집
인문과학계열		
사회과학계열		
자연과학계열		
공학계열		
글로벌융합학부		
경영학		
전자전기공학부		
글로벌리더/경제/경영		
교육학		
한문교육		
유학동양학		
국어국문학		
프랑스어문학		
독어독문학		
러시아어문학		

학년별 반영 비율	계열모집	학과모집
한문학		
사학		
철학		
사회학		
사회복지학		
심리학		
아동청소년		
통계학		
영상학		
의상학		
소프트웨어학		
반도체시스템공학		
글로벌바이오메디컬공학		
건축학(5년제)		
의예		
수학교육		
컴퓨터교육		
생명과학		
수학		
물리학		
화학		
건설환경공학부		
스포츠과학		

인문과학계열, 사회과학계열, 자연과학계열, 공학계열은 아래 학과를 포

함하며 2학년에 올라갈 때 학업성적에 따라 [표 1]의 학과나 학부에 들어갈 수 있다.

| 표 2 | 2022학년도 성균관대학교 인재전형 계열

	학과 / 학부
인문과학계열	유학·동양학, 국어국문학, 영어영문학, 프랑스어문학, 중어중문학, 독어독문학, 러시아어문학, 한문학, 사학, 철학, 문헌정보학
사회과학계열	행정학, 정치외교학, 신문방송학, 사회학, 사회복지학, 심리학, 소비자가족학, 아동청소년학, 경제학, 통계학
자연과학계열	생명과학, 수학, 물리학, 화학, 식품생명공학, 바이오메카트로닉스학, 융합생명공학
공학계열	화학공학/고분자공학부, 신소재공학부, 기계공학부, 건설환경공학부, 시스템경영공학, 나노공학
글로벌융합학부	데이터사이언스, 인포매틱스, 컬처앤테크놀로지

결론적으로 학생부종합전형으로 성균관대학교를 지망한다면 본인이 가고자 하는 학과를 선발하는 전형에 맞춰서 지원하면 그만이다. 특히 최근 들어 고려대가 종합 전형 선발인원을 대폭 늘리면서 성균관대학교 종합 전형 합격자가 고려대학교에 중복 합격되는 경우가 잦아졌다. 따라서 충원율이 대폭 늘어났다. 더욱 자신감을 가지고 지원하도록 하자.

06
한양대학교

· 전형분석 ·

전형명	학생부종합전형
평가 방식	학교생활기록부만으로 평가함(수능 면제, 면접 없음) 학업 역량, 전공적합성 50% + 인성 및 잠재력 50%

학생부종합전형 : 1장 정도를 써본다면…

　한양대가 학생부종합전형을 운영하며 내린 결론은 자기소개서와 교사추천서, 이 모든 서류가 불필요하다는 것이다. 한양대학교 학생부종합전형은 오직 학교생활기록부로만 학생을 평가해 선발한다. 이 방식이 좋은 방식인지 아닌지는 크게 관심도 없을 테니 별도로 이야기하지는 않겠다(솔직히 정상적인 방식은 절대 아니라고 생각한다. 아무튼 그렇다보니 학생들이 가장 편하게 지원할 수 있는 전형이다. 심지어 수능에 응시하지 않아도 지원에 문제가 없다. 지원 사이트에서 지원 버튼만 클릭하면 끝이다. 그래서 경쟁률도 상당히 높은 편이다). 그보다는 한양대학교가 평가하는 방식을 따져보는 편이 더 현실적이다.

먼저 한양대학교는 학교생활기록부 중 수상경력, 창의적 체험 활동상황, 세부능력 및 특기사항, 행동특성 및 종합의견을 특히 중점적으로 평가한다. 이 안에서 학업 역량, 전공적합성, 인성 그리고 잠재력을 평가하고자 한다 (이 부분은 다른 종합 전형과 크게 다르지 않다. 단, 최근에는 소통 능력을 중시하는 편이므로 참고하자).

'수상경력'과 '세부능력 및 특기사항'에 특히 주목하자. 한양대학교는 학생부 교과 내신은 평가 영역으로 삼지 않는다. 쉽게 말해 내신을 (정말로) 보지 않는다. 교과 내신 그 자체에 집중하다가는 학생의 학업 역량을 폭넓게 바라보기 힘들다는 이유 때문이다. 그렇다면 학업 역량을 어떻게 확인할까? 바로 수상경력과 세부능력 및 특기사항으로 평가한다. 이를 통해 학생의 교과 관련 우수성을 확인한다.

결국 어떤 학생이 지원해보면 좋을까? 시험이라는 형식에 약해서 내신 자체는 마땅치 않지만 교과에 대한 우수성을 관련 경시대회에서 입증해왔고 수행 평가에 성실하게 참여해 세부능력 및 특기사항이 풍부한 학생이라면 기대를 가지고 지원해보길 적극 권한다.

07

중앙대학교

· 전형분석 ·

전형명	지역균형선발	다빈치형인재	탐구형인재
선발 방법	일괄합산 학생부 교과 70% + 서류평가 30%	서류 평가 100%	
수능 최저	○	X	
지원 자격	학교장 추천 필요	학교장 추천 불필요	

1. 지역균형선발전형 : 수능 최저가 핵심이다

비록 교과형으로 분류되어 있지만 신설된 전형이라는 점, 그리고 자기소개서, 학교생활기록부, 교사추천서를 종합적으로 평가하는 서류 평가가 반영된다는 점에서 다뤄보려 한다.

교과 내신을 반영하는 방법도 별 특징이 없고 서류 평가도 여타 대학의 평가 방식과 크게 다르지 않다.

결국에는 수능최저학력기준을 충족하는지에 따라 합격 여부가 결정될 가능성이 높다. 주의하자.

| 표 1 | **중앙대학교 수능최저학력기준**

소재	계열	모집단위	영역별 기준		탐구영역 반영 방법	공통
서울	인문	전체	국어, 수학, 영어, 사/과탐	3개 영역 등급 합 6이내	상위 1과목 반영	한국사 4등급 이내
	자연	약학부	국어, 수학 (미적분, 기하 중 택1)	4개 영역 등급 합 5이내		
		약학부 외 전체		3대 영역 등급 합 7이내	2과목 평균 반영	

2. 학생부종합전형 다빈치형 : 균형 있는 인재 = 다 잘하는 인재!

다빈치형은 소위 말하는 균형 인재를 추구한다.

중앙대학교 입학처의 표현을 따르자면, 균형 인재란 교과 역량과 비교과 역량을 균형 있게 갖추고 있는 인재다. 이를 학업 역량, 통합 역량, 탐구 역량, 발전 가능성, 인성 등 다섯 개 역량으로 분류해 평가한다. 다빈치형은 좀 더 노골적으로 말하자면 '다 잘하는 학생'을 원한다.

이를 펜타곤 평가 모형으로 정의하는데, 탐구 역량을 제외하면 나머지 역량은 탐구형인재에도 해당된다(탐구형인재에는 전공적합성이 제외된다). 각각의 역량을 정리해보자. 대부분은 중앙대학교뿐 아니라 다른 대학의 일반적인 학생부종합전형을 지원하는 학생에게도 요구되는 역량들이니 그 방향성 정도는 반드시 익혀두자(이 부분은 꼭 읽어야 한다).

1) 학업 역량

말 그대로 학업 성취도를 의미한다. 물론 산술적인 내신 성적만을 의미하지는 않으며 지원하는 전공과 관련된 교과목의 성적과 전체적인 성적 추이, 심화 과목 선택 여부(이는 탐구 역량과도 어느 정도 닿아 있다) 등을 고려해 종합적으로 평가가 이루어진다. 다만 다빈치형은 학교생활에 충실한 인재, 다시 말해 교과 내신이 탁월한 학생을 더 선호한다. 상대적으로 탐구형인재보다 더 높은 내신을 갖춘 지원자가 많음을 유념하자. 마지막에 전형별 합격자 평균 내신을 첨부하니 확인하자.

2) 통합 역량

창의성과 독창성을 의미한다. 중요한 것은 창의성은 무(無)에서 나오는 것이 아니라는 점이다. 창의성을 발휘하려면 밑바탕이 필요하며 학생의 관점에서 그 밑바탕은 당연히 1차적으로는 수업, 2차적으로는 자발적인 동아리 활동과 독서 등 다양한 연계 활동이다. 책이나 학교에서 주최하는 강연을 듣다가 깨달은 점을 본인의 문제 상황에 적용해 해결한 경험이나 수업 시간에 배운 내용을 토대로 새로운 관점에서 탐구보고서를 작성한 경험이 이에 해당한다. 학교생활기록부만으로는 잘 드러나지 않는 부분인 만큼 자기소개서를 이용해 적극적으로 드러내면 좋다. 이는 탐구형에는 없는 평가 요소이니 특히 주목하자.

3) 탐구 역량

교내 수상실적, 창의적 체험 활동, 세부능력 및 특기사항 그리고 독서 활동에서 주로 드러난다. 다만 어떤 활동을 얼마나 많이 하는지에 너무 집착하지 말자. 또 얼마나 어려운 활동을 했는지도 중요하지 않다. 예를 들어, 얼마나 어려운 책을 읽었는지는 중요하지 않다. 특히 다빈치형 합격자는 한가지 분야를 깊게 파고들어 활동하기보다 다양한 활동에서 자신의 역량을 드러내는 경우가 더 많다. 학교생활에 적극적으로 참여하고 스스로 궁금한 부분을 파고드는 모습을 보여줄 필요가 있다. 궁금한 것이 있다면 선생님께 찾아 가서 조언도 구하고, 탐구보고서도 작성하고, 추가적인 활동을 더 해보고 싶다면 자율동아리에 가입하거나 직접 설립해보는 등의 과정이 자연스럽게 이루어진다면 자신도 모르게 '고민을 거쳐 성장해나가는 모습'이 완성돼 있을 것이다. 그렇다면 탐구 역량 역시 자연스럽게 쌓여 있을 것이다.

4) 발전가능성

발전가능성은 어떤 특정 활동이 부여하지 않는다. 결국 학생 스스로 어떤 문제를 고민해보고 매달려보고 해결해본 경험이 있는지 묻는 것이기 때문이다. 쉽게 말해 자신의 부족한 점과 문제 상황에서 어떻게 대응했는지, 이를 극복하려고 어떤 '주도적인/적극적인' 노력을 했는지를 의미한다. 이는 매우 다양한 상황에서 드러날 수 있다. 예를 들어 하락한 내신이라는 문제 상황을 해결하려고 방과후학교 프로그램을 수강하고 친구와 소모임을 만든 것도 단순하지만 주도적인 문제 해결 방식이라 할 수 있다. 발전가능성도 학교생활기록부만으로는 드러내기 힘든 만큼 자기소개서로 잘 드러낼 필요가 있다.

5) 인성

인성은 아주 나쁘기도 힘들고 아주 좋기도 힘들다. 따라서 인성은 착하고 나쁘냐로 변별되는 것이 아니다. 학교, 교실, 동아리라는 공동체 안에서 어떻게 다른 사람과 관계를 맺고 그 안에서 발생하는 문제 상황에 어떻게 대응했는지를 보고자 한다. 주로 자기소개서 2번 문항에서 가장 뚜렷하게 드러난다.

이 다섯 가지 영역이 각각 20퍼센트의 비중을 차지한다. 그만큼 균형 있는 평가를 지향하는 전형이 바로 다빈치형이라 할 수 있다.

3. 학생부종합전형 탐구형인재 : 얼마나 파고들어 봤니?

탐구형 인재에서는 지망하는 전공과 관련된 깊이 있는 관심과 열정을 높이 평가한다. 그렇기에 평가 요소로 통합 역량 대신 전공적합성이 추가되며 그 평가의 비중 역시 달라진다.

| 그림 1 | **중앙대학교 학생부종합전형 탐구형인재 평가 모델**

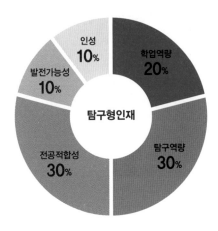

그림에서 보듯 탐구 역량과 전공적합성에 더 높은 비중을 두며 발전가능성과 인성에 낮은 비중을 둔다. 즉, 공동체 안에서 어떤 관계를 맺는지보다 관심을 가지고 있는 분야를 얼마나 적극적으로 파고들어 봤는지를 더 중시하는 전형이라는 의미다. 그렇다면 다빈치형에서 새로 추가된 전공적합성 정도만 살펴보자.

1) 전공적합성

말 그대로 전공에 대한 관심을 의미한다. 이는 매우 다양한 형태로 드러날 수 있다. 예를 들어 앞에서 학업 역량을 설명할 때도 언급했지만 심화 과목을 이수했는지 여부에서도 드러날 수 있고 방과후학교 프로그램, 자율동아리 활동, 탐구보고서 등을 통해서도 드러날 수 있다. 다빈치형이 학교생활에 얼마나 충실히 참여했는지를 중요시했다면 탐구형은 본인이 지망하는 분야의 관심사를 학교생활에서 어떻게 다양하게 보이고 해결해 왔는지를 중요시한다고 생각하면 된다.

　마지막으로 두 전형의 공개된 최신 합격자 평균 내신을 확인해보자. 물론 3년 정도 시간이 흘러 상황이 달라지기는 했지만 이것을 기준점으로 생각해도 큰 문제가 없을 것이다.

학과별 다빈치형 VS 탐구형 학생부종합전형 합격자 평균 내신

	다빈치형 합격자	탐구형 합격자
인문대학	2.24	3.75
사회과학대학	2.00	3.18
체육교육과	2.38	—
경영경제대학	2.03	3.24
간호학과(인문)	2.25	4.44
간호학과(자연)	2.02	2.62
자연과학대학	2.12	2.37
공과대학	2.06	3.12
창의ICT공과대학	2.14	2.78
생명공학대학	3.36	4.08
의과대학	2.71	—
사범대학	1.96	3.39
산업보안학과(자연)	—	2.42

08
경희대학교

· 전형분석 ·

전형명	네오르네상스전형	고교연계전형
선발 방법	(1) 서류 평가 100% (2) 1단계 성적 70% + 면접 30%	일괄합산 서류 평가 70% + 교과 내신 30% (학교장추천필요)
수능 최저	○	

1. 네오르네상스전형 : 구체적인 인재상이 있다

경희대학교는 학생부종합전형에 적극적이고, 평가도 모범적으로 하려고 노력하는 좋은 대학이다. 따라서 평가 방식도 선명하므로 잘 알아둘 필요가 있다.

경희대학교를 대표하는 학생부종합전형은 역시 네오르네상스전형이다. 이 전형에서 가장 먼저 눈에 들어오는 특징은 요구하는 인재상이 별도로 있다는 점이다.

| 표 1 | 네오르네상스전형 지원 자격의 변화상

2016 지원 자격	리더십 · 봉사인재	문화인재	과학인재	국제화인재
현재 지원 자격		문화인	창조인	세계인
추구하는 가치	폐지	문화·예술적 소양 공동체 정신 다양성 인정 책임 있는 교양인	수학, 과학 탐구력/재능 융복합 분야를 개척하는 전문인	외국어능력 공동체 정신 평화를 추구하는 세계시민

　특정 전형에 맞는 구체적인 인재상을 이런 식으로 제시하는 경우는 드물다. 모집요강을 보면 이 중 하나에 해당해야 한다고 하지만 다른 인재상 역시 어느 정도 고려하고 의식하는 편이 좋다.

2. 고교연계전형 : 교과 기반의 추천 전형

　경희대학교의 추천 전형이다. 고교별로 인문 계열에 2명, 자연 계열에 3명, 예체능 계열에 1명까지 추천할 수 있다. 네오르네상스전형과 마찬가지로 개별 인재상이 있다. 대부분 명칭은 비슷하지만 요구하는 내용이 다소 다르다. 직접 확인해보자.

　① 문화인재 : 풍부한 독서와 교과 외 활동을 통한 입체적 사유능력, 토론 및 글쓰기 능력, 문화 · 예술적 소양을 고루 갖춘 학생

② 글로벌인재 : 외국어 능력, 세계 문제에 대한 관심과 활동 등을 기반으로 '지속 가능하고 공평한 세계'를 만드는 데 기여하고자 하는 학생

③ 리더십인재 : 전교학생(부)회장, 학급(부)회장, 동아리(부)회장 등 리더십 활동, 팀워크에 기반한 사회 현장 활동을 통해 '더 나은 사회(공동체)' 건설에 헌신하고자 하는 학생

④ 과학인재 : 주제탐구, 과제연구, 탐험, 발명, 창업 등 창의적 도전정신과 과학적 사고력이 남다른 학생

문화인재는 문화인, 글로벌인재는 세계인, 과학인재는 창조인과 관련 있다. 다만 고교연계전형 인재상의 경우는 강조한 부분처럼 학교생활 안에서 가능한 구체적인 예시를 들고 있다.

이는 고교연계전형 자체가 학교생활을 충실히 한 학생을 선발하고자 하기 때문이다. 네오르네상스전형 지원자 역시 이를 참고하면 도움이 된다.

교과 내신이 반영되는 방식 역시 중요하다. 지원한 계열에 따라 반영되는 과목이 다르기 때문에 주의할 필요가 있다.

| 표 2 | 경희대학교 고교연계전형 교과 성적 반영 방식

인문 계열	국어, 수학, 영어, 사회 전 과목
자연 계열	국어, 수학, 영어, 과학 전 과목
예·체능 계열	국어, 영어 전 과목

3. 경희대학교 입학상담솔루션 활용법

경희대학교는 대학 중 학생부종합전형 관련 정보를 가장 투명하게 공개하는 대학이다. 경희대학교 입학상담솔루션(http://consult.mncapro.co.kr/solution/khu)에 접속하면 최근 3개년 입시 결과를 구체적으로 확인할 수 있다. 여기서 모집인원, 지원자, 경쟁률, 추가합격은 직관적인 자료라 별도의 해석이 필요 없겠지만 최초+추가합격자 학생부 등급 분포도는 한번 제대로 살펴보면 좋겠다. 여기서는 공개된 자료가 갱신되지 않아 부득이하게 이전 자료를 살펴보겠다.

| 그림 1 | **경희대학교 네오르네상스전형 경영학과 3개년 최초 + 추가합격자 학생부 등급 분포도**

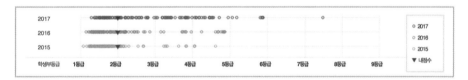

최종적으로 합격한 학생의 내신 분포를 상세하게 볼 수 있다. 특히 2017년도에는 합격자 분포가 훨씬 넓어졌음을 알 수 있다. 교과 내신의 약점을 학교생활의 다른 측면으로 보충한 지원자가 많아졌음을 의미한다. 그렇다고 내신이 6점에 가까운 학생에게 지원을 권하지는 않는다. 이는 '예외적인 사례'에 해당하기 때문이다. 그렇다면 일반적인 수준에서 기준점을 어디에 두어야 할까?

합격자가 가장 많이 쏠려 있는 지점을 보자. 이 지점의 평균이야말로 실질적인 합격자 평균 내신이라 할 수 있다. 이 부분을 기준으로 했을 때 그보다 내신이 좋다면 비교적 편한 마음으로 지원해도 될 듯하다. 그보다 내신이 나쁘다면 학교생활의 다른 측면으로 본인의 역량을 보완할 필요가 있다.

| 그림 2 | **경희대학교 고교연계전형 경영학과 3개년 최초 + 추가합격자 학생부 등급 분포도**

고교연계전형은 교과 전형의 성격이라 네오르네상스전형과 달리 합격자의 내신 등급이 한 군데로 쏠려 있음을 알 수 있다.

09
한국외국어대학교

· 전형분석 ·

전형명	학생부종합전형-면접형	학생부종합전형-서류형
선발 방법	1단계) 서류 평가 100% 2단계) 1단계 성적 60% + 면접 40%	서류 평가 100%
수능 최저	X	

    서류형은 면접에 부담을 갖는 학생을 위한 전형이라고 생각하면 된다. 그 점을 제외하면 면접형과 서류형은 사실 별 차이가 없다. 면접에 자신이 있으면 면접형에, 면접에 자신이 없으면 서류형에 지원하면 된다. 다만, 한국외국어대학교는 60퍼센트 이상의 학생을 어문 계열에서 선발하는 만큼 관련 전공에 지원하는 학생이 많을 것이다. 그러면 이번 기회에 어문 계열 학생부종합전형에 지원할 때 중요하게 작용하는 요소를 살펴보자.

예를 들어 영어학과를 지원하는 학생이라면 학교생활 중 어떤 활동을 하면 좋을지 상상하기 수월할 것이다. 일단 영어 교과 성적이 중요하게 작용한다. 또한 영어 관련 교내 수상 실적이나 영자 신문 동아리 등 다른 활동을 통해서도 충분히 부각할 수 있다. 하지만 몽골어과를 지원하는 학생이라면 무엇을 해야 할까? 몽골어를 정규 교육과정으로 다루는 학교를 찾기는 매우 힘들다. 그렇다면 몽골어를 할 줄 아는 학생이 과연 한국외대가 추구하는 글로벌 역량을 갖춘 인재일까? 대학교가 그런 식으로 학생을 선발할까?

한국외국어대학교는 '글로벌 역량'을 인재상에 포함하고 있다. '글로벌 역량'은 지망하는 전공과 관련된 언어를 할 줄 안다든가 하는 단순 지식을 의미하지 않는다. '글로벌 역량'이란 기본적으로 언어적 역량을 의미하기도 하지만 한 단계 더 나아가 해당 언어에 대한 잠재력을 포함한 개념이다.

학생부종합전형이라면 잠재력은 학교생활기록부의 언어 관련 교과에서 보여줄 수 있다. 몽골어과와 같은 특수어과라면 해당 문화권에 대한 관심을 여러 활동으로 보여줄 수 있다. 예를 들어 해당 문화권과 관련된 독서 활동을 한다든지, 탐구보고서를 작성한다든지 하는 활동이 가능하다.

10
서울시립대학교

전형명	학생부종합전형
평가 방식	1단계) 서류 평가 100% 2단계) 1단계 성적 50% + 면접 50%
수능 최저	X

1. 학생부종합전형 : 모집단위별 인재상

서울시립대는 모집단위별로 구체적인 인재상을 제시하고 있다. 그 인재상 안에 구체적인 핵심 가치가 담겨 있으므로 참고하자.

| 표 1 | 서울시립대학교 학생부종합전형 학과별 핵심 가치

모집단위	평균 내신	핵심 가치
행정학과	2.5	기초교과 성취도, 사회 문제와 공동체 가치에 대한 관심이 높고 사회현상에 대한 분석적, 비판적 사고력을 바탕으로 자신의 미래를 적극적으로 개발하려는 의지가 강한 학생, 원활한 의사소통 능력과 갈등에 대한 이해 및 조정 능력을 갖춘 학생
국제관계학과	1.95	외국어 및 사회교과의 성취도가 우수한 학생, 국제평화 등 국제사회문제(남북관계, 국제평화 등)에 관심이 많은 학생, 봉사정신이 있는 학생
경제학부	1.99	다양한 분야의 경제 문제에 관심이 많고 수학적 소양이 우수한 학생, 정보화 적응력 및 분석적 사고를 바탕으로 혁신과 창의성이 뛰어나며 글로벌 마인드, 적극적인 리더십이 있는 학생, 공동체 의식을 바탕으로 협동정신과 봉사정신이 뛰어나고 높은 윤리 의식을 가진 학생
사회복지학과	2.75	다양한 분야의 사회복지 문제에 관심이 많은 학생, 지식·정보를 유연하고 비판적으로 활용할 줄 알며 창의적이고 리더십이 있는 학생, 의사소통 능력과 원활한 대인관계 형성 및 유지 능력이 있는 학생
세무학과	2.26	법학·경제학·경영학에 고르게 관심이 많은 학생, 통합적 사고 능력을 바탕으로 여러 학문의 융합적 사고를 할 수 있는 학생, 창의적이고 공익에 대한 높은 윤리의식을 가진 근면한 학생
경영학부	2.17	수리적 분석력과 정보 활용 능력, 외국어 능력이 우수한 학생, 논리적 사고력을 갖추고 창의적인 문제해결방안 제시가 가능하며 도전정신을 가진 학생, 사회통합형 리더십과 팀워크 능력, 올바른 기업윤리 정신에 대한 이해와 시민의식을 가진 학생
영어영문학과	2.2	기초교과 성취도가 우수하고 특히 영어 및 국어의 성취도가 우수한 학생, 영어 능력을 바탕으로 영미문학, 영어학 및 영미문화에 관심과 열정이 있고 창의력과 사고력을 갖춘 학생, 의사소통 능력과 타인에 대한 공감과 배려, 자신과 다른 의견에 대한 포용력이 뛰어난 학생

모집단위	평균 내신	핵심 가치
국어국문학과	2.28	한국어문학 소양이 우수한 학생, 언어 능력과 문학적 감수성을 지닌 학생, 의사소통 능력과 봉사정신을 갖춘 학생
국사학과	2.32	역사 관련(한국사, 동아시아사, 세계사) 교과 및 언어 영역(국어, 영어) 교과 성취도가 우수한 학생, 역사적 사고 능력과 사료 해석 능력을 갖춘 학생, 협업 능력과 창의력을 겸비한 학생
철학과	2.27	합리적 사유와 도덕적 행위의 기초가 되는 학습 능력과 외국어 학습 능력, 문헌 독해 능력을 갖춘 학생, 다양한 사회문제를 이해하는 통찰력과 비판적 사고력을 바탕으로 논리적이고 창의적인 탐구가 가능한 학생, 건전한 시민윤리의식, 협동 능력, 다양한 언어 및 문화차이를 이해하고 소통할 수 있는 글로벌 역량을 갖춘 학생
중국어문화학과	1.89	기초교과의 성취도가 우수하고 특히 국어 및 역사 교과의 소양이 뛰어난 학생, 비판적 사고와 통찰력을 바탕으로 중국의 문화와 사회에 대해 관심이 큰 학생, 텍스트를 이해해 환경에 맞게 해석할 수 있으며 자신의 의견이나 생각을 명확하고 설득력 있게 설명할 수 있는 학생
도시행정학과	2.48	외국어 및 사회교과에 대한 성취도가 우수하고 자기주도적 학습 역량을 갖춘 학생, 도시 및 사회현상을 다양한 관점에서 이해하는 분석력을 갖춘 학생, 도전정신 및 소통과 통합 역량 진취적 리더십과 봉사정신을 갖춘 학생
도시사회학과	2.84	전 교과에서 균형 있는 성취도를 보이며 문제해결 능력이 뛰어난 학생, 사회현상에 대한 객관적 관찰력을 갖추고 창의적·도전적 문제 제기가 가능한 학생, 동아리활동, 팀프로젝트, 토론과 실습을 통한 학습 등에 적극적인 학생
전자전기컴퓨터공학부	2.17	수학과 기초과학에 대한 지식이 풍부하고 전공 이수에 필요한 외국어 능력을 갖춘 학생, 전자전기컴퓨터 공학기술에 대한 탐구심이 강하고 창의적인 학생, 다양한 의견들을 통합하여 결정을 내리는 능력이 있으며 성실히 공부하는 학생

모집단위	평균 내신	핵심 가치
화학공학과	1.79	기초 과학 및 수학 교과목에 대해 깊은 소양을 갖춘 학생, 공학적 응용에서 요구되는 창의적이고 분석적인 사고력을 겸비한 학생, 타인과 공동목표를 위해 협동하는 능력 및 다양한 의견들을 통합할 수 있는 리더십을 갖춘 학생
기계정보 공학과	1.67	수학 및 기초과학에 대한 학업성취도가 높고 외국어 역량을 갖춘 학생, 기계 및 정보 과학기술에 흥미가 높으며 창의적인 사고력이 있는 학생, 높은 윤리의식과 원활한 대인관계를 유지하는 학생
신소재공학과	1.7	기초교과(수학, 물리, 화학) 및 외국어 성취도가 우수한 학생, 전공에 대한 흥미와 창의성, 학업적 열의가 강한 학생, 의사소통능력을 갖춘 학생
토목공학과	2.78	공학이수를 위한 기초교과(수학, 물리, 화학, 지구과학) 성취도가 우수한 학생, 전공에 대한 흥미와 창의성 및 학업 열의가 강한 학생, 사회 전반에서 발생하는 여러 문제들에 대한 이해도가 높고 문제해결 의지가 강한 학생
컴퓨터 과학부	2.3	수학, 기초과학에 대한 지식 및 외국어능력을 갖춘 학생, 창의적이고 자기주도적인 문제해결 능력을 갖춘 학생, 봉사정신, 의사소통 능력 및 협동 능력을 갖춘 학생
수학과	1.94	수학 및 과학 교과의 성취도가 우수하고 외국어 능력을 갖춘 학생, 수리 논리적 사고 능력을 바탕으로 수학적 탐구심과 창의성이 있는 학생, 성실하고 의사소통 능력을 갖춘 학생
통계학과	2.08	• 전문성 : 통찰력과 합리적인 사고를 바탕으로 수리적인 지식을 쌓은 학생 • 창의성 : 새로운 아이디어를 바탕으로 변화와 혁신을 추구하며 창의적으로 공부하는 학생 • 협동성 : 열린 마음으로 소통하고 배려하여 합리적인 결과를 도출하는 능력을 갖춘 학생
물리학과	1.84	수학, 과학의 성취도가 우수한 학생, 자연현상의 근본원리에 대한 호기심과 탐구심이 강한 학생, 성실하고 협동심이 있는 학생
생명과학과	1.9	기초과학교과의 성취도가 우수한 학생, 생명현상의 원리에 대한 관심이 많고 과학적 소질을 가진 학생, 성실하고 창의성이 있는 학생

모집단위	평균 내신	핵심 가치
환경 원예학과	2.71	과학관련 교과(생명과학, 화학)가 우수한 학생 환경원예분야(환경, 생태, 식물)에 대한 관심이 높고 과학적 소질을 가진 학생 긍정적인 사고를 가지고 자신에게 주어진 일에 최선을 다하는 학생
건축 (건축공학)	2.6	건축공학 분야에 대한 흥미와 학업적 열의가 강한 학생, 창의성과 실천력을 갖춘 인재로 발전가능성이 높은 학생, 의사소통 능력이 있고 성실히 공부하는 학생
건축 (건축학)	2.17	과학과 사회 교과에 대한 지식과 외국어 능력을 갖춘 학생, 건축 및 디자인 전반에 대한 관심과 창의성 및 기획력을 갖춘 학생, 협력과 의사소통 역량 및 리더십을 갖춘 학생
도시공학과	1.9	기초교과 성취도가 우수한 학생, 도시문제와 공익에 대한 관심이 많고 기획력을 갖춘 학생, 의사소통능력, 창의적 리더십을 갖춘 학생
교통공학과	2.65	기초교과(수학, 물리, 영어) 성취도가 우수한 학생, 사물과 현상에 대한 수학적·과학적 사고력이 뛰어난 학생, 의사소통능력 및 높은 윤리의식을 가진 학생
국사학- 도시역사 경관학전공	3.34	기초교과 성취도가 우수한 학생으로 역사 관련(한국사, 동아시아사, 세계사) 교과 성취도가 우수한 학생, 역사와 도시문화에 관심이 많고 융합적인 사고가 우수한 학생, 협업능력과 융합적 창의력이 우수한 학생
철학- 동아시아 문화학 전공	—	합리적 사유와 도덕적 행위의 기초가 되는 학습 능력과 외국어 학습 능력, 문헌 독해 능력을 갖춘 학생, 동아시아 문화 전반에 대하여 관심을 가지고 있고 다양한 사회문제를 이해하는 통찰력과 비판적 사고력을 바탕으로 논리적이고 창의적인 탐구가 가능한 학생, 건전한 시민윤리의식, 협동 능력, 다양한 언어 및 문화차이를 이해하고 소통할 수 있는 글로벌 역량을 갖춘 학생
국제관계학 -빅데이터 분석학전공	1.93	외국어 및 사회교과의 성취도가 우수하고 수학, 통계, 소프트웨어에 관심이 있는 학생, 국내·외 정치문제(남북관계, 국제평화 등)에 관심이 많은 학생, 봉사정신이 있는 학생

모집단위	평균 내신	핵심 가치
도시사회학 -국제도시 개발학전공	1.85	외국어 능력이 뛰어나고 전교과에서 균형 있는 성취도를 보이는 학생, 세계질서 및 국제사회현상에 대한 객관적 관찰력을 갖추고 창의적 · 도전적 문제 제기가 가능한 학생, 동아리 활동, 팀프로젝트, 토론과 실습을 통한 학습 등에 적극적인 학생
생명과학- 빅데이터 분석학전공	2.34	기초과학 및 수학과목의 성취도가 우수한 학생 생명현상의 원리를 수리통계적으로 분석하는 데 관심이 많은 학생 성실하고 창의성이 있는 학생
조경- 환경생태 도시학전공	3.3	환경생태적으로 지속가능한 도시에 관심이 많고, 수학(통계), 영어, 과학(물리, 화학), 사회(경제, 지리) 교과 성취도가 우수한 학생, 환경과 공간 문제에 대한 비판적 사고력이 우수하며, 통찰력과 기술활용 능력을 향상시킬 의지가 있는 학생, 의사소통 능력이 우수하고 사회관계 능력과 갈등해결 능력을 갖춘 학생
물리학- 나노반도체 물리학전공	—	수학, 과학의 성취도가 우수한 학생, 첨단기술에 대한 탐구심이 강하고 적극적인 학생, 공동체 발전 및 팀워크를 통한 문제 해결을 중시하는 학생
도시공학 -국제도시 개발학전공	—	기초교과 성취도가 우수한 학생, 도시문제와 공익에 대한 관심이 크고 기획력 및 글로벌 마인드를 갖춘 학생, 의사소통 능력, 창의적 리더십을 갖춘 학생
도시공학- 도시부동산 기획경영학 전공	—	기초교과 성취도가 우수한 학생, 도시문제와 공익에 대한 관심이 크고 기획력 및 창의성을 갖춘 학생, 의사소통 능력, 갈등해결 능력 및 창의적 리더십을 갖춘 학생
조경학과	2.97	기초 교과 성취도가 우수한 학생, 환경과 조경에 대한 관심과 학업 열의가 강하며 과학적 사고와 예술적 소양을 바탕으로 창의력을 갖춘 학생, 의사소통 능력이 우수하며 공익에 대한 의식을 바탕으로 사회적 리더십을 갖춘 학생

모집단위	평균 내신	핵심 가치
환경공학부	2.17	환경문제에 대한 내재적 동기부여가 있으며, 기초 학문(물리, 화학, 생명과학)을 기반으로 공학적 응용 및 문제해결 능력을 겸비한 학생, 주어진 문제에 대한 창의적이고 비판적 사고력을 겸비한 학생, 타인과의 신뢰를 바탕으로 배려와 양보를 실천하며, 스스로에 대한 가치를 인정할 수 있는 학생
공간정보 학과	3.36	수학과 물리, 지구과학, 지리과목에 대한 지식이 풍부하고, 전공이수에 필요한 소프트웨어 및 외국어 능력을 갖춘 학생, 공간정보 분야에 대한 높은 관심을 바탕으로 분석적 사고력과 창의성을 지닌 학생, 의사소통 능력과 갈등해결 능력이 있는 학생
스포츠 과학과	3.09	기초교과 성취도가 우수하며 외국어 능력을 갖춘 학생, 체육 실기 능력이 뛰어나고 도전정신과 적극적인 사고 및 창의적 사고를 갖춘 학생, 스포츠를 통한 복지실현 및 봉사정신을 갖춘 학생

　　서울시립대는 면접 비중이 비교적 높은 편이다. 다만 2018학년까지는 면접평가가 100퍼센트를 차지했다면 2019학년을 기점으로 50퍼센트로 줄어들었다. 또한 2022학년도에는 40퍼센트로 줄어들었다. 이는 곧 대학 입장에서 만족스러운 면접이 이루어지지 않았음을 의미한다. 그러니 면접에 너무 큰 부담을 갖지 마시라! 기본 이상만 하면 된다.

11
이화여자대학교

· 전형분석 ·

전형명	고교추천전형	미래인재전형
선발 방법	(일괄합산) 교과 80% + 면접 20%	(일괄합산) 서류 100%
수능 최저	X	O

1. 고교추천전형 : 면접 있는 교과전형

학생부종합전형이라기보다는 학생부교과전형에 더 가깝다. 독특한 점은 면접이 포함된 일괄 합산 전형이라는 점이다. 즉 일단 지원하면 무조건 면접에 참여해야 한다. 이는 고려대 등 대학이 추천 전형을 대폭 늘린 여파다. 중복으로 합격하는 학생이 늘어나서 충원해야 하는 경우가 역시 많아졌기 때문이다. 하지만 단계별 평가를 시행한다면 1단계에서 선별이 먼저 이루어지기 때문에 충원하기가 힘들어진다. 이화여자대학교처럼 일괄 합산으로 학생을 선발한다면 충원하기가 더 용이해진다. 따라서 이화여대를 지망하는 학생이라면 올해 역시 충원율이 높을 것으로 예상되는 만큼 부담 없이 지원해보길 권한다.

고교추천전형은 여대인 만큼 당연히 여학생만 지원 가능하다. 여학생에게는 아주 좋은 기회라 할 수 있다. 아래 합격자 내신 역시 참고하자.

| 표 1 | **이화여대 고교추천전형 합격자 평균 내신**

인문계	자연계
1.5	1.6

결론적으로 만약 본인의 내신이 1점 중후반대 이상이며 이화여대를 우선순위로 생각한다면 고교추천전형을 고려하자. 이 전형을 특히 강조하는 또 다른 이유는 일선 학교가 이 전형의 존재를 모르는 바람에 학생들이 이 전형을 지원하지 못한 사례를 정말 많이 봤기 때문이다. 잘 활용하도록 하자.

2. 미래인재전형 : 사라진 면접

미래인재전형은 이화여대의 유일한 정성 평가 방식 학생부종합전형이다. 특이한 점이라면 제법 까다로운 수능최저학력기준을 두고 있다는 점이다. 즉, 최종 합격하려면 수능최저학력기준이 당연히 중요하다.

또한 고교추천전형과 마찬가지로 일괄 합산 방식으로 평가 방식이 바뀌었다. 역시 충원을 더 용이하게 하려는 조치다. 또한 이 과정에서 면접이 아

예 사라졌다. 면접이 부담인 학생에게 좋은 소식이다. 그 외 서류 평가 방식
은 여타 대학과 동일하다. 학교생활기록부, 자기소개서, 추천서를 고려해 종
합적인 평가가 이루어진다.

| 그림 1 | 이화여대 미래인재전형 합격자 평균 내신

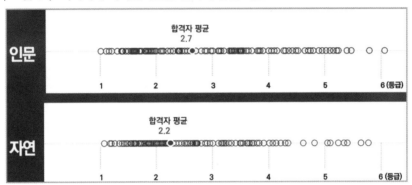

미래인재전형은 학생부종합전형인 만큼 합격자의 내신 등급 분포가 넓은
편이다. 다만 일반고 지원자라면 적어도 1점 후반대에서 2점 초반대 사이의
내신을 맞추는 편이 좋다.

마지막으로 수능최저학력기준을 확인하자.

| 표 2 | 2022학년도 이화여대 미래인재전형 수능최저학력기준

인문계열 : 3개 영역 등급합 6 이내
자연계열 : 3개 영역 등급합 5 이내
의예 : 4개 영역 등급합 5 이내
스크랜트학부(인문 · 자연) : 3개 영역 등급합 5 이내

교육대학편

교육대학교는 초등교사라는 한정된 진로를 목표로 한다는 한계가 있지만 최근의 '취업난'과 맞물려 비교적 임용이 쉽다는 이유로 대폭 경쟁률과 합격선이 높아졌다. 하지만 최근 서울 지역의 임용 계획 인원이 급감하는 등 악재가 등장하면서 상승세는 주춤할 것으로 보인다. 하지만 서울 지역을 고집하는 것이 아니라면 여전히 매력적인 선택지이기에 지금 수준의 경쟁률은 지속될 것으로 보인다. 그렇지 않아도 애초에 인문계열 학생이 교대를 많이 선호했기에 이번 기회에 모든 교육대학교의 입시를 제대로 뜯어본다면 도움이 될 것이다.

2022학년을 기준으로 교대는 선발 인원의 50퍼센트 이상을 수시로 선발한다. 일반 대학과 비교하면 수시로 선발하는 비중이 적다고 볼 수도 있다. 하지만 수시 중 80퍼센트 이상을 종합 전형으로 선발한다는 점에서 주목할 점이 많다. 그리고 교대의 경우 모집 요강을 정확히 확인하는 것이 중요하므로 반드시 최종 모집요강을 확인하자.

01
공주교육대학교

· 전형분석 ·

고교성적우수자	지역인재전형
수능최저학력기준 국어, 수학, 탐구 영역의 등급합이 11 이내 (탐구영역은 2과목의 평균 등급을 반영)	**수능최저학력기준** X
학생부교과전형 **성비 제한 적용** (특정 성별이 70% 이상을 넘지 못함)	학생부종합전형 **성비 제한 적용** X 고교별 2인 추천 가능

1. 지역인재전형

공주교대에서 실질적으로 지원할 수 있는 학생부종합전형은 오직 지역인
재전형뿐이다. 다만 이 전형은 충청남도, 세종특별자치시, 대전광역시 소재
고등학교에서 교육과정을 거쳐야 하며 학교장의 추천(고교당 두 명 이내 추천)
을 받아야 지원할 수 있다. 2019학년을 기점으로 지역인재 선발인원이 20

명에서 70명으로 크게 늘었다. 반대로 다른 지역 학생들도 지원할 수 있는 고교성적우수자전형의 선발인원은 그만큼 줄었다. 따라서 타 지역 학생은 공주교대에 합격하기가 더욱 힘들어질 것으로 예상된다.

지역인재전형은 일반적인 학생부종합전형이다. 먼저 학교생활기록부, 자기소개서, 교사추천서를 활용한 서류 평가로 모집인원의 3배수를 선발하며 최종적으로 서류 평가 성적 50퍼센트에 면접 50퍼센트를 더해 최종 선발이 이루어진다(교대를 지원할 때 어떤 가치를 녹여내면 좋을지는 〈파트 6 사례편〉의 서울교대 합격자를 참고하자).

2. 고교성적우수자

공주교대는 선발인원 중 50퍼센트 정도를 수시로 선발하는데, 조금 줄기는 했지만 여전히 수시 선발 인원 중 60퍼센트를 이 고교성적우수자전형으로 선발한다. 따라서 가장 중요한 전형이라고 해도 과언이 아니다. 평가 방식을 보면 1단계에서 3배수를 선발하는데 이때는 학생부 점수를 400점 만점으로 학생을 평가한다. 평가 비중은 다음과 같다. 결국 교과 전형답게 교과 성적으로만 선발한다는 소리다.

| 표 1 | **공주교육대학교 고교성적우수자 서류 평가요소 및 비율**

	교과 성적	봉사 활동	특별 활동	출결 상황	계
비율	90%	2.5%	2.5%	5%	100%
배점	360	10	10	20	400

여기서 비교과로 분류되는 봉사 활동, 특별 활동, 출결 상황은 정량적으로 '시간'을 기준으로 점수를 결정한다. 봉사 활동은 60시간 이상이면 만점이고 특별 활동은 70시간 이상을 하면 만점이다. 출결 상황은 3개 학년 통틀어서 결석 일수가 2일 이하일 경우 만점이다. 정상적인 고등학교 학생이라면 당연히 충족시킬 수 있는 조건이기에 전혀 걱정할 것 없다. 교과 성적은 전 학년 전 과목이 반영된다. 점수를 어떻게 산정하는지 세부적으로 알고 있을 필요는 없겠지만 석차등급이 3등급 이하로 내려갈 경우 감점 폭이 극도로 커진다는 점은 명심하자. 따라서 모든 과목을 챙기려는 노력이 무엇보다도 중요하다. 어떤 한 과목이라도 버리면 크게 불리하다. 아예 서류 평가 통과자의 합격 점수를 보면서 참고하자.

| 표 2 | 공주교육대학교 고교성적우수자 1단계 합격자 점수 비교

	교과성적 (360점)			봉사활동 성적 (10점)			특별활동 성적 (10점)			출결상황 성적 (20점)			총점 (400점)		
	평균점수	최고점수	최저점수	평균점수	최고점수	최저점수	평균점수	최고점수	최저점수	평균점수	최고점수	최저점수	평균점수	최고점수	최저점수
남	357.05	359.05	355.44	10	10	10	10	10	10	20	20	20	397.05	399.85	395.44
여	357.67	360	356.14	10	10	10	10	10	10	20	20	20	397.67	400	396.14

먼저 봉사 활동, 특별 활동, 출결 상황의 비교과 점수를 보자. 합격자 전원이 만점이다. 기본 중의 기본이라는 소리다. 교과 성적은 커트라인이 3년 동안 꾸준히 상승하고 있다. 또한 여학생은 성비 제한 때문에 커트라인이 항

상 남학생보다 조금 높다. 이를 보기 쉽게 바꾸면 다음과 같다. 물론 이는 추정값이니 참고만 하자.

| 표 3 | **합격자 평균 내신 및 최저 내신 추정값**

	합격자 평균 내신	합격자 최저 내신
남학생	1.39	1.47
여학생	1.3	1.43

02
서울교육대학교

· 전형분석 ·

교직인성우수자전형	사향인재추천전형	학교장추천전형
단계별 평가 방식 1단계) 서류 평가 2단계) 1단계 성적 50% + 면접 50%		1단계) 교과 성적 평가 2단계) **1단계 성적 90%** **+ 면접 10%**
수능최저학력기준 국어, 수학, 영어, 탐구(사탐/과탐) 4개 영역 등급합이 9이내(단, 수학 가와 과탐을 선택한 경우 4개 영역의 합이 11등급 이내), 한국사 4등급 이내	**수능최저학력기준** X	**수능최저학력기준** 국어, 수학, 영어, 탐구(사탐/과탐) 4개 영역 등급합이 9이내(단, 수학 가와 과탐을 선택한 경우 4개 영역의 합이 11등급 이내), 한국사 4등급 이내
지원 자격 없음	**지원 자격** 교사 2인의 추천 필요	**지원 자격** 없음(학교장 추천제도가 있지만 고교별 추천 인원에 제한이 없다). 고등학교 졸업예정자 지원 가능
성비 제한 X		

1. 교직인성우수자전형

서울교육대학교의 가장 대표적인 수시 전형으로 학생부종합전형이다. 2017학년도에 사향인재추천전형이라는 흥미로운 전형이 신설되었지만 교사 두 명의 추천을 받아야 하며 수능최저학력기준이 없다는 점을 제외하고는 교직인성우수자전형과 다르지 않으며 선발 인원도 30명에 불과하기에 따로 다루지 않겠다. 전형 간 복수 지원이 불가능하므로 수능최저학력기준을 정말로 충족할 자신이 없는 경우가 아니고서야 교직인성우수자전형으로 지원하는 것이 일반적이다.

1단계 서류 평가 방식은 우리가 앞에서 배운 학생부종합전형의 전형적인 정성 평가 방식이다. 이렇게 3배수를 선발한 후 2단계에서 1단계 서류 점수를 50퍼센트 반영하고 면접 50퍼센트를 더해 최종 선발이 이루어진다. 이렇게 면접 비중이 매우 큰 방식은 교대 대부분의 특징이기도 하다. 미래의 초등 교사를 선발하는 만큼 면접으로 인성과 가치관, 사회성 등을 확인하고자 함일 것이다.

| 표 1 | **교대 주요 인재상**

교직 인성	• 교사로서 지녀야 할 사명감, 헌신, 사회공헌의지 • 편견이나 고정관념에서 벗어난 긍정적이고 수용적인 태도 • 학교폭력 상황 대응 및 처리 능력과 이후 인식변화 등
교직 적성	• 교직 진로선택에 대한 동기, 교직 관련 활동의 지속성과 열정 • 창의적 사고 능력, 문제발견 및 문제해결 능력 • 리더로서의 자질, 대인관계 능력, 자기성찰 능력 등
교직 교양	• 교직과 관련된 지식의 활용을 통한 논리적이고 공감적인 표현 능력 • 의사소통 능력 등

교대가 요구하는 인재상은 앞의 3가지로 정리할 수 있다. 꼭 서울 교대를 지원하는 경우가 아니라도 일반적인 인재상이니 이를 참고하도록 하자. 이때 서류 평가에서 중요한 두 가지는 바로 교직 인성과 교직 적성이고 특히 중요한 것이 '교직 인성'이다. 교직 교양은 정확히 말하면 면접고사에서 중요하게 평가하는 요소라고 보는 것이 타당하다.

서류 평가에서는 자기소개서와 학교생활기록부를 통해 '왜 교사가 되려 하는지 그 계기와 교사가 되는 데 중요한 어떤 역량을 갖추고 있고 그 역량을 어떻게 계발해왔는지'(교직 적성)를 보여주고 '교사에게 필요한, 다양성을 포용할 줄 아는 마음, 공동체 정신, 배려 정신, 협동 정신, 나눔 정신 등을 얼마나 갖추고 있는지'(교직 인성)를 제대로 표현하는 것이 중요하다.

서울교대에서만 요구하는 인재상도 물론 따로 존재한다. '헌신적 인재'(공동체 의식, 인문학적 소양), '개방적 인재'(글로벌 역량), '전문적 인재'(종합적 사고력, 지식정보처리 역량), '도전적 인재'(리더십, 창의적 사고 역량, 자기관리 역량)가 이에 해당한다. 서울교대는 일반적인 교대와 달리 다양한 역량을 우대한다. 예를 들어 '글로벌 역량'에 집중해 외국어 특화 교사를 목표로 한다든지, '종합적 사고력'에 집중해 통합적 역량을 갖춘 과학 전문 교사를 목표로 한다든지가 가능하겠다.

서울교대는 수시의 모든 전형에서 성비를 제한하지 않는다. 다만 이공 계열 학생을 우대하는 경향이 있으니 참고해두자. 이는 수능최저학력기준에서 드러난다. 수학 가와 과학탐구를 선택했다면 4개 영역 합 11등급만 맞춰도 된다(이전에는 10등급이었는데 이를 11등급으로 조정한 것은 영어가 절대 평가로 되었다는 사실과 함께 고려했을 때 엄청난 우대임을 알 수 있다).

합격자들의 내신은 대부분 1.4등급에서 1.9등급 사이에 분포돼 있다. 다만 최근에 경쟁률이 급상승하고 있는 만큼 교과 내신을 점점 더 많이 요구할 것으로 예상된다.

2. 학교장추천전형

학교장추천전형은 학생부교과전형에 해당하기 때문에 내신의 중요성이 강조된다. 학년별 가중치, 과목별 가중치 없이 모든 과목을 일률적으로 평가한다.

| 표 2 | **서울교대 학교장추천전형 교과목별 등급점수 계산법**

	1등급	2등급	3등급	4등급	5등급	6등급	7등급	8등급	9등급
점수	8	7	6	5	4	3	2	1	0

표처럼 정량 평가다. 합격선은 매우 높다. 비록 면접 비중이 다소 증가하기는 했지만 앞으로도 합격자 평균 내신은 1.05에 수렴할 것으로 예상된다. 사실상 1.1 정도가 컷이라고 볼 수 있다.

03
경인교육대학교

· 전형분석 ·

교직적성잠재능력우수자
평가방식 1단계) 서류 평가 100% 2단계) 1단계 성적 70% + 면접 30%
수능최저학력기준 X
성비 제한 적용 X

1. 교직적성잠재능력우수자

경인교육대학교는 선발인원의 70퍼센트를 수시로 선발한다. 수시 선발인원 중 100퍼센트가 학생부종합전형이다. 그렇기 때문에 선발인원 수 또한 상당히 많다. 2016학년도를 기점으로 수능최저학력기준 또한 폐지했다. 교직적성잠재능력우수자전형은 기본적으로 학생부종합전형인 만큼 자기소개서와 학교생활기록부를 가지고 평가한다. 서류에서 교직 기초지식, 책임감 및 성실성, 교직소양 능력, 자기관리 능력, 나눔과 배려, 협동심, 소명감, 교직인성 및 교직적성 등을 평가한다. 이를 평가 영역을 기준으로 정리하면 다음과 같다.

| 표 1 | **경인교대 교직적성잠재능력우수자전형 평가 기준**

평가기준	전형자료	평가요소
교직 기초 지식 역량	학교생활기록부 교과 활동	전 과목 교과 내신 성적 심화과목 이수 여부 세부능력 및 특기사항
교직인 · 적성 역량	학교생활기록부 비교과 활동	교내 활동(창의적 체험 활동, 교과 활동 상황 등), 출결, 수상 경력, 독서 활동, 진로희망사항, 봉사 활동, 행동특성 및 종합의견 등
	자기소개서	전형적인 정성 평가가 이루어진다. 다만 1번 문항에서 꼭 교직 소양이 드러날 필요는 없다는 점만 주의하자.

사실 다른 교대와 크게 다르지 않다. 다만 경인교대 입학처에서 '경인인재상' 세 가지를 동영상으로 제공하고 있으니, 경인교대를 지망한다면 반드시 확인하고 익히자.

1단계를 통과한 후 2단계에서 면접이 진행된다. 면접 비중이 2018학년부터 50퍼센트에서 30퍼센트로 줄어들었지만 여전히 중요하다.

| 표 2 | 경인교대 교직적성잠재능력우수자전형 면접 방식

면접 방식	평가방법	평가기준
개인 면접(10분)	학교생활기록부, 자기소개서를 기반으로 활동 내용 확인 및 교직 인성, 교직 적성 평가	교직 적성 교직 인성
집단 면접(35분)	대학에서 제시하는 문항에 대하여 제한된 시간 동안 조원 간 의사소통을 통해 문제해결 및 발표	창의성 문제해결능력 의사소통능력 협동 정신 리더십

개인 면접은 우리가 아는 일반적인 면접과 같으니 별 다른 설명이 필요 없을 것이다. 많은 학생들이 걱정하는 부분은 집단 면접이다. 어떻게 진행되는지 자세히 살펴보자.

6~7명이 한 조로 배정받는다. 그 후에 큰 책상을 놓고 같이 앉아 구체적으로 면접이 어떻게 진행되는지 설명을 듣는다. 여기까지 약 3분 정도가 소요된다. 그 후 25분 동안 주어진 문항에 대한 토론을 시작한다. 문항은 보통 한 가지 개념과 상반된 두 입장을 제시한다. 학생들은 이를 기반으로 각 입장을 대변하는 논거를 세 가지씩 제시하고 마지막으로 이를 고려한 해결책을 세 가지씩 제시하거나 혹은 각 입장을 정리해야 한다. 면접관이 면접 종료 시간을 총 세 차례 구두로 알려주니 남은 시간만 바라보지 않길 바란다. 그리고 발표자와 발표 방법을 결정해 남은 7분 동안 발표자가 발표한다. 집단 면접을 실시하는 이유는 간단하다. 초등 교사는 기본적으로 '교실'이라는 공간에서 '초등학생'이라는 공동체와 마주해야 한다. 그런 집단적 상황에서 어떻게 조율하고 어떻게 교실을 이끌 것인지를 평가하고자 집단 면접을 실

시한다. 따라서 집단 면접 과정에서 논거 세 가지씩을 잘 선정하는 것도 중요하지만 토론과 토의 과정 그 자체도 중요함을 염두에 두어야 한다. 조원 간 의견 교환이나 역할 분담을 하면서 협동 정신과 균형 잡힌 리더십을 발휘하도록 하자.

합격자들의 내신 분포는 다음 표에서 확인할 수 있다.

| 표 3 | 경인교대 교직적성잠재능력우수자전형 지원자 그리고 합격자 교과 내신 통계

교과 평균 등급	지원자		최종 등록자	
	해당 인원	비율	해당 인원	비율
1.0 ~ 1.49	725	37.4%	240	75.2%
1.5 ~ 1.99	676	34.8%	76	23.8%
2.0 ~ 2.49	256	13.2%	2	0.6%
2.5 ~ 2.99	127	6.5%	1	0.3%
3.0 ~ 3.49	50	2.6%	0	0%
3.5 ~ 3.99	45	2.3%	0	0%
4.0 ~ 4.49	18	0.9%	0	0%
4.5 이상	43	2.2%	0	0%

지원자의 내신 분포는 다양하지만 최종 등록자, 즉 최종 합격자의 내신 분포는 매우 한정적이다. 경인교대를 지망한다면 교과 내신이 1.5 이상일 때 유리하고 2.0 미만이라면 가능성이 극도로 낮아진다는 점을 절대 잊지 말아야겠다.

04
춘천교육대학교

· 전형분석 ·

교직적 · 인성인재	강원교육인재
평가 방식 1단계) 서류 평가 100% 2단계) 1단계 성적 60% + 면접 평가 40%	
수능최저학력기준 ○ **(4개 영역 등급 합 14이내, 한국사 등급 4이내)**	
성비 제한 적용 X	
지원 자격 X	**지원 자격** 강원도 내 소재 고등학교에서 전 교육과정을 이수

1. 교직적·인성인재전형 & 강원교육인재전형

춘천교대 역시 수시에서 모든 인원을 학생부종합전형으로 선발한다. 그리고 2017학년을 기점으로 석우인재전형(현재는 교직적·인성인재전형) 선발

인원을 두 배 이상 늘렸지만 그 이후로 조금씩 선발 인원을 줄여서 현재는 96명만 선발한다.

석우인재전형과 강원교육인재는 지원 자격을 제외하고는 차이가 없다. 성비 제한도 적용하지 않으며 수능최저학력기준도 없다. 따라서 한 번에 설명하도록 하겠다. 1단계 서류 평가는 일반 교대와 동일하다. 교과 성적은 모든 교과목을 평가하며 학년별, 과목별 가중치는 없다. 교과 성적이 일정하게 상승하는 경향이 뚜렷한 경우를 매우 긍정적으로 평가하며 또한 특정 과목의 성적이 타 과목에 비해 크게 떨어지는 것을 매우 부정적으로 평가하는 듯하다. 구체적인 평가 기준은 다음과 같다.

| 표 1 | **춘천교육대학교 학생부종합전형 서류 평가 기준 (1)**

평가영역	평가요소
변혁적 지성(학업 역량)	학업 역량, 교과 성적 추이, 자기주도성, 창의력, 탐구 역량, 탐구열정
탁월한 품성(인성, 공동체정신)	리더십, 봉사정신, 공감정신, 소통 역량, 성실성
발전 잠재력	성장 가능성, 교직 적합성, 자기주도성, 자기효능감(긍정적 자존감), 도전정신

위 3가지 가치를 A, B, C, D, E 다섯 개의 지표로 구분해 정량적으로 평가한다. 여기서 배점은 '발전 잠재력 > 변혁적 지성 > 탁월한 품성' 순이다. 발전 잠재력에서 C 이하의 평가를 받는다면 합격 가능성이 거의 0에 가까워진다. 적어도 세 가지 지표에서 모두 최소한 B 이상의 평가를 받아야 합격할 수 있다. 아예 평가표를 직접 눈으로 보면서 확인해보자.

| 표 2 | 춘천교육대학교 학생부종합전형 서류 평가 기준 (2)

평가영역	배점	A	B	C	D	E
		1	0.9	0.8	0.7	0.6
변혁적 지성	34	34	30.6	27.2	23.8	20.4
탁월한 품성	28	28	25.2	22.4	19.6	16.8
발전잠재력	38	38	34.2	30.6	26.6	22.8
합계	100	100	90	80	70	60

결국 변혁적 지성은 학업 역량, 탁월한 품성은 교직 인·적성을 의미한다. 마지막으로 가장 중요한 발전 잠재력은 학교생활기록부의 창의적 체험 활동, 세부능력 및 특기사항 그리고 자기소개서에 선명하게 드러나는 교직에 대한 전공적합성, 적극적 태도를 가지고 평가하려 한다. 얼마나 구체적으로 교사라는 직업을 고민해왔는지를 잘 보여줄 필요가 있다.

춘천교대 학생부종합전형의 합격자 내신은 대부분 1.3등급~2.0등급 사이에 분포돼 있으니 참고하자. 또 교직적 · 인성인재전형은 강원교육인재전형보다 경쟁률이 조금 더 치열하므로 더 높은 내신을 요구한다는 점 역시 참고하자. 특히 면접 평가 비중을 줄여나가고 있으므로 교과 내신의 중요성은 점점 높아질 것으로 예상한다.

05
전주교육대학교

· 전형분석 ·

고교성적우수자	교직적성우수자	지역인재선발
평가 방식 1단계) 교과 성적 90% + 출결 10% 2단계) 1단계 성적 90% + 면접 평가 10%	**평가 방식** 1단계) 교과 54% + 출결 6% + 서류평가 40% 2단계) 1단계 성적 50% + 면접 50%	
수능최저학력기준 국어, 수학, 영어, 탐구, 한국사 5개영역 합이 13등급 이내	**수능최저학력기준** 국어, 수학, 영어, 탐구, 한국사 각 영역별 등급 4등급 이내, 영어 2등급 이내	
성비 제한 적용 X		
지원 자격 X		**지원 자격** 전라북도교육감의 추천(전라북도교육감추천전형에 지원할 경우 타전형에 중복지원 불가능)
학생부교과전형		학생부종합전형

전주교육대학교는 여전히 수시로 선발하는 비중이 매우 낮다. 전주교대를 희망한다면 정시를 목표로 하는 편이 더 나을 수도 있다. 특히 유일한 학생부종합전형인 지역인재선발전형은 10명도 안 뽑기 때문에 그나마 많이 선발하는 고교성적우수자전형을 위주로 소개하겠다.

1. 고교성적우수자전형

수능최저학력기준이 주요하게 작용하는 학생부교과전형이다. 평가 방식 또한 매우 정량적이고 단순하다. 1단계 서류 평가에서 900점 만점으로 교과 내신을 평가한다. 이 중 810점이 교과 성적이고 90점이 출결 점수다. 출결 점수는 결석일을 기준으로 1일 이하면 감점이 없다. 교과 성적은 급간 감점 폭이 크지는 않지만 애초에 선발 인원이 많지 않기 때문에 합격자의 평균 내신 또한 약 1.45등급 정도로 높은 편이다. 2단계에서 위의 900점에 면접 점수 100점을 더해 총 1000점으로 최종 선발을 하는데 대부분 기본 점수를 받으며 통계상 아무리 못해도 85점 이상은 받는다. 면접은 약 3분에서 4분 내외로 아주 짧게 치러진다. 따라서 중요한 변수라고는 절대 볼 수 없으며 수능최저학력기준이 가장 중요한 기준이다.

2. 지역인재선발전형

적게 뽑고 적게 지원하는 학생부종합전형이다. 마찬가지로 수능최저학력기준이 가장 중요하다. 서류 평가 500점 만점으로 교과 성적과 출결상황이

300점, 100점이 자기소개서와 교사추천서, 100점이 비교과 점수다. 학교
생활기록부와 자기소개서를 구분해 별도의 배점으로 평가하는 특이한 평가
방식이다.

출결 점수 평가 방식은 앞의 고교성적우수자전형과 일치한다. 교과 성적
도 정량적으로 평가하며 그 평가 방식 역시 고교성적우수자전형과 같다. 2
단계에 치르는 면접은 고교성적우수자전형과 달리 50퍼센트로 비중이 매
우 높다. 또한 10분에서 15분 동안 제법 깊이 있게 진행된다. 합격자의 평균
내신은 1.5 정도에 수렴하니 지원할 생각이라면 참고하자. 교직적성우수자
전형도 있지만 선발인원이 열 명에 불과하며 선발방법이 지역인재선발전형
과 다르지 않기 때문에 더 이상 설명하지 않겠다.

06
대구교육대학교

· 전형분석 ·

참스승 전형	지역인재 특별전형
평가방식 1단계) 서류 평가 100% 2단계) 1단계 성적 70% + 면접 30%	
수능최저학력기준 X (단, 수능은 응시해야 한다)	
성비 제한 적용 특정 성별이 70% 이상을 차지할 수 없다.	
지원 자격 별도로 없음	**지원 자격** 대구 · 경북지역 소재 정규 고등학교에서 전 교육과정을 이수하고 고등학교장의 추천을 받은 자

1. 참스승 전형 & 지역인재특별전형

전형적인 학생부종합전형이다. 본래 210명을 선발했지만 지역인재특별

전형이 신설되면서 130명에서 70명으로 점차 감소했다. 따라서 앞으로 더욱 경쟁이 심해질 것으로 예상된다. 지역인재특별전형은 이름 그대로 지역에서 인재를 뽑는 전형으로서 평가 방식은 참스승전형과 동일하다.

| 표 1 | 대구교육대학교 서류 종합평가 평가기준

		평가역량	평가내용
P	서류평가	개인·사회적 역량 (Personal and Social traits)	자신과 타인에 대한 이해와 배려, 협업능력을 포함하는 인성역량
R		교직소양 (Recognition to teaching(education))	초등교직에 대한 기본적인 자세, 의지와 사명감
I		창의적 지식활용 역량 (Innovative knowledge utilization)	대학 교육과정의 우수한 이수를 가능하게 하는 주도적이고 유연한 학습역량
M		교직수행 역량 (Mastery of teaching)	초등교사 직무 수행에 필요한 필수적인 리더십, 교수역량을 포함한 전공역량

서류 평가 방식은 여타 교대의 학생부종합전형과 크게 다르지 않다. 2단계에서는 1단계 성적을 70퍼센트 반영한 후 30퍼센트는 심층 면접 점수를 반영한다. 하지만 최근에는 면접의 비중이 점점 줄어들고 있으니 크게 부담 갖지는 말자. 면접 방식은 대부분의 교대와 크게 다르지 않다.

| 표 2 | 대구교육대학교 면접평가 평가기준

		평가역량	평가내용
A	면접평가	의사소통능력 (Ability of communication)	질문 및 상황에 대한 이해력과 논리적 유창한 언어적 표현력
R		문제해결능력 (Reacting to Problem solving skills)	질문 및 상황의 체계적 분석을 통한 창의적 문제해결능력
Y		교직소양 및 인성 (Yesrlong focus on education and identity(persona))	교직에 대한 기본적인 이해와 교직관련 인성

최종 합격자들의 내신은 1.14에서 1.85 정도이며 평균 내신은 1.5다.

07
한국교원대학교

· 전형분석 ·

학생부종합우수자
평가 방식 1단계) 서류 평가 100%(교과 성적 25% + 서류 종합 평가 75%) 2단계) 1단계 성적 80% + 면접 20%
수능최저학력기준 **초등교육과** : 없음 **체육교육과** : 국어(수학), 영어, 탐구 영역 등급합 9 이내 **그 외 학과** : 국어, 수학, 영어, 탐구 영역 등급합 13 이내

　　한국교원대는 교사 양성을 목적으로 하는 국립대로 초등 교사뿐 아니라 모든 교육 관련 학과를 보유하고 있다. 학생부종합전형으로는 학생부종합우수자가 있다.

1. 학생부종합우수자

수시에서 가장 많은 인원을 선발하는 전형으로 수능최저학력기준이 복잡하므로 제대로 알아두도록 하자.

서류 평가는 전형적인 학생부종합전형 방식을 따른다. 합격자들의 평균 내신은 1.4에서 1.5 정도로 예상된다.

면접은 개별 면접인데 일반적인 방식으로 10분 동안 이루어진다. 이전의 경우를 보면, 면접실에 입실하기 전에 10분 동안 문항에 대한 답변을 정리, 작성할 수 있는 시간이 주어진다. 그 후 입실하여 3분 동안 발표할 수 있다. 발표에 대한 질의응답이 3분 동안 진행되며 마지막으로 자기소개서와 학교생활기록부를 토대로 학생의 활동에 대한 질의응답이 4분 동안 이루어진다. 확실한 교사관을 가지고 면접에 임한다면 대부분 좋은 평가를 받는다. 또한 면접 비중이 낮기 때문에 면접에서 좋은 결과를 얻지 못했는데도 합격한 경우가 많다.

08
부산교육대학교

· 전형분석 ·

지역인재	초등교직적성자
평가 방식 1단계) 서류 평가 100% 2단계) 1단계 성적 60% + 면접 40%	
수능최저학력기준 X (단, 수능 응시 필수)	
성비 제한 적용 특정 성별이 65% 이상을 차지할 수 없다.	
지원 자격 부산, 울산, 경남 지역에서 고등학교 전 교육과정 3년을 완료하고 학교장 추천을 받은 자일 것(고교당 3인까지 추천가능)	**지원 자격 X**

1. 초등교직적성자전형 & 지역인재전형

면접 과정의 차이점과 지원자격을 제외하면 평가 방식은 매우 흡사하므로 두 전형을 한 번에 다루도록 하겠다. 서류 평가부터 살펴보자. 서류 평가는 100퍼센트 종합적인 정성 평가로 이루어지며 아래 같은 기준이 있다.

| 표 1 | **부산교육대학교 학생부종합전형 서류 평가 기준**

평가 항목		평가 내용
P	실천 의지(Practicing will)	적극적 참여 경험, 실천 의지
A	학업 역량(Academic competence)	기본적 수학능력, 학업 성취도
S	공감 인성(Sympathetic character)	공감 능력, 타인 배려
S	주체적 리더십(Self-leadership)	자기주도성, 지도력

| 표 2 | **부산교육대학교 학생부종합전형 면접 평가 기준**

평가 항목		평가 내용
C	창의 지성(Creative intelligence)	융·복합 역량, 유연한 사고력
O	교직 가치관(Occupational value)	바른 교사상, 교육적 가치관
M	상호 협력(Mutual cooperation)	소통 능력, 문제해결 능력

냉정하게 말하면, 말은 그럴 듯 하지만 별 내용이 없다. 실제 도움이 될 만한 구체적인 평가 기준을 제시할 테니, 이를 함께 놓고 참고하길 바란다.

| 표 3 | 부산교육대학교 학생부종합전형 서류 평가 기준

인재상 지표	평가 항목	평가 내용	중요 가치
다양한 재능	교직 관련 재능 및 특기	학업, 교직 관련 재능 및 개인 특기가 있으며 이를 통한 실천이 있는가?	학업 역량, 학업 열정
인성 1	내재화된 인성	예비 초등 교사로서의 긍정적 자기 이해 및 타인 이해를 가지고 있는가?	배려 정신, 협력 정신, 공감 정신, 나눔 정신
교직 적성	교직 적성 및 탐색 비교과 영역 활동	교직에 대한 소명과 검증 노력이 있는가? 비교과 영역 활동과 관련하여 자발성과 적극성이 있는가?	적극적 태도, 교직에 대한 적성
학업 성실성	학생부 교과 발달 사항	예비 초등 교사로서 기본적 수학 능력이 있으며 전 교과에 대한 성취도 및 성실함이 있는가?	고르게 높은 교과 내신, 학업 역량, 학업 열정
인성 2	외현화된 인성	예비 초등 교사로서 교직 공동체에서 구성원을 지도할 수 있는 공동체 리더십이 있는가?	공동체 정신, 리더십

위 다섯 개의 평가 항목을 토대로 평가하는데 표에 나열된 중요 가치가 학교생활기록부와 자기소개서에 잘 부각돼 있어야 좋은 평가를 받는다. 가장 중요한 지표를 뽑자면 '다양한 재능'이고 그 다음은 인성 1, 교직 적성, 학업 성실성, 인성 2 순이라 하겠다. 마찬가지로 교대이기 때문에 기본적으로 높은 교과 성적을 요구하는데, 이는 학업성실성 지표에 해당한다. 합격자의 평균 내신은 표와 같다.

| 표 4 | 부산교육대학교 학생부종합전형 합격자 평균 내신

구분	남학생(최저)	여학생(최저)
초등교직적성자	1.96(2.60)	1.76(3.11)
지역인재	1.59(2.36)	1.52(2.48)

　　지역인재는 합격선이 조금씩 상승하고 있으나 초등교직적성자는 합격자 평균 내신이 몇 년째 일정하게 유지되고 있으니 참고하자. 최소 2점 초반대 내신을 갖춘 후에 지원하는 편이 안전하다.

09
광주교육대학교

• 전형분석 •

전라남도교육감추천	교직적성우수자
평가 방식 1단계) 서류 평가 100% 2단계) 1단계 성적 60% + 심층 면접 40%	
수능최저학력기준 X (단, 수능 응시 필수)	
성비 제한 적용 X	**성비 제한 적용** 특정 성별이 60% 이상을 차지할 수 없다
지원 자격 전라남도 소재 고등학교 졸업(예정)자로서 학교장 및 전라남도교육감 추천을 받은 자 ※ 농어촌 지역과 도서 지역 구분하여 선발 　(농어촌 30명, 도서 5명)	**지원 자격 X**

1. 전라남도교육감추천전형 & 교직적성우수자

전라남도교육감추천전형은 전형적인 지역 인재 전형이고 교직적성우수
자전형은 일반적인 학생부종합전형이다. 별 특이사항은 없다. 합격자들의
평균 내신을 살펴보자.

| 표 1 | **광주교육대학교 학생부종합전형 합격자 평균 내신**

구분	평균	최저
교직적성우수자	1.58	2.39
전라남도교육감추천전형(농어촌 지역)	1.53	2.14
전라남도교육감추천전형(도서 지역)	1.97	2.49

기본적으로 최소 1점 후반대의 내신을 갖추고 지원하도록 하자. 면접도
일반적인 개별 면접으로 진행되고 난도가 높은 편이 아니니 크게 걱정할 필
요 없다.

10
진주교육대학교

· 전형분석 ·

지역인재선발	21세기형교직적성자선발
평가 방식 1단계) 서류 평가 100% [2.5배수] 2단계) 1단계 성적 70% + 면접 30%	
수능최저학력기준 X (단, 수능 응시 필수)	
성비 제한 적용 특정 성별이 80% 이상을 차지할 수 없다.	
지원 자격 경상남도, 부산광역시, 울산광역시 소재 국내 정규 고등학교 3년 전 과정을 이수한 졸업(예정)자	**지원 자격 X**

지역인재선발은 앞에서 다룬 다른 지방교육대학교의 지역 인재 전형과 일치한다. 따라서 이번에도 별도로 다루지는 않겠다. 평가 방식은 21세기형

교직적성자선발과 일치한다.

1. 21세기형교직적성자선발

교과 성적 반영 비율이 40퍼센트에서 30퍼센트로 감소한 것에 이어 결국은 아예 정량적으로 반영되지 않는다. 오직 종합적인 서류 평가만 이루어진다.

서류 종합 평가 방식은 다른 교육대학교와 큰 차이가 없다. 학교생활기록부, 자기소개서, 교사추천서를 가지고 평가하며 창의성, 탐구 역량, 탐구 열정, 공감 정신, 공동체 정신, 배려 정신, 나눔 정신, 협력 정신, 적극적 태도, 자기주도성, 교직 적성과 같은 가치들을 중요시한다. 2단계에서는 1단계 성적 70퍼센트에 면접 성적 30퍼센트를 더해 평가 하는데, 면접점수에 개별 면접과 집단 면접이 같은 비율로 반영된다. 설문 형태의 적성검사도 실시하나 이는 평가에 포함되지 않는다. 정상적으로만 응시하면 된다. 개별 면접은 10분 내외로 이루어지며 교직 적성에 대한 질문과 활동을 확인하는 질문을 한다. 그리고 학생이 얼마나 뚜렷한 교사관과 긍정적인 자세를 가지고 있는지 평가한다. 다른 교대의 면접 방식과 크게 다른 점은 없다. 다른 교대와 마찬가지로 면접 평가 비중을 점차 줄여나가고 있다. 이는 그만큼 면접에 부담을 갖지 않아도 된다는 얘기다.

합격자 내신은 굉장히 범위가 넓지만 그래도 1등급대를 갖추고 지원하자. 합격자의 평균 내신은 약 1.6이니 참고하자.

11
청주교육대학교

· 전형분석 ·

충북인재전형	배움나눔인재
평가 방식 1단계) 서류 평가 100% 2단계) 1단계 성적 60% + 면접 40%	
수능최저학력기준 X	
지원 자격 충청북도에 소재한 고등학교에서 전 교육과정을 이수한 졸업(예정)자	**지원 자격 X**
성비 제한 적용 X	**성비 제한 적용** 특정 성별이 75% 이상을 차지할 수 없다

1. 배움나눔인재 & 충북인재전형

두 전형의 평가 방식은 동일하다. 사실 이전의 유일한 종합 전형이던 지역우수인재선발전형(현 충북인재전형)은 교과 성적과 출결 점수, 봉사 활동 점수를 정량화해 평가에 반영했다. 출결 점수는 2일 결석까지 만점으로 처리됐으며 봉사 활동 점수는 60시간 이상일 때 만점으로 처리됐다. 당시 합격선은 1.7에서 1.8 사이에 위치해 있었다. 이는 온전한 종합 평가로 전환된 지금도 크게 달라지지 않을 것으로 예상된다.

2단계에서는 1단계 성적에 면접 평가 점수를 더한다. 상대적으로 면접이 다소 어렵다는 평이 많다. 면접 방식이 언제든지 달라질 수 있으니 다음 내용은 참고만 하자. 일단 주어지는 제시문이 상당히 길다. 보통 A4지로 4장에서 5장 정도 되는 제시문을 준다. 20분 동안 읽을 시간을 주며 주로 한국 교육과 관련된 사회적 문제가 주제로 제시된다. 지문 내용과 초점을 빠르게 파악해서 문제점을 정리하고 그에 대한 해결방안을 고민해야 한다. 20분이 지나면 10분 동안 발표 시간을 주며 칠판을 활용할 수 있으니 이를 적극적으로 잘 이용해보자.

이때 평가자는 지원자가 지문을 읽고 얼마나 문제를 잘 이해하고 초점을 파악했는지를 평가한다. 또한 그에 관련해서 얼마나 창의적이고 합리적인 해결방안을 내놓는지를 보고 문제해결 능력을 평가한다. 마지막으로 발표를 통해 얼마나 논리적으로 자신의 생각을 잘 전달하는지도 평가한다.

2022년 현 고3에게 적용되는
대입자기소개서 양식에 맞추었다!

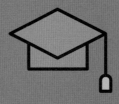

PART 6

주요대학 합격자의
자기소개서 정밀 분석

신유형편 : 자소서 양식이 바뀔 때마다 많은 혼란이 따른다. 기존 양식에 맞춘 자소서 사례로는 도움을 받지 못하는 친구들이 많기 때문이다. 이에 독자들이 쉽게 이해할 수 있도록 최신 사례를 추가했고, 이 사례를 '2022학년도 신 양식에 맞춘다면 어떻게 쓸 수 있을지' 저자가 예상해 '신유형편'을 추가했다. 신유형편에서 기존의 자기소개서가 어떻게 변화하는지 보면서 스스로 자신의 사례를 어떻게 사용할지 생각해 보면 좋다.

심화편, 일반편 : 더하여 심화 지식을 얻거나 심도 있는 학습을 보조하려고 동아리 활동을 하는 학생도 있겠지만 반대로 동아리가 관심의 시작이 되는 친구도 있을 것이다. 그래서 단순히 사례로만 볼 것이 아니라 어떤 맥락에서 이런 자기소개서가 나왔는지를 알 수 있어야 한다. 따라서 자기소개서만 달랑 제공하지 않고 '심화편', '일반편'에서는 학생들의 학생부와 활동 정리 목록을 제공해 맥락을 전달하고 상세히 해설하고자 했다.

01
신유형편

성균관대학교 사회과학계열
2021학년도 비서울 일반고등학교

이 학생은 비서울 일반고에서 1점 중반대 내신이었다. 활동이 굉장히 많은 학생이었고, 오랜 기간 동안 컨설팅을 하며 진로 방향을 함께 설정한 학생이었으므로 진로와 관련된 활동도 탄탄했다. 이 사례는 보여줄 것이 많은데 자소서 문항을 어떻게 풀어내야 할지 어려워하는 학생들이 보면 좋을 것 같고, 특히 본인의 성과와 수상들을 어떻게 자소서에 제시해야 하는지 모르는 학생이 보면 좋다. 또 자기소개서 분량이 2022학년도 자소서 양식부터 줄어드는 만큼 줄어든 서술 속에서 많은 내용을 어떻게 전달하는지 변화를 유심히 살펴보면 좋다.

자기소개서

01

고등학교 재학 기간 중 학업에 기울인 노력과 학습 경험에 대해 배우고 느낀 점을 중심으로 기술해 주시기 바랍니다.(1,000자 이내)

❶ 3년간의 사회공부는 지역적인 것에 미래사회의 방향이 있음을 가르쳐 주었습니다. ❷ 정치와 법 시간에 '플랫폼 노동의 미래'라는 주제로 발표를 했습니다. 플랫폼 노동자는 근로기준법상 근로자로 인정받지 못하는 근로자인데, 자유로우면서도 종속돼 있는 성격이 공존하면서 근로복지의 사각지대에 놓여 있었습니다. 특히 노동과 자영의 중간적 노동을 인정하는 유럽과 달리 우리나라는 근로형태의 구분이 유연하지 못해 용역, 파견 근무 등 편법적인 근무형태 탓에 오히려 사각지대에 놓인 노동자가 더 많다는 것을 알게 됐습니다. 그러나 이들을 정규직화하는 등 무조건 유럽을 따라하는 정책은 학벌과 고용형태에 따른 차별이 심각한 현재 상황에서 강행하기 어려운 방법임을 최근 사건을 탐구하며 알게 됐습니다. 따라서 사람들의 인식에 거부감이 없고, 고용주의 부담도 덜 수 있는 제도가 필요함을 내용으로 발표했고, ❸ 이를 통해 법과 제도를 만드는 데에도 해당 사회의 맥락, 제도를 바라보는 구조적 시선 등 지역, 국가적 특성을 고려해야 함을 배웠습니다.

❹ 동아시아사 시간에는 〈흔들리는 세계의 축〉을 읽었는데, 아시아 국가들이 자신들의 고유한 정체성을 바탕으로 포스트 아메리카 시대를 열어가는 모습에 대해 발표했습니다. 중국은 공동체주의적이고 폐쇄적인 국가 운영으로 샤오미나 웨이보 같이 자국 회사가 성장할 수 있는 바탕을 제공해 단기간에 미국 나스닥 기업과 경쟁할 수 있는 규모로 기업을 키우고, 저렴한 노동력을 바탕으로 제품의 세계적 유통을 단기간에 점유하는 등 기존 서구 국가

와 다른 방식으로 패권을 장악하는 사례들을 탐구했습니다. ❺ 한국도 최근 K-pop과 같이 한국적임을 토대로 세계적 경쟁력을 갖추는 사례들을 보며 미래 사회에서 패권을 경쟁하는 면에서 자신의 지역성이 좋은 경쟁력이 됨을 느낄 수 있었습니다.

❻ 이런 독서와 탐구로 사회 교과에서 좋은 성적을 거뒀고 무엇보다 지역의 문제부터 경쟁력까지 파악하는 지역 전문가가 돼 세계적 분쟁이나 국제적 이슈 해결에 기여하는 전문가라는 꿈을 갖게 됐습니다.

📝 분석포인트

❶ 첫 문장에서 뒤에 나올 내용을 명확히 압축 전달하고 있다. '사회 공부'라는 키워드로 지적 호기심과 관련된 내용임을, '지역적인 것에 방향이 있다'라는 문장으로 진로 목표와 관련 있음을 암시하고 있다.

❷❹ '정치와 법 시간', '동아시아 시간'이라는 표현은 탐구활동이 교육과정 내에 있음을 명확히 밝힌 것이다. 지적 호기심을 드러낼 때는 항상 계기가 중요한데 언제나 가장 좋은 계기는 학교 교육 과정에 충실히 임하면서 호기심을 발휘하는 것이다.

❸❺ 과정을 자세하게 서술하는 것은 물론 느낀 점도 구체적으로 제시하고 있다.

❻ 1번에서는 진로에 대한 이야기가 나오는 것이 좋다. 특히 이 학생은 꿈이 '지역문제전문가'로 다소 일반적이지 않은데, 이렇게 일반적이지 않거나 구체적으로 탐색한 꿈일수록 가능한 한 1번에서 꿈에 대한 설명이 이루어져야 평가자가 뒤에 나오는 자소서 문항을 지원자의 꿈이라는 맥락 속

에서 읽을 수 있다.

02

**고등학교 재학 기간 중 본인이 의미를 두고 노력했던 교내 활동을
배우고 느낀 점을 중심으로 3개 이내로 기술해 주시기 바랍니다.
단 교외 활동 중 학교장의 허락을 받고
참여한 활동은 포함됩니다.**(1,500자 이내)

❶ 사회문화 공부는 연구에 대한 비판적 시각을 길러 주었습니다. 2학년 클러스터 시간에 '미디어 리터러시 교육과 가짜뉴스'에 대한 탐구를 진행했습니다. 당시에 독일과 미국의 연구를 참고해 미디어 리터러시 교육이 늘어남에 따라 가짜뉴스 수용도가 낮아진다는 결론을 도출했습니다. ❹ 이후 사회문화 시간에 미디어 리터러시를 심도 있게 탐구했는데, 미디어 리터러시에도 생산, 소비, 기능, 비판 리터러시라는 종류가 있음을 배웠습니다. 종류별로 교육의 목표와 효과가 달랐는데, 2학년 때 본 연구에서는 각각의 차이를 고려하지 않은 점이 떠올랐습니다. 그래서 다른 연구를 찾아보니 기능적 소비 리터러시는 가짜뉴스 수용과 부의 관계를, 비판적 생산 리터러시는 정의 관계를 나타냄을 보며 2학년 때 선행연구는 물론 제 연구의 결론도 잘못됐음을 알았습니다. 이에 선행연구 저자에게도 리터러시의 종류를 고려하지 않은 이유를 질문하는 메일을 보내고, 제 연구의 결론도 수정했습니다. 이 과정에서 연구를 할 때는 끝없이 비판적으로 성찰하고, ❺ 열린 자세를 가져야 함을 배웠고, 여기서 비판적 시각을 길러 시사논평대회에서도 수상했습니다.

❷ 2학년 '○○○○ ○○○○ 프로젝트' 대회는 사회문제에 관심을 갖고 그를 해결하는 주도적인 실천의 시작이었습니다. ❻ 2학년 때 불법 광고물 문제를 인식하고 구청 건축과 광고팀과 면담하고 단속반과 함께 직접 불법 광고물을 제거하면서 모든 활동을 영상으로 제작해 SNS에 올림으로써 사회 문제를 향한 적극적 시각이 중요함을 깨닫고 변화하는 모습을 보며 보람과 행복을 느낄 수 있었습니다. 이후 지역뿐 아니라 더 광범위한 문제에 대해서도 사회참여 활동을 하고 싶다는 생각이 들어 3학년 사회참여 자율동아리를 만들었습니다. 디지털 성착취 문제로 불안감 속에서 살아가는 피해자들을 위해 디지털 성착취 신고프로젝트 Re set의 작은 버전인 Re save를 만들어 현행 제도나 프로젝트의 문제점을 지적하고 이를 반영한 독자적인 캠페인을 진행했습니다. ❼ 이를 통해 대회에서 수상함은 물론 사회문제는 바라보는 시각만큼이나 해결을 위한 실질적 노력이 중요함을 배웠습니다.

❸ 방송부에서 JTBC와의 협업한 '다큐플러스' 제작은 효율적인 일처리에 체계적 관리와 리더십이 중요함을 가르쳐 줬습니다. 교내 학생들을 인터뷰하고 반응을 영상으로 취재해 편집/제공함으로써 실제 JTBC다큐 제작에 협업할 기회를 얻었습니다. 청소년 비만에 관한 다큐여서 간단히 주제를 잡고 촬영하려 했는데, 방송사에선 카메라 워킹, 구도, 첫 질문에 대한 꼬리 질문으로 어떤 질문을 할지 등을 미리 협의해 달라고 요청했습니다. 불필요하게 많은 준비가 아닌가 생각했습니다. 그러나 실제 촬영에서 여러 경우를 염두에 두고 인터뷰를 진행하니, 훨씬 주제의식이 뚜렷하게 전달되는 영상이 나오고, 카메라 워킹도 미리 기획하니 훨씬 깔끔한 화면이 나왔습니다. ❽ 하나의 일을 하더라도 분야를 나누고 체계적으로 계획해야 더 나은 결과를 만들 수 있음을 배웠고, 이후 후배에게 우리만의 촬영 작업 절차를 만들어 남겨 주는 계기가 됐습니다.

분석포인트

❶❷❸ 첫 문장에서 뒤에 나올 내용과 어필하고자 하는 포인트를 명확히 전달하고 있다.

❹ 발전 가능성을 보여줄 수 있는 서술이다. 자신이 진행한 연구의 허점을 스스로 파악하고 이를 개선하고자 노력하는 모습을 통해 발전 가능성과 문제 해결력 등을 보여줄 수 있다. 3학년 때 새로운 활동을 하는 것도 의미 있지만 이렇게 이미 해본 활동 중 미비했던 것을 보충한다면 부담도 덜고, 위처럼 발전 가능성을 어필하는 더 좋은 활동이 될 수도 있다.

❻ 자율동아리는 사실 코로나 탓에 많은 활동을 하지 못했다. 많은 학생이 이와 같은 상황에 처해 있을 수 있는데, 이때는 동아리를 만든 계기를 이전의 활동과 연결시키는 등 동아리 결성의 계기를 강조하는 것이 문제 해결력, 리더십 등 가치를 보여줄 수 있는 좋은 방법이다.

❺❼ 수상 내역을 제출한 경우 수상 이유를 활동과 연관지어 써주는 것이 중요하다. 위 사례에서 시사논평대회는 사실 활동과 큰 상관이 없을 수 있지만, 논리적, 비판적 사고력이라는 측면에서 접점이 있고, 이를 수상할 수 있었던 배경으로 제시하면 평가자가 수상 실적을 다면적으로 평가할 수 있다.

❽ 리더십과 관련된 느낀 점을 상세히 서술하고 있다.

03

학교생활 중 배려, 나눔, 협력, 갈등 관리 등을 실천한 사례를 들고, 그 과정을 통해 배우고 느낀 점을 기술해 주시기 바랍니다.

(1,000자 이내)

❶ 후드티 교칙 제정은 다양한 이해관계자의 입장을 고려해본 경험이었습니다. 기존 학칙에서는 마이를 입고 위에 코트 등 외투를 입는 것이 원칙이었습니다. 마이를 입고 위에 또 옷을 입는 것이 불편해 학생들의 시정요구가 많았는데 제대로 해결되지 않았습니다. 이에 학생들의 불편함을 해결하고자, 대토론회에 학생대표 토론자로 참여해 마이를 입지 않아도 외투를 입을 수 있게 학칙을 수정해 달라고 요구했습니다. 그러나 교복의 중요성을 이유로 들며 반대하는 입장도 만만치 않았습니다. ❸ 이에 후드티처럼 편하게 입을 수 있되, 교복과 같이 통일된 역할을 할 수 있는 규정 후드티를 교복으로 인정하자는 절충안을 만들어 회의에서 주장했습니다. 학생들도 기존 교복보다 편하게 입을 수 있었고, 선생님들도 통일성 있고 정돈된 복장을 유지할 수 있으므로 비교적 다수가 만족하는 합의안을 도출한 경험이었습니다.

❷ 3년간의 교내 방송부 활동은 사람들의 수요를 파악해본 경험이었습니다. 방송반에서 1학년 때는 카메라, 음향장비 등 기술적인 것들을 배우는 것이 힘들었는데, 2학년 때 기장을 맡아 보니 단순히 배워서는 해결되지 못하는 문제가 있었습니다. 방송부는 점심방송이 큰 행사였는데, 듣는 친구들이나 행사 참여가 저조하다는 문제였습니다. ❹ 기장으로서 〈공유와 협력, 소셜 미디어 네트워크 패러다임〉을 읽으며 부원들과 문제점을 고민했습니다. 우선 방송이 너무 일방적이고 ❺ 우리 학교 방송반만의 특색 있는 콘텐츠가 없

다는 문제점이 분석됐습니다. 이를 바꾸고자 매일 학생의 사연과 신청곡을 받는 코너를 만들고, 교내 사건을 뉴스처럼 심도 있게 분석해서 '교내 매점 가격 상승 원인의 경제학적 분석'과 같이 학생들의 삶과 밀접한 주제를 다루는 코너를 만들었습니다.

이런 경험을 통해 후에 지정학을 다루고 공부하고자 하는 사람으로서 다양한 영역과 이해관계를 고려하는 것의 중요성을 배웠고, 학교라는 작은 사회에서 긍정적 변화를 가져온 것처럼 나중에 사회에도 긍정적 변화를 가져오고 싶다고 다짐했습니다.

분석포인트

❶❷ 3번에서는 꼭 하나의 활동을 써야 할 필요가 없다. 위의 사례처럼 병렬적으로 두 사례를 써도 무방하므로 다양한 가치를 보여줄 수 있도록 하자.

❸ 문제 상황을 절충해 해결하는 모습을 보여주고 있다. 3번 문항을 서술할 때는 항상 상황을 상세히 서술하는 것이 좋다.

❹ 문제 상황을 만나 독서에서 해결책을 찾는 것은 평가자가 학생의 독서 습관과 문제 해결 능력을 긍정적으로 평가하도록 유도하는 신호가 된다. 꼭 학문적이거나 지적인 문제 상황이 아니더라도 3번에서 협력이나 갈등 과정에서 문제를 해결하는 방법으로 책을 읽고 선정하는 것은 매우 긍정적이다.

❺ 단순히 문제 해결뿐 아니라 학생의 사회과학에 대한 관심, 즉 전공 적합성(요즘은 계열 적합성이라는 표현을 더 많이 쓴다)을 보여줄 수 있는 중요한 방법이 될 수 있다.

04

해당 모집 단위에 지원한 동기와 준비 과정을
기술해 주시기 바랍니다. (1,000자 이내)

❶ 클러스터 발표와 〈위험사회〉, 〈지리의 힘〉 등의 독서는 지정학의 중요성을 가르쳐 줬고, 이를 통해 '지역 문제 전문가'라는 꿈을 꿀 수 있었습니다. 클러스터 수업에서 '지역적 관점에서 분석한 중국 자치구 분쟁'이라는 보고서를 쓰면서 중국의 지리적인 위치와 이로 인해 발생하는 전쟁 등의 정치적 상황이 위구르 독립 문제나 동북공정과 같은 다양한 정책에 영향을 줌을 깨달아 지정학에 많은 관심을 갖고 연구하는 사람이 되고자 꾸준히 노력해 왔습니다.

❷ 지역 문제 전문가가 되려면 언어적 능력은 물론 다양한 국가의 문화를 이해하는 능력, 사안을 분석하는 비판적 사고력 등이 필요하다고 생각해 이를 기르고자 다양하게 활동했습니다. TED 진로체험 활동에서 지정학의 중요성에 대한 강연을 듣고 21세기 각국은 어떤 비전을 가지고 정책을 만들어야 하는지 공부했고, 3학년 때도 미래사회에 적응하려면 각국의 고유 특색을 살리는 다양한 정책 대안을 추진하고 세계를 입체적으로 바라보는 시각이 필요하다는 탐구 보고서를 작성하였습니다. 이런 관심을 통해 영어 시간에도 지역학과 관련된 제시문이 나왔을 때 다국적 기업의 Global과 local을 합친 Glocalization 정책에 대한 자료를 조사하고 영어로 발표해 지역적 특성이 세계화를 이끌어간다는 다국적 기업에서 현재 어떻게 발달되고 있는가에 대해 동향을 살피고 이를 영어로 발표해 봄으로써 지역 문제 전문가로서 반드시 필요한 언어 능력을 향상시켰습니다. 중국어도 한자가 어려웠지만 꾸준히 공부해 성적을 향상시켰습니다. 또 언어뿐 아니라 국제사회의 다양한 사건에

는 통계가 적용된다고 생각해 확률과 통계시간에 뉴스 속 통계적 왜곡, 오류를 찾는 활동을 통해 수학적인 사고력도 기르고자 노력했습니다.

❸ 이런 노력을 토대로 성대에 간다면 사회학과에 들어가서 사회심리학, 비교사회학과 같은 심층적인 사회학 개념을 배우고 이를 바탕으로 사회 조사 실습에 참여해 지역 문제 전문가가 되는 데 반드시 필요한 자질을 갖추고자 노력할 것입니다.

📝
분석포인트

❶ 진로에 대한 생각이 구체화되는 과정을 독서를 통해 보여주고 있다. 단순히 '꿈이 이거다'라고 서술하는 것에 비해 진로 성숙도, 결국 전공 적합성에서 더 좋은 평가를 받을 수 있다.

❷ 꿈을 이루려고 노력한 과정을 서술하고 있다.

❸ 당시 글자 수가 다소 부족해 더 구체적으로 계획을 작성하지는 못했다.

01

**고등학교 재학기간 중 자신의 진로와 관련하여 어떤 노력을 해왔는지
본인에게 의미가 있는 학습경험과 교내활동을 중심으로
기술해 주시기 바랍니다.**(띄어쓰기 포함 1,500자 이내)

동아시아사 시간에 〈흔들리는 세계의 축〉을 읽었는데, 아시아 국가들이 자신들의 고유한 정체성을 바탕으로 포스트 아메리카 시대를 열어가는 모습에 대해 발표했습니다. 중국은 공동체주의적이고 폐쇄적인 국가 운영으로 샤오미나 웨이보 같은 자국 회사가 성장할 수 있는 바탕을 제공해 단기간에 미국 나스닥 기업들과 경쟁할 수 있는 규모로 기업을 키우고, 저렴한 노동력을 바탕으로 제품의 세계적 유통망을 단기간에 점유하는 등 기존 서구 국가와 다른 방식으로 패권을 장악하는 사례를 탐구했습니다. 한국도 최근 K-pop과 같이 한국적임을 토대로 세계적 경쟁력을 갖추는 사례들을 보며 미래사회 패권을 차지하는 면에서 자신의 지역성이 좋은 경쟁력이 됨을 느낄 수 있었습니다. 이런 독서와 탐구를 통해 사회 교과에서 좋은 성적을 거뒀고 무엇보다 지역 문제부터 경쟁력까지 파악해 세계적 분쟁이나 국제적 이슈 해결에 기여하는 지역 전문가라는 꿈을 갖게 됐습니다.

사회문화 공부는 연구에 대한 비판적 시각을 길러주었습니다. 2학년 클러스터 시간에 '미디어 리터러시 교육과 가짜뉴스'에 대한 탐구를 진행했습니다. 당시에 독일과 미국의 연구를 참고해서 미디어 리터러시 교육이 늘어남에 따라 가짜뉴스 수용도가 낮아진다는 결론을 도출했습니다. 이후 사회문화 시간에 미디어 리터러시를 심도 있게 탐구했는데, 미디어 리터러시에도 생산, 소비, 기능, 비판 리터러시라는 종류가 있음을 배웠습니다. 종류별로 교육의 목표와 효과가 달랐는데, 2학년 때 본 연구에서는 각각의 차이를 고려하지 않은 점이 떠올랐습니다. 이에 다른 연구를 찾아보니 기능적 소비 리터러시는 가짜뉴스 수용과 부의 관계를, 비판적 생산 리터러시는 정의 관계를 나타냄을 보며 2학년 때 접한 선행연구는 물론 제 연구의 결론도 잘못됐음을 배웠습니다. 이에 선행연구 저자에게도 리터러시의 종류를 고려하지 않은 이유를 질문하는 메일을 보내고, 제 연구의 결론도 수정했습니다. 이 과정을 통해 연구를 할 때는 끝없이 비판적으로 성찰하고, 열린 자세를 가져야 함을 배웠고, 비판적 시각을 기른 덕분에 시사논평대회에서도 수상했습니다.

2학년 '○○○○ ○○○○ 프로젝트' 대회는 사회문제에 관심을 갖고 그를 해결하는 주도적인 실천의 시작이었습니다. 2학년 때 불법 광고물 문제를 인식하고 구청 건축과 광고팀과 면담하고 단속반과 함께 직접 불법 광고물을 제거하고 모든 활동을 영상으로 제작해 SNS에 올리는 활동을 통해 사회문제를 향한 적극적 시각이 중요함을 깨닫고 변화하는 모습을 보며 보람과 행복을 느낄 수 있었습니다. 이후 지역뿐만 아니라 더 광범위한 문제에 대해서도 사회참여 활동을 하고 싶다는 생각이 들어 3학년 사회참여 자율동아리를 만들었습니다. 디지털 성착취 문제로 불안감 속에서 살아가는 피해자들을 위해 디지털 성착취 신고프로젝트 Reset의 작은 버전인 Re save를 만들어서 현행 제도나 프로젝트의 문제점을 지적하고 이를 반영한 독자적인 캠페인을 진행했습니다. 이를 통해 대회에서 수상함은 물론 사회문제는 바라보는 시각만큼이나 해결을 위한 실질적 노력이 중요함을 배웠습니다.

지적 호기심과 진로 설정 계기가 된 활동인 1번의 동아시아사 보고서를 신유형 1번에서도 가장 중심이 되는 활동으로 서술했다. 더불어 방송부 활동은 학생이 매우 성실하게 오랜 기간 해온 활동이라 중요한 활동이기는 했지만, 1번에 작성하기에는 협력이나 리더십 같은 학업이나 발전 가능성 등 평가에서 비중이 높은 포인트를 보여 주기 어렵기 때문에 우선 제외했다. 수상이 많은 학생인 만큼 수상과 연결되면서 지적 능력, 발전 가능성 등 비중 있는 포인트를 보여줄 수 있는 활동들로 1번을 채웠다.

자소서 구유형 3번을 2022학년도 신유형 2번으로 바꾼다면?

02

고등학교 재학기간 중 타인과 공동체를 위해 노력한 경험과

이를 통해 배운 점을 기술해 주시기 바랍니다.

(띄어쓰기 포함 800자 내외)

방송부에서 JTBC와 협업한 '다큐플러스' 제작은 효율적인 일처리에는 체계적 관리와 리더십이 중요함을 가르쳐 줬습니다. 교내 학생들을 인터뷰하고 반응을 영상으로 취재해 편집/제공함으로써 실제 JTBC 다큐 제작에 협업할 기회를 얻었습니다. 청소년 비만에 관한 다큐여서 간단히 주제를 잡고 촬영하려 했는데, 방송사에선 카메라 워킹, 구도, 첫 질문에 대한 꼬리 질문으로 어떤 질문을 할지 등을 미리 협의해 달라고 요청했습니다. 불필요하게 많은 준비가 아닌가 생각했습니다. 그러나 실제 촬영에 들어가서 여러 경우를 염두에 두고 인터뷰를 진행하니, 훨씬 주제의식이 뚜렷하게 전달되는 영상이 나오고, 카메라 워킹도 미리 기획하니 훨씬 깔끔한 화면이 나왔습니다. 하나의 일을 하더라도 분야를 나누고 체계적으로 계획해야 더 나은 결과를 얻을 수 있음을 배웠고, 이후 후배에게 우리만의 촬영 작업 절차를 만들어 남겨 주는 계기가 됐습니다.

3년간의 교내 방송부 활동은 사람들의 수요를 파악해본 경험이었습니다. 방송반에서 1학년 때는 카메라, 음향장비 등 기술적인 것들을 배우는 것이 힘들었는데, 2학년 때 기장을 맡아 보니 단순히 배워서 해결되지 못하는 문제가 있었습니다. 방송부는 점심방송이 큰 행사였는데, 점심방송을 듣는 친구들이나 행사참여가 저조하다는 문제였습니다. 기장으로서 〈공유와 협력, 소셜미디어 네트워크 패러다임〉을 읽으며 부원들과 문제점을 고민했습니다. 우선 방송이 너무 일방적이고 우리 학교 방송반만의 특색 있는 콘텐츠가 없다는 문제점이 분석됐습니다. 이를 바꾸려고 매일 학생들의 사연과 신청곡을 받는 코너를 만들고, 교내 사건을 뉴스처럼 심도 있게 분석해 '교내 매점 가격 상승 원인의 경제학적 분석'과 같이 학생들의 삶과 밀접한 주제를 다루는 코너를 만들었습니다.

　　이런 경험을 통해 후에 지정학을 다루고 공부하고자 하는 사람으로서 다양한 영역과 이해관계를 고려하는 것의 중요성을 배웠고, 학교라는 작은 사회에서 긍정적 변화를 가져왔듯이 나중에 사회에도 긍정적 변화를 가져오고 싶다고 다짐했습니다.

　　2번은 공동체에 기여한 경험을 쓰는 문항이다. 공동체에 기여한 경험이라는 것은 누누이 말했지만 꼭 봉사나 나눔을 말하는 것은 아니다. 학생들이 하는 활동은 혼자 공부하는 활동이 아니라면 대부분 사회에 유용한 결과물인 경우가 많다. 혹은 연구 활동을 했다 하더라도 연구 결과를 사회에 적용하고 활용해 보는 일을 한다면(가령, 보고서 내용을 구청이나 시청에 전달해 본다든지, 학교 내에서 자신의 연구결과를 적용해 유용한 결과를 내본다든지) 그 자체가 지적 호기심을 보여주는 활동이면서 동시에 사회에 기여한 경험이 된다. 또 두 번째 문단의 사례에서 보이는 동아리를 잘 운영한 경험은 자신의 동아리에 기여한 경험이다. 결론적으로 2번은 소재의 제한이 없다. 특히 위 사례의 학생처럼 많은 활동을 보여줘야 한다면 정말 뜻깊은 봉사를 쓸 것이 아니라면 동아리 운영, 동영상 제작 등 본인의 리더십, 지적 호기심 등을 보여줄 수 있는 내용을 쓰는 편이 평가자에게 많은 평가거리를 던져주는 것이다. 저자가 계속 강조하는 것이 있다. "착한 얘기가 아니라 어필포인트를 하나라도 보여 줘라." 필자가 합격시킨 학생들의 가장 중요한 비결이었다.

02
신유형편

고려대학교 행정학과
2020학년도 학교추천정형, 서울 일반고등학교

이 학생은 내신이 1점대 후반이었다. 활동이 많기는 했으나 경제경영을 목표하던 학생이었기에 행정학과에 가는 데는 부족한 부분이 많았다. 꿈이 바뀌었을 경우에 활동을 어떻게 지원하고자 하는 과에 맞게 적용하는지를 중점적으로 보면 좋은 사례다.

자기소개서

01

고등학교 재학 기간 중 교내/외에서 자기주도적으로
꾸준히 수행한 활동 중 본인의 우수한 성과가 잘 나타난 활동과
그 결과를 얻기 위한 노력을 3개 이내로 기술하시오.

❶ 행정학에 관심이 있었지만 법과 정치 과목이 없는 3년간의 학교 생활은 오히려 전화위복의 기회였습니다. ❷ 경제 과목을 통해 경제 정책과 사람들의 심리의 관계를 배울 수 있었는데, 연금이나 사회보험과 같은 제도를 옵트인 방식으로 설계하고 재정적 인센티브를 넣어서 정책 효과를 극대화하는 방법을 알았습니다. 이를 통해 사람들의 심리를 적절히 이용하고 경제적 인센티브를 제공하면 정책을 이끌 수 있음을 깨닫고 경제, 심리와 행정의 관계에 대해 생각해 봤습니다. ❸ 한국사 시간에는 대한민국 임시정부와 3·1 운동에서 찾아볼 수 있는 공화주의의 가치를 탐구하는 시간을 가졌습니다. 이를 현재 우리나라에서 더 확연히 구현할 방안으로 지방자치론을 접하고 조사했습니다. 지방자치론은 더 작은 공동체 단위에서 보다 많은 사람들의 의사를 반영하고, 좀 더 지역 실정에 맞는 행정을 할 수 있다는 효용성이 있었습니다. 하지만 대한민국의 지방자치는 낮은 재정 자립도나 지방의 불균형 그리고 여러 부패 문제 등 때문에 당장 전면적으로 시행되기엔 아직 많은 과제가 남아 있다는 사실을 알게 되었습니다. 이것에 대한 보다 구체적이고 심화된 연구를 하고 싶다는 바람이 생겼습니다. 이와 관련해 ❹ 사회 문화 과목에서 사회보험이나 공공부조 등 사회보장제도에 대한 보고서를 작성했습니다. 현재 지방자치단체의 자율성은 보장하면서도 과열된 경쟁적 사업 확대는 지양하고 중앙 정부의 사업과 중복되지 않도록 지자체와 정부간의 타협과 조정이 필요

하다는 것을 알았습니다.

　이러한 활동의 결과로 일반적 행정학 범위의 연구에만 치중하기보다는 실제 행정에 다양한 요소가 작용하고 있고, ❺ 행정적 시스템이 다양한 분야에 적용될 수 있다는 점과 이와 관련된 사례들을 융합적 사고를 바탕으로 학습할 수 있었습니다. 이러한 경험은 보다 다양한 각도에서 정책을 만드는 전문가가 되는 꿈을 이루는 주춧돌이 되었고 어려운 상황 속에서도 다른 관점에서 이를 극복할 수 있는 사고력을 기르는 데 도움이 되었습니다.

분석포인트

❶ 주요 활동이 행정과 거리가 멀다는 것을 암시하는 첫 문장을 활용하고 있다.

❷❸ '교과목 시간에'라는 표현을 사용함으로써 교과 과정 내에서 호기심이 발휘되고 있음을 보여주고 있다. 또한 각 교과시간 탐구내용을 행정과 연관 짓고 있다.

❹ 사회문화 보고서는 행정에 대한 관심으로 학생이 작성한 보고서라기보다는 행정으로 진로를 돌린 다음 저자가 지도한 보고서다. 3학년 때 진로가 여러 가지 이유에 의해 변경되는 경우에는 이렇게 자신이 수강하는 과목에서 관련된 내용의 보고서, 토론, 발표 등 활동을 진행한 뒤에 새로운 분야에 대한 호기심이 생기고 이를 해결하는 과정에서 흥미를 느꼈다는 식으로 자소서를 전개해 가는 것이 매우 좋다. 꿈을 변경한 이유도 자연스럽게 드러나면서 지적 호기심도 적당히 나타내 주기 때문이다.

❺ 모든 활동이 행정학과 정확히 일치하지 않는다는 것을 단점으로 보기보다는 다양한 학문의 관점에서 행정학을 바라보는 융합적 사고라고 표현하고 있다. 100퍼센트 진실이라고 평가자도 믿지 않을 수는 있지만, 진로 변경에 대한 일관성을 더해줄 수 있다.

02

위의 활동 중 자신에게 의미 있다고 생각하는 활동을 하나 고르고,

활동의 동기과정 및 결과,

자신에게 미친 영향 등을 구체적으로 기술하시오.

❶ 신문 스크랩 활동은 다양한 시사 이슈를 비판적으로 사고하는 계기가 됐습니다. 행정은 ❹ 사회적 이슈와 떨어질 수 없다고 생각해 다양한 이슈를 접하고자 스크랩을 친구들과 진행했습니다. 공시지가에 관한 기사를 정해서 스크랩하기로 했는데 처음에는 공시지가의 정확한 개념도 잘 알지 못했습니다. 모르는 어휘 하나하나를 사전에서 찾아가면서 토지의 거래 가치를 평가하는 공시지가의 의미와 이것이 종합부동산세와 재산세 등 부동산 관련 조세 징수의 기준선이 된다는 사실을 알았습니다. 그리고 그전까지의 공시지가는 실제 토지 가격의 60퍼센트 정도밖에 반영하지 않았다는 점과 현 국토부가 이를 상향 조정해 부동산 시장 과열을 억제하려 한다는 점, 그 때문에 현재 부동산 시장에 많은 혼란과 반발이 유발될 예상이라는 사실을 접했습니다. 이를 통해 교과 공부에서는 다소 소홀했던 시사에 대한 관심을 다시 키우

고 어떻게 하면 행정적 절차로 사회의 여러 문제를 해결할 수 있을지 고민하는 기회가 되었습니다.

❷ 이렇게 갖게 된 시사에 대한 관심과 연결해 사회문화 시간에 세대 갈등에 대한 보고서를 작성했습니다. 대한민국의 현 청년 세대가 수직적 기업문화, 과열된 부동산 시장의 고착화, 그리고 정치적 영향력 약화 등으로 현 기성세대에 대해 박탈감을 느끼고 있는 현황을 정리했습니다. 여러 해결 방안중 청년 공공 임대 주택 확대, 선거 기탁금 제도 폐지 등은 흥미로웠습니다. 그러나 가장 인상 깊었던 것은 공시지가 재조정을 통해 부동산 시장을 억제해야 한다는 예전 스크랩 조사 내용과 유사한 부분이었습니다. 뜻밖에도 이전의 다른 조사 내용이 연관되는 경험을 통해 사회문제의 총체적인 특성을 이해했습니다. 또한 이전 스크랩 기사는 정부의 정책에 부정적인 논조여서 저도 이와 비슷하게 생각했지만 다른 시각 역시 합당한 이유가 있다는 사실을 알게 되었습니다. ❺ 이 같은 경험을 통해 결정을 내리기 전에는 찬반의견 모두를 피상적이지 않게 면밀히 검토할 필요가 있음을 느꼈습니다.

❸ 축제 토스트 판매는 심리를 이용해 사람들의 행동 변화를 이끌어 본 경험입니다. 동아리 부스에서 미니게임과 토스트 판매를 진행했는데 처음에는 둘을 별도로 행사하였습니다. 그러나 미니 게임 프로그램은 토스트 판매에 비해 현저하게 적은 관심을 받아 매출이 낮았습니다. ❻ 이에 경제 발표 시간에 필요해 읽은 〈넛지〉에 심리를 이용해 행동을 유도하는 방법이 있다는 것이 떠올랐고, 이를 이용해 매출을 올릴 방법을 친구들과 토의했습니다. 토스트의 냄새가 사람들을 유인하는 효과가 있다는 사실을 토대로 토스트를 미니게임 옆에서 판매하기로 결정했습니다. 시행 결과 실제로 토스트를 기다리는 동안 미니게임을 즐기는 사람이 생겨 미니게임 판매가 증가했습니다. ❼ 작은 아이디어이고 제가 행정과 정책을 변화시킨 경험은 아니었지만 이론으로

만 알고 있던 행동 경제적 원리를 이용한 해결책으로 사람들의 변화를 유도
해봄으로써 정책 설정에서 디테일이 얼마나 중요한 요소인지도 깨달을 수 있
었습니다.

분석포인트

❶❷❸ 첫 문장에서 활동을 통해 어떤 것을 보여줄 것인지 명확히 제시
하고 있다.

❹ 발전 가능성을 보여줄 수 있는 서술이다. 스스로 부족함을 느끼고 이
를 해결하고자 학교에는 원래 없었던 새로운 동아리를 만들고, 그 과정에서
친구들과 협력하고 있음을 보여 주고 있다. 발전 가능성은 실패를 극복하는
과정보다 이런 식으로 스스로 기회를 창출하는 전개가 더 자연스럽고 좋은
평가를 받는 경우가 많다.

❺ 구체적으로 느낀 점을 제시하고 있다. 사실 이 활동은 느낀 점이 중요
하기보다는 신문스크랩활동이 하나의 활동에서 그치지 않고 후속활동으로
나아갔다는 것을 보여주는 부분이었다. 2022학년도부터 자소서 유형이 바
뀌면 스크랩활동의 결과로서 간단히 서술하고 제외시켜도 무방하다.

❻ 책에서 아이디어를 얻은 점을 서술하고 있다. 〈넛지〉는 학생의 세특과
독서에 기록된 책이었다. 활동 중 호기심을 책에서 얻는 태도는 서울대(서울
대를 비롯한 대다수 상위권 대학)에서 매우 선호하는 학생의 모습이다.

❼ 단순히 탐구가 아니라 지식을 활용해 문제를 해결한 경험임을 자세히
서술하고 있다. 보고서보다 이렇게 현실적인 결과를 만들어본 경험은, 특히
실험을 잘 하지 않는 인문계열 학생에게는 더욱 독특하고 우수한 경험이다.

이런 활동을 했다면 자신의 실천으로 현실이 어떻게 변화했는지 반드시 구체적으로 작성해줘야 좋은 평가를 받을 수 있다.

03

학교 생활 중 (1) 배려, 나눔 (2) 협력, 갈등 관리를 실천한 사례를
각각 들고 그 과정을 통해 배우고 느낀 점을
구체적으로 기술하세요.(1,000자 이내)

❶ 1학년 1년 동안 청소년 센터의 카페지기 활동을 했습니다. 처음에는 커피 맛을 제대로 내는 것에만 집중했습니다. 하지만 실제로는 한 번에 몇 가지 주문을 동시에 받다 보니 실수가 잦게 일어나 시간에 맞추어 음료를 내기도 힘들었습니다. 손님들이 눈치를 주는 일이 생겨나면서 위축되기도 했습니다. 그렇지만 몇 개월 정도 지나자 실력이 점차 늘어나 실수해도 당황하지 않고 손님을 침착하게 응대하는 능력이 길러졌습니다. 또한 같은 시간에 배정받은 학생과는 처음에는 서먹해서 돌아가면서 한 사람은 카운터를 보고 한 사람은 청소를 하는 식으로 최대한 마주치지 않게 일했습니다. 그러다가 그런 방식이 모두에게 힘들다는 사실을 깨닫고 아이스커피 한 잔을 만들어도 한 사람이 원액을 만들고 있으면 한 사람은 얼음을 꺼내 컵에 담는 식으로 유연하게 협동하면서 완수하는 프로세스를 만들고 실행했습니다. 이렇게 기하급수적으로 효율성을 증진시킨 경험을 통해 협력과 바람직한 절차의 중요성에 대해 느꼈습니다.

또한 ❷ 재료 가격과 시설 보수 비용을 제외하면 실제로 수익금을 내기는 쉽지 않은 현실을 인지하면서부터 이전에는 그리 관심을 갖지 않았던 소상공인과 자영업자들이 많은 어려움을 겪고 있다는 사실에 신경이 쓰였습니다. 특히 청소년 센터의 특성상 카드나 블록 등의 놀이 기구 등이 많았는데 이용자들이 마음대로 가져가거나 섞어 놓는 일이 많았습니다. 이 경험은 나부터 '손님은 왕이다'라는 편협한 사고에서 벗어나야겠다는 다짐을 하는 계기가 됐습니다. 또한 악영향을 미치는 인식을 개선하고자 주기적인 캠페인을 하고 도난 사고를 정교하게 추적하는 시스템이 발전해야 할 것이라는 시급성을 느꼈습니다. 더하여 소득공제 시 자영업자들은 세금을 감면해 주거나 청년몰을 만드는 등의 경제적인 배려가 있어야겠다고 느꼈습니다. 또, 소규모 자영업자의 통합 포인트 마일리지를 개발하거나 연구 박람회 등을 개최하고 개발비를 지원해 경쟁력을 향상하는 정책도 필요하다는 생각이 들었습니다.

분석포인트

❶ 이 학생의 학생부에는 카페지기(오프라인 카페를 운영하는 역할) 역할이 봉사활동으로 기재돼 있다.

❷ 흔한 봉사, 나눔, 갈등해결보다는 봉사 속에서 행정학과 관련된 학생의 통찰을 드러낼 수 있도록 썼다. 어차피 봉사, 나눔, 갈등해결에서 느낀 점은 다른 지원자와 차별화될 수 없기 때문에 이렇게 봉사에 전공을 연결해 본인의 생각을 써주는 것도 전공적합성을 어필할 수 있는 좋은 틈새 전략이다.

대학 입학 후 학업 계획과 향후 진로 계획에 대해 기술하세요.

(띄어쓰기 포함 1,000자)

❶ 경제와 경영에 대해 공부하면서 민간부문은 효율적으로 운영되지만, 공공부문에서는 그렇지 않은 경우를 봤습니다. 그러던 중 〈정부 혁신 패러다임 어떻게 변하고 있는가〉를 보며 공공부문에서 중요시하는 공공성과 효율성이 양립 가능함을 배운 뒤 공공적이며 효율적인 행정을 통해 노력하는 공직자가 되고자 결심했습니다. 이렇게 하려면 타인의 의견을 경청하고 소통하는 능력, 다수의 의사를 올바르게 반영할 수 있는 능력, 상황을 객관적으로 분석해 개선할 수 있는 능력이 있어야 한다고 생각해 노력해왔습니다.

❷ 국어 수행평가로 노인 지하철 무임승차 연령 인상안을 주제로 토론하면서 저희 조 팀원들과 입론서를 작성하고 반대편에게 반박과 재반박을 하는 과정에서 타인의 말을 주의 깊게 듣고 논리에 대한 근거를 파악하는 자세를 길렀습니다. 독서와 문법 카드 뉴스 만들기 시간에는 적지 않은 투자에도 불구하고 많은 시민에게 혐오감을 주는 조형물들을 조사하며 다수의 민의가 올바르게 반영되지 못한 정책 설계의 폐해를 체감할 수 있었습니다. 3학년 중국어 시간에는 사회주의 국가인 중국의 집행부와 입법부의 구성을 분석함으로써 대한민국을 포함한 미국식 민주주의 국가의 구성과 효과를 명확히 이해하였고 4차 산업혁명 시대에 행정은 어떤 역할을 하고 변화해야 하는지 알고자, 4차 산업 혁명 행정 혁신 시스템 등 다양한 논문과 해외 사례를 찾아 읽기도 했습니다. ❸ 또 봉사하는 공직자로서의 역할을 주변에서 찾고자 환경 정화활동에 참여하기도 했습니다. 이런 점은 창조적 지성, 개척하는 지성이라는 고려대의 목표와도 맞는다고 생각합니다.

❹ 제가 고려대학교 행정학부에 간다면 정책학원론, 인사행정론, 재무행정론, 지방행정론 등의 지식을 기르고 국정전문대학원에 진학한 뒤 학술연구 과정, 공직전문직 과정, 국정리더 과정의 트랙 이수를 통해 대한민국 발전에 도움이 되는 행정 전문가로 성장하고 싶습니다.

분석포인트

❶ 진로에 대한 생각이 독서를 통해 구체화되는 과정을 보여주고 있다. 단순히 '꿈이 이거다'라는 식으로 서술하는 것에 비해 진로 성숙도, 결국 전공 적합성에서 더 좋은 평가를 받을 수 있다.

❷ 꿈을 이루려고 노력한 과정을 서술해주고 있다.

❸ 고려대는 '고대가 지원자를 선발해야 하는 이유'를 쓰라고 문항에서 요구한다. 이에 고려대의 인재상과 자신의 모습이 부합하므로 자신을 선발하라는 내용을 포함시켰다.

❹ 당시 글자 수가 다소 부족해 더 구체적으로 계획을 작성하지는 못했다.

01

고등학교 재학기간 중 자신의 진로와 관련하여 어떤 노력을 해왔는지

본인에게 의미가 있는 학습경험과 교내활동을 중심으로

기술해 주시기 바랍니다. (띄어쓰기 포함 1,500자 이내)

　행동경제학에 관심이 있던 제게 한국사 보고서는 사람들의 삶을 바꾸는 행정의 중요성을 가르쳐 줬습니다. 한국사 시간에는 대한민국 임시정부와 3·1 운동에서 찾아볼 수 있는 공화주의의 가치에 대해 탐구하는 시간을 가졌습니다. 이를 현재 우리나라에서 더 확연히 구현할 방안으로서 지방자치론을 접하고 조사했습니다. 지방자치론은 더 작은 공동체 단위에서 보다 많은 사람의 의사를 반영하고 좀 더 지역 실정에 맞는 행정을 할 수 있다는 효용성이 있었습니다. 하지만 대한민국의 지방자치는 낮은 재정 자립도나 지방의 불균형 그리고 여러 부패 문제 등 때문에 당장 전면적으로 시행되기엔 아직 많은 과제가 남아 있다는 사실을 알았습니다. 이것에 대한 보다 구체적이고 심화된 연구를 하고 싶다는 바람이 생겼습니다. 이와 관련해 사회 문화 과목에서 사회 보험이나 공공부조 등 사회보장제도에 대한 보고서를 작성하면서 기존에 관심이 있었던 행동경제학 이론을 적용해 사회보험의 효율을 높이는 방법을 탐구했습니다. 꼬리를 무는 지적 호기심을 통해 새로운 꿈을 얻었음은 물론 다양한 분야에 대한 공부는 후에 꿈이 바뀌어 다른 학문을 공부하고자 할 때에도 융합적으로 도움을 줄 수 있음을 배웠습니다.

신문 스크랩 활동은 다양한 시사 이슈를 비판적으로 사고하는 계기가 됐습니다. 행정은 사회적 이슈와 떨어질 수 없다고 생각해 다양한 이슈를 접하고자 스크랩을 친구들과 진행했습니다. 공시지가에 관한 기사를 정해 이를 준비하기로 했는데 처음에는 공시지가의 정확한 개념도 잘 알지 못했습니다. 모르는 어휘 하나하나를 사전에서 찾아가면서 토지의 거래 가치를 평가하는 공시지가의 의미와 이것이 종합부동산세와 재산세 등 부동산 관련 조세 징수의 기준선이 된다는 사실을 알았습니다. 그리고 그 전까지의 공시지가는 실제 토지 가격의 60퍼센트 정도밖에 반영하지 못했다는 것과 현 국토부가 이를 상향 조정해 부동산 시장 과열을 억제하려 한다는 점, 그 때문에 현재 부동산 시장에 많은 혼란과 반발이 유발될 것이라고 예상하고 있다는 사실을 접했습니다. 이는 교과 공부에서 다소 소홀했던 시사에 대한 관심을 다시 키우고 어떻게 하면 행정적 절차로 사회의 여러 문제를 해결할 수 있을지 고민하는 기회가 되었고, 후에 사회문화 시간에 행정적으로 부동산 문제를 푸는 방법을 고민하는 보고서를 작성하는 계기가 됐습니다.

　　축제 토스트 판매는 심리를 이용해 사람들의 행동에 변화를 이끌어 본 경험입니다. 동아리 부스에서 미니게임과 토스트 판매를 진행했는데 처음에는 둘이 별도의 행사였습니다. 그러나 미니게임 프로그램이 토스트 판매에 비해 현저하게 적은 관심을 받아 매출이 낮았습니다. 이에 경제 발표시간을 위해 읽은 〈넛지〉에 심리를 이용해 행동을 유도하는 방법이 있다는 것이 떠올랐고 이를 이용해 매출을 올릴 방법을 친구들과 토의했습니다. 토스트의 냄새가 사람들을 유인하는 효과가 있다는 사실을 토대로 토스트를 미니게임 옆에서 판매하기로 결정했습니다. 시행 결과 실제로 토스트를 기다리는 동안 미니게임을 즐기는 사람이 늘어나 미니게임 판매가 증가했습니다. 작은 아이디어이고 행정과 정책을 변화시킨 경험은 아니었지만 이론으로만 알고 있었던 행동 경제적 원리를 해결책으로 제시해 사람들의 변화를 유도해보며 정책 설정에서 디테일이 얼마나 중요한지도 깨달을 수 있었습니다.

구유형 자소서 문항 1번을 축약해서 신유형 1번 첫 번째 활동으로 서술했다. 자기소개서를 바꿔 쓴다면, 지적 호기심을 드러내는 것과 동시에 1번 문항인 만큼 자신이 꿈꾸는 것이 무엇인지, 혹은 꿈이 바뀌었다면 그 이유는 무엇인지 설명할 수 있도록 해야 할 것이다. 구유형 자소서 문항 2번에 1000자에 걸쳐서 썼던 부동산 관련 보고서 내용은 신문스크랩활동의 후속 활동으로만 간략하게 서술했다. 축제 토스트는 이 학생의 경희대 면접에서 가장 많은 질문을 받았을 만큼 중요한 활동이었으므로 그대로 유지했다.

02

고등학교 재학기간 중 타인과 공동체를 위해 노력한 경험과 이를 통해 배운 점을 기술해 주시기 바랍니다. (띄어쓰기 포함 800자 내외)

이 학생의 경우 구유형 3번 문항에서도 전공 적합성이 잘 드러나기 때문에 굳이 변형하여 쓰지 않았다.

03
심화편

연세대학교 노어노문학과

2016학년도 학교활동 우수자전형, 경기권 일반고등학교

| 학교생활기록부 |

구분	활동 내용	문항	작성 방향(핵심 가치)
독서활동 상황 (1)	(과학) 『수학 비타민』	1	낯선 과목이었던 수학을 어떻게 인문학, 과학 등과 연관 지어 학습하였는지를 표현(융합적 사고력)
독서활동 상황 (2)	(인문) 『한국의 교양을 읽는다 -과학편』	1	통계의 모순을 깨닫고 통계를 올바르게 다룰 수 있어야 미래를 제대로 설계하고 제대로 된 문제 해결이 가능함을 인지함.(학업 역량)(적극적 태도, 융합적 사고력)
독서활동 상황 (7)	(사회) 『유엔미래 보고서 2045』	4	왜 노어노문학과에 지원하고자 했는지, 왜 러시아에 관심을 갖게 되었는지를 동기로 표현할 것(전공적합성)
창의적 체험활동 (3) (동아리 활동)	○○모의 유엔 회의부 (○○○MUN)	2	진정성 있는 외교를 위해서는 다각적 사고력이 필요하다는 사실을 깨달음(전공적합성, 다각적 사고력)
창의적 체험활동 (4) (동아리 활동)	독서 토론 동아리	2	사람마다 의견이 다를 수 있으며 이를 모두 포용하려면 다각적 사고력을 갖춰야 함을 상기함(다각적 사고력)

구분	활동 내용	문항	작성 방향(핵심 가치)
창의적 체험활동 (5) (봉사활동, 진로 활동)	나눔의 집	2	한국이 겪고 있는 외교 문제 중 가장 중요한 문제인 위안부 문제를 직접 마주하고 할머님들께 도움이 되고 싶어서 꾸준히 활동함. 배려 정신과 위안부 문제에 대한 실질적인 해결책을 진지하게 고민하는 계기가 됨(전공적합성, 적극적 태도, 배려 정신)
행동 특성 및 종합 의견 (6)		1	자신이 자신 있는 과목들의 공부법을 알려주기도 하고 시험 기간 전에 친구들과 함께 정리 노트를 공유함(나눔, 협력)
		3	친구가 공부 때문에 힘들어할 때마다 편지와 작은 선물을 주며 격려해줌(배려, 공감)

자기소개서

01

고등학교 재학 기간 중 학업에 기울인 노력과 학습 경험에 대해 배우고 느낀 점을 중심으로 기술해 주시기 바랍니다. (1,000자 이내)

❶ 언어와 사회학에만 몰두해 있던 저에게 수학은 낯선 학문이었습니다. 하지만 학문은 경계 없이 서로를 공유하는 융합적인 성격이 있다고 생각해 수학의 인문학적 측면부터 시작해보기로 했습니다. 이를 위해『수학 비타민』

(1)이라는 책을 읽고, 꽃잎의 수를 통해 본 피보나치수열, '0'의 등장과 동양 철학의 연관성 등 자연, 역사, 예술 등과 수학의 밀접한 연관성을 알았습니다.

수학이 다양한 영역에 미치는 영향을 알고 나자 수학에 관심이 생겼습니다. 그 과정에서 통계학을 접했고 현대 국가에서 통계가 정책수립의 방향을 결정하는 중요한 역할을 한다는 것을 깨달았습니다. 또 ❷ 표본 집단이나 기준에 따라 왜곡되는 통계(2)를 보며 다양한 사회 변화를 예측하는 미래예측학자이자 동북아 외교 전문가가 되고 싶은 저에게 통계에 대한 이해는 필수라는 생각을 했습니다. 그리고 그 기본으로 수학적 역량을 갖춰야 한다는 점도 인지해 친구들에게 매일 문제를 해설(6)해주는 등 다양한 방법으로 수학에 대한 흥미를 이어갔고, 학업에 대한 자신감도 키워갔습니다.

❸ 수학에 대한 흥미가 커지면서 다양한 통계를 해석하는 것이 즐거워졌습니다. 통계는 최근 사회 변화를 알 수 있는 좋은 방법이었습니다. 그중 가구원 수별 가구구성 비율에 관한 통계를 보고 1인 가구 비율이 급상승하고 있다는 것을 발견했습니다. 사회문화 시간에 가구구성의 변화가 소비 구조 등 경제적 변화를 가져온다는 것을 배웠기 때문에, 저는 경제적 영향에 주목했습니다. 기존의 경제 구조 속에서 발생할 1인 가구 사용자원의 비효율성에 대한 대비책으로 새롭게 떠오르고 있는 경제 트렌드는 공유경제였습니다. 저는 관련 기사를 찾고 공유경제 기업을 조사해 보고서를 만들었고, 이를 토대로 참여수업을 진행하기도 했습니다. 이런 경험을 계기로 변화 분석과 생각 전환의 중요성을 깨닫고, 데이터를 분석해 글로벌 미래를 예측하는 밀레니엄 프로젝트에 참여해 국제사회의 올바른 방향을 제시하는 외교 전문가가 되겠다는 목표도 세웠습니다.

분석포인트

❶ 수학에 어려움을 느꼈을 때 이를 극복하는 방법을 융합적 사고력을 활용해 도출해내고 있다. 융합적 사고력, 다각적 사고력, 비판적 사고력 모두 연세대 같은 상위권 대학에서 매우 선호하는 가치들이다.

❷ 글의 전개 과정을 살펴보자. 처음에 수학에 관심을 가지게 된 계기를 독서 활동으로 흥미롭게 풀어냈다. 수학에 대한 관심을 통계학으로 발전시켜 진로를 구체화하는 것은 물론이고, 이를 통해 수학에 대한 학업 역량을 끌어올렸음을 잘 표현했다. 동시에 이를 가지고 친구들에게도 도움이 될 수 있도록 노력했다는 점에서 나눔, 협력 정신까지 드러내고 있다. 즉, 수학에 대한 관심으로 시작해 융합적 사고력, 다각적 사고력, 수학에 대한 학업 역량, 관심 진로, 나눔, 협력 정신까지도 부각했다.

❸ 수학에 대한 관심을 통계에 대한 관심으로 넓혔다. 여기서 학생의 탐구 열정을 확인할 수 있다.

02

고등학교 재학 기간 중 본인이 의미를 두고 노력했던 교내 활동을 배우고 느낀 점을 중심으로 3개 이내로 기술해 주시기 바랍니다. 단 교외 활동 중 학교장의 허락을 받고 참여한 활동은 포함됩니다.

(1,500자 이내)

저는 ❶ 다양한 학문적 소양과 공감 능력을 갖춘 외교 전문가가 돼 국제사회의 변화를 바르게 파악하고 실효성 있는 외교를 설계하고자 노력하고 있습니다.

사회를 보는 넓은 시야가 필요하다고 느낀 계기는 교내 모의 유엔 활동(3)입니다. 첫 세션에서 UAE의 대표로서 이란과 UAE의 영유권 분쟁에 대한 결의안을 만들었는데, 처음에는 국가 사이의 직접적인 외교 관계 개선에만 치중해 비판을 받았습니다. 이후 넓은 시각과 실효성의 필요를 깨달아 영토 주변의 원유 수송로 및 매장량, 미국의 이란 핵 개발 제재 등을 추가 조사해 경제, 외교, 군사 등에 대한 협력 조항을 만들어 결의안을 통과시킬 수 있었습니다. 이런 경험을 바탕으로 3학년이 된 후 난민 해결 방안을 회의할 때는 수자원 부족, 정치 구조, 종교적 갈등 등 소말리아, 시리아, 아프가니스탄 등 난민 문제가 발생한 ❷ 다양한 원인을 제시해 회의에서 호평을 받았습니다. 진정성 있는 외교를 하려면 종교, 경제, 환경 등 다양한 시각을 기반으로 해야 한다는 것을 느꼈습니다.

세상을 이해하는 거시적 안목을 기르기 위해 친구들과 함께 독서 토론 동아리(4)를 만들었습니다. 한 달에 한 권씩 인문학 고전부터 경제, 기술 분야까지 다양한 책을 읽고 토론 활동을 했습니다. 『앞으로 5년 결정적 미래』라는 책을 읽고 3D프린팅에 대해 토론하는 과정에서, 저는 3D프린팅이 이루어내는 의료 혁신과 제조업 혁명이라는 긍정적인 면에 주목했지만, 한 친구는 무기 생산, 저작권 침해 같은 부정적인 면을 제시했습니다. 이를 통해 3D프린팅 디자인을 만드는 소프트웨어의 개발과, 다양한 분야의 3D프린팅 소재 개발 등 한국만의 전문 분야를 만들 수 있다는 긍정적인 전망과 동시에 총기 제작과 저작권 침해 등 부정적인 면을 예방하는 법을 제정해야 한다는 결론을 내릴 수 있었습니다. ❸ 토론으로 개인 간 상호작용하며 사회 문제를 다방면에서 바라볼 수 있음을 깨달았고, 이러한 시각은 국제사회에서 변화에 바르게 대처하고 사회를 이끄는 데 큰 도움이 됨을 느꼈습니다.

진실된 외교를 하려면 다양한 분야에 대한 관심과 함께 실천적인 태도가 중요하다고 생각해 위안부 '나눔의 집'에서 봉사(5)를 했습니다. 하루는 생활관 복도를 물기 있는 걸레로 닦다가 김군자 할머님께 된통 혼이 난 적이 있습니다. 할머님들께서는 거동이 불편하셔서 바닥에 물기가 있으면 미끄러질 수 있다는 말씀이었습니다. 이에 제가 열심히 해야겠다는 생각에 할머님 입장을 생각하지 못했다는 것을 느껴 할머님들을 먼저 배려하려 노력했습니다. 그런 모습을 보시고 김군자 할머님께서 저를 직접 부르셔서 청소를 시키기도 하고, 손녀 대하듯이 당신의 삶을 이야기해주시기도 했습니다. 할머님께서 "역사를 잊으면 안 돼. 절대 너네들은 겪어서는 안돼"라고 ❹ 말씀하신 것이 마음속에 깊이 남았습니다. 할머니의 말씀을 들으며 진정성 있는 한일 관계를 이끌어내고, 인권 등 인류 보편적 가치를 위해 일하겠다는 꿈을 다졌습니다.

📝
분석포인트

❶ 진로를 매우 뚜렷하게 제시하고 그 진로에 필요한 역량인 '다양한 학문적 소양'과 '공감 정신'을 제시하였다.

❷ 다각적 사고력의 필요성을 강조했다. 이는 진로에 필요한 역량인 '다양

한 학문적 소양'과 연결되는 부분이다. 즉 활동에서 다양한 학문적 소양의 필요성을 익히고 그 가치를 깨달았음을 잘 제시했다.

❸ 여기서도 다각적 사고력의 필요성을 강조하면서 다양한 학문적 소양의 필요성을 내세웠다.

❹ 진로에 필요한 역량 중 두 번째인 '공감 정신'을 구체적인 사례로 담아냈다. 2번 문항에 자신의 고등학교 생활이 자신의 가치관에 어떤 영향을 끼쳤는지 담아낸다면 좋은 평가를 받을 수 있다.

03

학교생활 중 배려, 나눔, 협력, 갈등 관리 등을 실천한 사례를 들고, 그 과정을 통해 배우고 느낀 점을 기술해 주시기 바랍니다.

(1,000자 이내)

좋은 지도자는 공감과 이해에서 비롯한다고 생각합니다.

저는 학급 임원으로서 반 친구들과 마음을 열고 소통하는 방법을 끊임없이 고민했습니다. 고민 끝에 작은 초콜릿과 함께 한 명 한 명의 장점을 적은 편지(6)를 준비했습니다. 모든 친구들의 장점을 찾아내는 것이 쉽지만은 않았습니다. 하지만 반 아이들과 나눈 사소한 대화, 행동들을 되새기며 친구의 장점을 찾아가는 과정은 분명 가치 있는 일이었습니다. ❶ 실제로 제가 글씨가 예쁘다고 칭찬한 친구 한별이가 제 칭찬이 '캘리그라피 작가'라는 진로를 정하는 데 도움이 되었다고 이야기하는 것을 듣고 큰 보람을 느꼈습니다. 또

춤에 온 열정을 쏟는 친구도 있었고, 일본어와 일본 문화를 무엇보다 사랑하는 친구도 있었고, 노래를 부를 때는 누구보다도 빛나는 친구도 있었습니다.

그런 친구들이 평소 자신의 끼를 마음껏 펼치지 못하는 것이 안타까웠습니다. 그래서 연말에 크리스마스 파티를 기획했습니다. 하지만 예상과 달리 친구들이 파티에 소극적인 모습을 보였습니다. 따라서 친구들을 섭외하고 파티를 기획하는 과정에서 어려움이 있었지만 제가 춤에 소질이 없는데도 춤 무대에 주도적으로 참여하고, 친구들을 찾아다니며 설득하자 친구들이 파티에 관심을 가지기 시작했습니다. 소심한 성격이 고민이던 친구 혜지, 주도적인 역할을 하지 않으면 속상해하는 친구 은성이 등 친구의 성격을 잘 알고 있었기에 파티 진행, 음악 편집 등 다양한 역할을 성격에 맞게 배분했고, 친구들 모두 어울려서 준비할 수 있도록 팀을 구성했습니다.

그 결과 초반에 파티 준비는 미진했지만 거의 모든 친구가 파티에 참여한 덕분에 성공적으로 파티를 끝마칠 수 있었고, 친구들이 즐거워하는 모습에 뿌듯했습니다. 이를 통해 리더는 구성원에 대한 공감과 이해를 바탕으로 조화와 융합을 이끌어내는 역할을 해야 한다는 것을 느껴 국제사회의 리더가 되려면 다양한 문화권을 진정성 있게 이해하고 소통 능력을 갖추어야겠다고 다짐했습니다.

📝
분석포인트

❶ 실제 친구들의 이름을 언급하면서 글을 서술했다. 진정성을 느낄 수 있으며 이런 내용이 실제로 학생부에 있으면 신뢰할 수 있다. 대부분 학생들이 공감, 배려, 나눔, 협력 등의 가치를 내세우는데, 이런 활동들은 교과와 관련이 없어 학생부에 기록되지 않은 경우가 많다. 그러니 선생님께 말씀드려 세세한 활동도 꼭 기록될 수 있도록 하자. 활용 가능성이 매우 높기 때문이다.

04

해당 모집 단위에 지원한 동기와 준비 과정을
기술해 주시기 바랍니다. (1,000자 이내)

저는 항상 외교에 관심이 많았습니다. 특히 동북아시아에 관심이 많고, 국제 정세가 녹아 있는 역사와 여러 국가의 문화를 알아가는 것이 즐겁습니다. ❶ 하지만 외교관이라는 직업에 한정되기보다는 다양한 분야에서 활동하는 외교 전문가가 되고 싶었기에 저는 늘 진로를 고민해왔습니다.

저는 외교에서는 국제사회를 예측하는 능력이 중요하다고 생각해 환경, 기술, 경제 분야의 변화를 다룬 다큐멘터리를 보거나 책을 읽으며 미래예측학자라는 꿈을 키웠습니다. 동시에 동북아 외교 전문가라는 꿈도 있기에 한국, 중국, 일본의 역사를 배우고 특히 한일 관계에 관심이 많아 일본사를 심화 학습하고 일본어를 공부하며 저만의 진로를 설계해나갔지만 무언가 부족한 느낌이었습니다.

그러던 중 ❷『유엔미래보고서 2045』(7)를 읽고 러시아에 관심이 생겼습니다. 책에서 기후변화가 사회에 끼칠 영향에 대해 읽다가 지구 온난화와 러시아가 밀접한 관련이 있음을 알게 되었습니다. 근현대사 과목에서 삼국간섭, 러일전쟁 등을 배우며 러시아가 국제 정세에 끼치는 영향이 크다는 것은 알고 있었지만 러시아의 전망은 생각해본 적이 없었습니다. 지구 온난화가 가속화됨에 따라 아시아나 남미의 식량 문제가 불거지는 반면 러시아는 영구 동토층이 녹아 어업, 농업을 비롯한 생산 활동이 활발해질 것이라는 예측을 보며, 저는 러시아의 영향력을 예상할 수 있었습니다.

그동안 러시아에 대해서는 중국과 일본보다는 잘 알고 있지 못했기에 러시아 미술에 관한 책으로 러시아에 접근해보았지만, 여전히 생소한 느낌이

들었습니다. 다양한 문화권을 이해하겠다고 했던 저의 다짐을 반성하고, 러시아의 역사와 언어를 알아야 예술도 잘 이해할 수 있겠다는 생각이 들었습니다. 국제사회의 변화를 예측하는 동북아 외교 전문가로서 러시아에 대한 전문적인 지식과 러시아 문화에 대한 이해를 바탕으로 러시아의 영향력에 대비해 실효성 있는 외교를 설계하고자 노어노문학과에 지원했습니다.

📝
분석포인트

❶ 자신의 진로를 구체적으로 차별화했다.

❷ 러시아에 관심을 가지게 된 동기를 근현대사 수업, 독서 활동처럼 학교 생활에서 할 수 있는 활동을 통해 풀어냈다. 이처럼 학교생활 속에서 풀어 나갈 수 있는 활동을 수행하는 편이 유리하다.

고려대학교(세종)
문화ICT융합전공

2019학년도 미래인재전형 선발, 서울 일반고등학교

사실 우리가 많이 사용하는 사례는 아니다. 애초에 특기자 전형이기도 하고, 모범적인 활동이라 할 만한 보편적 합격자가 아니기 때문이다. 그럼에도 이 사례를 굳이 보여주는 이유는 다음과 같다. 첫 번째, 자기소개서에 역량을 극대화해 보여줌으로써 합격한 학생이기 때문이다. 학생부를 분석하는 책이 아닌 만큼 자세한 내용을 밝힐 수는 없지만, 이 학생의 과 내신은 해당 대학의 통상적 평균 합격선보다 3등급 정도 아래였다. 또한 공학 계열을 지망함에도 물리 교과를 선택한 적도 없다. 하지만 장학금을 받고 합격했다. 두 번째, 이 학생은 본래 자연 계열 학생임에도 인문 계열 학과에 지원해 합격했다. 교차 지원에 관심이 있는 학생이라면 이 자기소개서가 분명 도움이 될 것이다(특히 2번 문항을 잘 읽고 글의 흐름에 주목하면 많은 교훈을 얻을 수 있다).

· 자기소개서 설계도 ·

A_내가 되고 싶은 사람과 이루고 싶은 가치	A를 꿈꾸는 이유와 계기
예술공학자	예술의 가치에 특히 주목하고 작곡, 작품 감상 등에 관심이 많음. 우연한 계기로 미술 작품의 위변조를 방지할 수 있는 기술을 고안하고, 이를 개발하고자 여러 가지 구체적인 노력을 해옴
B_A를 위한 과정 속에서 필요한 조건	**B를 내가 갖췄다는 증거**
– 예술에 대한 깊은 관심 및 애정 – 창의성 – 공학을 통한 문제 해결 역량 – 수학 역량	– 발명품경진대회 수상 (1학년, 3학년) – 물리 소논문 대회 수상 – 기하와 벡터 QAT 프로그램 참여 – 음악 감상 동아리 – 국제 문화 교류반
C_대학이 필요로 하는 이유 및 대학이 바라는 인재상	**C의 대학이 바라는 인재상을 갖춘 증거**
– 문화유산 전문연구역량 – 문화유산·기술 융복합역량 – 문화유산·기획 응용역량	– 미술작품 위변조 기술에 대한 창의적 방안 고안 – 암호화 기술을 기반으로 미술 작품 위변조 기술에 대한 물리 소논문 작성
D_대학에 가서 A를 이루기 위한 계획	**대학의 참고할 만한 진학 후 프로그램**
– 다양한 연구지원 프로그램 참여 계획· – 컴퓨터언어 학습을 통해 암호화 기술 학습	별도로 없으나, 다양하고 구체적인 프로그램 참여 의지를 해당 문항에서 강조

자기소개서

01

해당 모집단위를 지원한 동기와 고려대학교 입학 후
자신의 진로를 개척하기 위한 계획을 기술해 주시기 바랍니다.

(1,000자)

　❶ 작곡 프로그램으로 꾸준히 음악을 창작하고 미술 작품 감상하기를 즐기면서 사실 처음에는 교과 공부에 흥미를 붙이지 못했습니다. 하지만 음악이 정신을 치유한다면 기술은 실제 삶 자체를 개선한다고 생각한 다음부터는 관심을 갖고 ❷ 발명품경진대회에 꾸준히 참여해왔습니다. 그리고 ❸ 3학년 수능특강 국어 독서 지문을 풀던 중 위작의 예술성을 다룬 지문을 접했고 원작의 창조성이 더 중요하다고 생각해 'ㅇㅇㅇㅇ 위변조 방지를 위한 ㅇㅇㅇㅇ 추출과 ㅇㅇ ㅇㅇㅇ'을 설계해 발명품경진대회에서 대상을 수상했습니다. 앞으로도 이렇게 공학적 기술을 기반으로 예술의 한계를 극복하는 예술공학자로 일하고 싶다는 생각을 한 결정적인 계기였습니다. 그리고 이런 시스템을 실제로 개발할 수 있다면 문화재로 분류되는 오래된 고문서의 원작으로서의 가치 역시 간단히 보존할 수 있을 것이라는 생각까지 이어졌고 ❹ 이에 문화기술 전문가를 양성하고자 하는 고려대학교 문화ICT융합전공에 지원했습니다. 진학 후에는 특히 미술 관련 과목을 수강해 예술 분야에 대한 교양을 더욱 심화시키고자 합니다. 특히 제 발명품은 고유의 패턴을 가진 천연소재를 바탕으로 한 작품과 문화재에만 국한된다는 점에서 예술사를 깊이 탐구해 이런 작품에 사용된 다양한 소재들을 탐구해보고, 고유의 패턴이 없는 경우에도 위변조를 간단히 제한할 수 있는 방안을 탐구해보고 싶습니다. 또한 미술작품 위변조 방지 시스템을 실제로 개발해내고자 컴퓨터 언어 역시 충분히

학습해 관련 기술을 갖추고자 합니다. 이후에는 고등학생의 신분이라 자격 미달로 신청하지 못한 ○○○○○○ 연구지원 프로그램에 참여해 궁극적으로는 직접 위변조 방지 시스템 개발까지 도달해보고 싶습니다. ❺ 비교적 늦게 공학도로서의 꿈을 갖는 바람에 기초 지식은 미비하더라도 제 관심 분야에 대한 공학적 고민만큼은 자신이 있습니다. 고려대학교가 이런 제 꿈을 이루는 중요한 주춧돌이 될 수 있다고 믿습니다.

- - - - - - - -

특기자 전형이기 때문에 외부 경험을 특히 내세우기도 하고 문항의 순서도 다르다. 이를 고려해서 읽어보길 바란다. 각 활동을 어떻게 자신의 진로와 연결하고 가치를 이끌어내는지를 특히 주목해서 읽어보길 바란다.

분석포인트

❶ 예술공학자를 지망하는 만큼 예술에 대한 관심을 드러냄과 동시에, 교과 내신에 약점이 있음을 가장 먼저 인정하고 있다.

❷ ❶에서 굳이 약점을 제시한 이유는, 그럼에도 다양한 교내 대회에 적극적으로 참여하고 도전했다는 도전 정신을 강조하기 위함이다.

❸ 대상을 수상했다는 점도 대단하지만(이게 이 학생의 핵심 활동이다) 그 계기가 더 인상적이다. 교과 학습이 그 기반이었기 때문이다. 즉, 예술에 대한 관심과 애정이 있었기에, 이 지문에 특히 관심이 있었고, 이것이 관련 문제를 해결하는 데 필요한 공학적 해결책을 고민하는 단계까지 이어진 셈이다. 이 흐름에 특히 주목해보길 바란다.

❹ 문항의 목적에 걸맞게 이것이 자신이 진로를 형성하는 계기로 이어졌음을 제시하고 있다.

❺ 자신의 발전 가능성을 앞에서의 활동을 기반으로 강조하고 있다. 또한 그 앞에서도 구체적인 진로 계획을 서술하고 있다. 이렇게 진로 계획은 구체적이면 구체적일수록 좋다.

02

지원하는 모집단위와 관련된 본인의 특기 및 역량 또는 창의성을 잘 보여주는 고등학교 입학 이후의 교내 · 외 활동 경험 및 성취를 3개 이내로 기술해 주시기 바랍니다.

(검정고시 합격자는 원서접수일로부터 3년 이내의 활동 경험 및 성취를 기재)

1학년 발명품경진대회

❶ 공감의 마음을 기반으로 공학적 발상을 발휘해본 경험이 있습니다. 1학년 때 할머니 집에 갔다가 깊은 시골 마을에서 겨울밤을 지새운 적이 있습니다. 당시 폭설이 내리는 바람에 쌓인 눈의 무게를 견디지 못해 비닐하우스의 받침대가 휘어지는 등, 아예 무너지기 직전의 상황이었습니다. ❷ 한 번 무너진 비닐하우스를 다시 세우는 일은 노인이 대부분인 시골 마을에서 너무 힘든 일일 것이라고 생각돼 고민한 결과 ❸ 스크류의 회전력을 활용한 제설 장치를 개발해봤습니다. 특히 이를 사용하는 분 ❹ 대부분이 시골 마을의 노인일 것이라는 사실을 고려해서, 충전식 모터를 하나만 이용해도 충분히 회전

력이 발휘될 수 있도록 설계해 제작비용을 낮추는 동시에 사용법을 최대한 간단히 하는 데에 집중했습니다. 이런 다양한 점을 고려해서 설계도를 작성한 덕분에 1학년 발명품경진대회에서 수상할 수 있었지만 이와 별개로 실제 프로토타입을 제작해봤습니다. 그 결과 스크류가 무거워 오히려 비닐하우스를 훼손할 수 있음을 발견했고 이를 방지하고자 연질 플라스틱으로 교체해서 시연까지 성공했습니다. 물리를 이수하지 않았음에도 물리학적 지식을 교과서와 참고서에서 찾아가며 이렇게 발명에 도전해보고, 실제 프로토타입까지 제작해본 이유는 역시 어르신에게 도움이 됐으면 하는 마음이 발명의 계기였기 때문이라고 생각합니다. 앞으로도 타인의 문제 상황에 공감할 수 있는 공학자가 되고자 합니다.

3학년 발명품경진대회

❺ (전략) 이에 직접 암호화 방안을 고민하던 중 ❻ 뉴스를 보다가 범죄자의 얼굴이 모자이크 처리된 장면을 보게 됐습니다. 패턴을 모자이크로 바꾸면 암호화가 가능할 것이라는 생각에 ○○ ○○○○ ○○○○○○ 포토샵으로 담임선생님의 도움을 받아 패턴의 명암에 따라 밝기값을 달리 지정하여 직접 모자이크 처리를 하는 데 성공했습니다. 또한 실제로 ○○○○ ○○○○ 이 모자이크 패턴 역시 달라진다는 점을 확인할 수 있었습니다. 시연하는 과정을 차근차근 정리해 보고서로 작성했고 ❼ 3학년 발명품경진대회에서 '○○○○ 위변조 방지를 위한 ○○○○ 추출과 ○○ ○○○'으로 대상을 수상하고 서울시발명품경진대회에서도 수상할 수 있었습니다. 하지만 실제 개발을 목표로 하는 만큼 이는 끝이 아니라 시작이었습니다. ❽ 현재는 직접 화랑 갤러리를 방문해 작가님들을 찾아뵙고 피드백을 받고 있습니다. 나중에 개발이 완료됐을 때 가장 먼저 사용할 수 있는 기회를 달라고 부탁하신 분까지 계셨고 지지 서명을 해주시기도 했습니다. 공학적 관점에서 예술의 문제점을 해결하려는 시도였다는 점이 제게 가장 기억에 남는, 현재 진행 중

인 경험입니다.

물리 소논문 대회

❾ '○○○○ 위변조 방지를 위한 ○○○○ 추출과 ○○○○○' 설계하는 과정에서 스스로 다양한 분야를 탐구해봤기에 발명품에 필요한 보완점과 논리적 설계 과정을 주제로 소논문 대회 물리 부문에 도전해봤습니다. 특히 발명품경진대회 심사 과정에서도 그랬듯이 저 스스로도 ○○○○○ 넘어서 ❿ 더욱 튼튼한 암호화 알고리즘이 필요하다고 생각했기에 이 부분에 주목해 탐구해봤습니다. 암호화 관련 지식을 쌓고자 『정보보안의 이해』 등 관련 책을 읽은 결과 심화된 암호화 알고리즘을 구현하려면 수학, 그 중에서도 벡터를 이해할 필요가 있다는 생각이 들었습니다. ⓫ 이에 수학 선생님께 조언을 구했고 그 결과 '기하와 벡터 QAT 프로그램'을 신청해 선생님과 함께 암호화를 집중적으로 탐구했고 교과서를 최대한 활용하면서 관련 논문을 함께 읽었습니다. 논문을 읽으면서 마주한, 이해하기 어려운 용어는 『스토리로 이해하는 암호화 알고리즘』 같은 책을 읽으면서 보완하기도 했습니다. (중략) 더욱 심화된 방법을 고안할 수 있었습니다. 이를 토대로 보고서를 작성했고 심사에서 심사위원들이 하신 암호화에 대한 질문에도 막힘없이 답변한 덕분에 은상을 수상할 수 있었습니다. 앞으로도 창조적 발상을 토대로 이를 구현할 기술적 방법을 고민하는 공학도로서의 자세를 이어가고 싶습니다. 또한 관련 암호화 개발 역량을 문화ICT융합전공의 전공 수업을 통해 지속적으로 발전시키고자 합니다.

- - - - - - - -

일반 학생부종합전형의 2번 문항과 유사하다.

분석포인트

❶ 현실의 문제를 해결하기 위해 공감의 정신을 발휘했다는 점을 내세우고 있다.

❷, ❸ 이렇게 공감의 정신을 기반으로, 공학적 해결책을 도출해냈음을 강조하고 있다.

❹ 개발 과정에서도 사람을 위한 고민이 이어지고 있음을 강조했다. 잘 보면, 수상 경력임에도 수상 자체를 내세우기보다 그 과정에서 자신이 어떤 고민과 경험을 했는지를 내세우고 있다. 이게 핵심이다. 성과는 어차피 학생부의 객관적인 기록으로 확인할 수 있으니, 자기소개서에 그 계기와 과정, 고민의 흔적들을 녹여내야 좋은 평가를 받을 수 있다.

❺ 실제 개발 중인 학생의 특허와 관련된 구체적인 내용은 삭제했다. 애초에 이게 중요한 것이 아니라 아래 나올 개발 과정에서의 고민이 중요한 것이다.

❻ 개발 아이디어를 떠올린 결정적인 계기를 잘 제시하고 있다.

❼ 특기자 전형이라 외부 수상도 내세웠지만, 종합 전형에서는 불가능하다.

❽ 수상 이후로도 이어진 구체적인 노력을 표현하고 있다. 여기서도 수상 자체는 ❽에서만 단편적으로 설명하고 있다는 점에 주목하라.

❾ 이 학생은 수행한 활동이 다양하지 않았던 만큼, 이어지는 활동 역시 위의 활동과 관련된 활동이다.

❿ 다양한 노력을 강조할 것이라고 제시했다. 다시 한 번 말하지만, 여기서도 수상 자체를 강조하기보다는 자신의 필요에 의한 다양한 탐구 과정,

노력의 흔적을 강조하는 것이 좋다.

❶ 수학 선생님께 조언을 구하고, 방과후 프로그램에 참여하고, 책을 읽고, 논문을 읽고, 이런 노력한 과정들을 잘 보여주고 있다. 대부분의 중하위권 내신인 학생은 깊이 있는 활동들을 다양하게 수행하지 않거나 수행하더라도 교과와는 다소 동떨어진 활동을 하는 경우가 많다. 하지만 이 학생은 자신의 진로에 필요한 공부이기 때문에 기꺼이 도전했다는 점에 주목하자. 앞서 말했듯이 이 학생은 물리 교과도 이수하지 않았고 수학 교과 내신도 낮다. 그럼에도 이 학생이 합격한 이유는, 자신이 가지고 있는 약점들을 이런 구체적인 노력으로 정면 돌파했기 때문이다. 독자 여러분들도 자신감을 갖고 다양한 활동에 충분히 도전해보고, 자신의 교과 내신에 약점이 있다면 이로써 극복해내길 바란다. 이미 결정된 교과 내신은 되돌릴 수 없지만 다양한 도전과 관련 활동은 앞으로도 할 수 있기 때문이다.

03
학교 및 기타 단체 생활 중 타인에 대한 배려, 타인과의 협력,
타인을 이끄는 리더십 등을 실천한 사례를 들고,
그 과정에서 배우고 느낀 점을 기술해 주시기 바랍니다.

예술이 소통의 기반이 될 수 있음을 동아리 활동과 봉사 활동에서 배웠습니다. 입학 당시 스스로 공부를 이어갈 자신이 없었습니다. 이에 저희 고등학교에서 공부를 가장 잘하는 선배들과 함께 다양한 사회문제를 탐구할 수 있다는 동아리 ○○○에 고된 면접 끝에 가입했습니다. ❶ 하지만 막상 홍보 때와 달리 대부분 자습을 하면서 보내는 시간이 많았습니다. 이에 차라리 제가 좋아하는 분야를 즐기고자 2학년 때 힘들게 들어온 동아리를 탈퇴하고 음악감상동아리에 가입했고 이내 회장까지 맡게 됐습니다. 지도 선생님께서는 클래식 음악을 간단한 설명과 함께 틀어주셨습니다. 평소 다양한 음악을 감상해왔지만 클래식에 대한 경험은 신선했습니다. 하지만 대부분의 학생이 그 시간 동안 그저 잠들기 마련이었습니다. ❷ 그래서 클래식을 현대식으로 재해석한 장르의 음악을 피아노 멜로디를 기반으로 간단하게 작곡해보고 선생님께 부탁드려서 감상 시간에 틀어봤습니다. 친구들은 생각보다 훨씬 더 좋은 반응을 보이며 서로 의견을 나누었고 심지어 자습 시간에 듣고 싶다고 아예 음악을 공유해달라고 하기도 했습니다. ❸ 이를 계기로 적절한 음악이 소통의 계기가 될 수 있음을 깨달았습니다. 3학년 때는 좀 더 많은 사람과 소통해보고 싶은 욕심에 국제문화교류반에 가입하고 지도 선생님의 소개로 전 세계 학생이 모여서 더 나은 환경을 도모하는 '○○○○○ ○○○ ○○○○○ ○○○'에 통역자로 참여했습니다. ❹ 참여자 대부분은 다른 문화적 배경에서 온 만큼 낯을 가렸는데, 이에 미국에서 온 옆자리의 마이크에게 좋아하는 아티스트를 물어보며 대화의 물꼬를 텄습니다. 그렇게 참여자 간 소통의 계기를 마련할 수 있었습니다. 앞으로도 예술을 다리로 삼아 널리 많은 사람의 마음을 열어보고 싶습니다. 또한 이렇게 예술이 소통의 기반이 된다면, 예술을 보존하는 일은 더욱 중요해질 거라는 생각이 들어 예술공학자로서 제 진로를 더욱 구체화하게 됐습니다.

분석포인트

❶ 예술에 대한 관심을 잘 보여주고 있다. 많은 학생들이 예체능 동아리를 차선책으로 삼거나 기피하는데 이유는 입시에 불리하다고 생각하기 때문이다. 하지만 꼭 그렇지는 않다. 결국 동아리 활동은, 그 동아리 명이 아니라 그 안에서 얼마나 유의미한 활동을 했는지로 평가받기 마련이다.

❷ 이렇게 그 안에서 자신의 장점인 작곡 역량을 발휘해 적극적으로 활동에 나서고 있다는 점이 인상적이다.

❸ 그리고 이는 예술을 통해 소통 가능성을 확인하는 깨달음으로 이어진다.

❹ 마지막으로 유사한 경험으로 이어지고 있다. 소통이라는 배려, 협력과 밀접한 가치를 제시함과 동시에 예술에 대한 관심과 애정까지 고루 보여주고 있다.

05
일반편

연세대학교 경영학과

2019학년도 학교활동우수자 선발, 서울 일반고등학교

4개 대학에 지원했고 연세대를 비롯해 총 3개 대학에 최종 합격했다(다만 현재 고려대에 재학 중이다). 특이한 점은 경영학 중에서도 마케팅에 가장 많은 관심이 있음에도 활동 대부분 경제학에 기반을 두고 있다는 사실이다. 이런 활동과 관심사 간의 차이를 어떻게 자기소개서를 통해 좁혀나가는지 살펴보길 바란다.

· 자기소개서 설계도 ·

A_내가 되고 싶은 사람과 이루고 싶은 가치	A를 꿈꾸는 이유와 계기
마케팅 전문가	올바른 소비를 건강한 방법으로 권해주는 사람이 되고 싶다는 생각을 하며 마케터를 지망함. 고객과의 관계를 개선, 지속시키는 다양한 방법을 많이 고민함.

B_A를 위한 과정 속에서 필요한 조건	B를 내가 갖췄다는 증거
- 사람에 대한 다양한 관심 - 창의성 - 시장에 대한 이해 및 다양한 탐구 경험 - 이타적 태도	- 항일유적지 탐방 지도 작성 - 시사 이슈 토론부에서 경영 전략 프로젝트 기획 - 경제 탐구반 활동 - 특수반 친구를 주연으로 영상 기획
C_대학이 필요로 하는 이유 및 대학이 바라는 인재상	**C의 대학이 바라는 인재상을 갖춘 증거**
- 기획적 창의성 - 다양한 학문에 대한 관심(통섭적 사고력) - 글로벌 역량 - 리더십	- 창의적인 모의 여행 프로그램 기획 - 특수반 친구를 위한 관심 및 배려 - '복불복 가격 흥정'을 통한 행동경제학 학습 - 균형가 도출 과정을 체험하기 위한 시장 원리 게임 기획
D_대학에 가서 A를 이루기 위한 계획	**대학의 참고할 만한 진학 후 프로그램**
- 윤리적 경영에 대한 공부/프로젝트 진행 - 사람을 위한 경영에 대해 공부	CLC 과정(연세컨설팅프로그램)

자기소개서

01

고등학교 재학기간 중 학업에 기울인 노력과 학습 경험에 대해,

배우고 느낀 점을 중심으로 기술해 주시기 바랍니다.(1,000자 이내)

경제학은 경영학의 세계를 설명할 수 있는 물리법칙이라고 생각했습니다. ❶ 경영학과를 꿈꾼다면 당연히 자본주의 세계의 원리를 알아야 한다고 생각해 경제 과목을 선택했습니다. 경제학의 기본 가정에 따르면 경제적 인간은 합리적이며 이기적이라서 어떤 상황에서도 일관되게 합리적 선택을 한다고 배웠습니다. ❷ 하지만 이후 교내 인문학특강에서 실제로 인간은 늘 합리적 선택만을 내리지 않고 위험을 감수하는 등의 비합리성을 보이기도 함을 다양한 사례를 통해 알려줬습니다.

'복불복 가격흥정'은 이를 직접 확인해보는 계기였습니다. 날씨가 더워서 축제에서 음료수 판매를 기획했는데, ❸ 재미도 추구하고 원활히 모객도 하고자 정가인 1000원에 구매하는 선택지와 0원부터 3000원까지 무작위 가격으로 구매하는 선택지를 주었습니다. 이때 무작위 가격은 확률을 고려해서 정가의 기댓값이 1067원이 되도록 구성했습니다. 결과적으로 보면 실제 정가보다 비싸게 책정한 셈이었습니다. 그래서 사람들이 정가만 선택할까봐 조마조마 했지만 다들 무작위 가격을 선택했고 정가로 판매했을 때보다 더 높은 수익을 거두어 사람들이 실제로 ❹ 휴리스틱 사고를 거쳐 비합리적 선택을 내림을 배웠습니다. 2학년 겨울에는 ❺『행동경제학』을 읽고 인간의 비합리성을 본격적으로 공부해 보았습니다. 마침 수능특강 국어 지문에서 다룬 프로스펙트 이론을 친구들이 어려워하는 것을 보고 발표를 통해 이론적 배경과 함께 설명해 주었습니다. 또한 축제에서의 경험을 예시로 들어 사람들이 때로는 어떤 비합리적 선택을 내리는지 행동경제학의 관점에서 설명해주었고, 덕분에 다 함께 재밌게 공부할 수 있었습니다.

❻ 경영학을 이해하려면 그 대상이 되는 소비자, 즉 사람에 대한 이해가 가장 중요하다고 생각합니다. 따라서 전문 마케터가 되려면 마케팅을 넘어 이를 사람들이 어떻게 수용할지 알아야 한다고 생각합니다. 앞으로 사람에 대한 이해를 기반으로 사회 변화를 읽어내는 힘을 길러 총체적인 관점에서 시장의 흐름을 읽고 사람을 이해하는 경영학도가 되고자 합니다.

- - - - - - - -

앞에서 설명했지만 학생은 경제학과 관련된 경험이 많다. 경영학과 경제학은 접점이 분명 있지만 영역이 다르다. 연세대학교 경영학과 학과 안내에도 명시된 내용인데, 경영학에서도 경제학을 배우기는 하지만 절대 깊이 들어가지 않는다. 이론에 기반을 두고 현실에 적용하는 것이 더 중요하기 때문이다. 따라서 1번 문항은 상투적으로 경제학 지식을 내세우기보다 경제학을 기반으로 어떤 경험들을 쌓았는지 보여주는 방향으로 설계했다.

📝
분석포인트

❶ 경제학에 관심은 있지만 최종 관심사는 경영학을 향해 있음을 가장 먼저 강조하고 있다. 확실히 전제로 하고 싶은 부분은 가장 먼저 제시해주는 것이 좋다.

❷ 본인이 참여한 특강에서 발생한 관심사를 제시하고 있다. 이렇게 본디 어떤 탐구나 실험은 작은 의문이나 문제 제기에서 시작하는 법이다. 그 점을 잘 짚어야 탐구 과정이 자연스럽고 개연성 있게 전개된다.

❸ 실제로 학생은 당시 '랜덤 박스'같이 시중에서 유행하는 마케팅 방식이 재미있다고 느껴서 이런 방식을 기획했다. 즉, 경제학에 대한 이해를 기반으로 설계한 가격 정책이 아니라는 뜻이다.

❹ 예상 밖의 결과는 학생의 세부 관심사인 행동경제학에 대한 심화된 관심으로 이어진다.

❺『행동경제학』자체는 꽤 어려운 책이지만 앞에서 행동경제학에 왜 관심이 생겼는지 계기가 등장한 만큼 독서 동기는 분명하다. 그리고 이는 친

구의 학습에 도움을 주려는 이타적 경험으로 이어진다. 이때 축제에서의 가격 정책 경험을 다시 활용했다는 점도 흥미로운 지점이다.

❻ 이렇게 본인이 행동경제학에 투자한 많은 관심과 경험이 왜 나중에 마케터가 될 자신에게 중요하고 필요한 것인지를 보여주는 부분이다. 이 친구의 경제학에 대한 관심이 왜 마케터로서의 진로와 이어지는지 납득이 된다. 이렇게 자연스럽게 설득하는 자기소개서가 좋은 자기소개서다.

02

**고등학교 재학기간 중 본인이 의미를 두고 노력했던 교내 활동을
배우고 느낀 점을 중심으로 3개 이내로 기술해 주시기 바랍니다.
단, 교외 활동 중 학교장의 허락을 받고 참여한 활동은 포함됩니다.**

(1,500자 이내)

학교에서 막연히 공부만 하는 것이 아니라 학교 주변에도 관심을 갖던 중 ❶ '종로구 항일유적지의 관리 부실'에 관한 기사를 접하게 됐습니다. ❷ 이를 실제로 확인해 보려고 각각의 유적지들을 방문해보니 반복적인 지적을 받았음에도 아직도 개선되지 않은 모습이 보여서 많이 실망했습니다. 이에 심각성을 느껴 관련 항일운동가 단체를 찾아가 인터뷰를 요청했고 이 문제를 해결하려면 ❸ 사람들의 지속적인 관심이 필요함을 느꼈습니다. 학생 입장에서 실천할 수 있는 해결책을 고민한 결과 유적지 탐방지도를 제작하기로 결정했습니다. 한국어만이 아니라 외국인에게도 충분히 직관적인 설명을 담고자 여러 차례 설문 조사를 거쳐 영어로도 제작하는 등 지도의 완성도를 높였습니다. 그 과정에서 김상옥기념사업회 등 관련 단체의 피드백도 적극 수용했으며 종로구청에 관련 제안서를 접수했습니다. ❹ 이렇게 다양한 사람들과 소통하여 해결책을 도출해보면서 결국 사람에 집중했을 때 현실의 문제도 해결할 수 있다는 자세를 배울 수 있었습니다.

❺ 교내 '청출어람 프로그램'에서 기획적 창의성을 배웠습니다. 경제수업에서 일일교사를 맡아 '원료공급자 – 공급자 – 수요자' 세 주체가 서로 가격을 흥정하면서 ❻ 스마트폰의 균형가가 도출되는 게임을 기획해 모두가 가격결정의 원리를 배울 수 있도록 했습니다. 중3 때 대학 전공 프로그램에서 참여한 게임에서 모티브를 얻어 기획한 프로그램이었는데 ❼ 공급자들이 담합해 부당이득을 취하고 가격을 올리는 문제가 벌어졌습니다. 불공정한 거래행위는 시장의 효율성을 저해하는 만큼 이 문제를 해결할 장치를 고민했고 마침 경제수업 시간에 공정하고 자유로운 시장을 추구하는 기관인 ❽ '공정거래위원회'에 대해 배웠습니다. 이를 제 프로그램에 반영해보고자 공정거래위원회의 구체적인 제재항목을 알아봤고 '부당공동행위'와 '부당내부거래' 등에 관한 경쟁 정책을 공부했습니다. 여기서 아이디어를 얻어 기존 게임의 고발제도에 ❾ 공정거래위원회의 역할을 도입해 보완했습니다. 시장 원리와 시장 실패의 보완책을 직접 경험해보면서 경제학에 대한 제 이해를 더욱 심화시킬 수 있었습니다.

❿ 세계지리 여행상품대회는 글로벌 역량을 기르게 해준 활동입니다. 캐나다 여행 상품을 기획하는 행사였는데 기존의 획일적인 상품에 실망해 진짜 캐나다를 즐길 수 있는 상품을 기획하고자 했습니다. 이를 위해 캐나다 관련 다큐멘터리를 5편가량 보고 캐나다의 자연지리적 특성과 그에 파생된 인문지리, 문화적 특성을 파악해 이를 경험할 수 있는 상품을 기획했습니다. ⓫ 메이플시럽을 면세점에서 사는 대신 직접 만들면서 캐나다의 추운 기후와 식민지 역사를 배우고, 앨버터에서 스테이크를 먹으며 록키산맥과 목축업의 관계

를 배울 수 있도록 교육과 문화체험의 의미를 담았습니다. 또한 ⓬ 대상이 고교생임을 고려하여 교육부 장학금 후원 제도를 이용해 전체 비용을 낮추는 등 현실적 보완책을 제시해봤습니다. 이 모든 과정에서 ⓭ 영어 자료에서 정보를 획득하는 외국어 능력, 문화적 배경과 형성 과정을 이해하는 세계적 인식을 기를 수 있었습니다.

- - - - - - - -

2번 문항에서는 대학이 필요한 이유와 대학이 바라는 인재상에 대응하는 역량들을 고루 보여주려 노력했다. 물론 항상 그래야 하는 것은 아니지만, 그게 얼마나 잘 이루어지고 있는지 신경 쓰면서 읽어보면 좋은 사례 공부가 될 것이다.

📝
분석포인트

❶, ❷, ❸ 각각의 단계는 적극성의 정도를 잘 보여주고 있다. 기사를 접하고 이에 문제의식을 느끼는 것은 누구나 할 수 있다. 유적지를 방문한 것이 제법 훌륭한 적극성이다. 마지막으로 실질적인 해결책을 고민해본 사례는 매우 뛰어난 적극성을 보여준다. 평가자가 학생에게 기대하는 '적극성'은 바로 이런 것이다. 어떤 문제를 발견하고, 그 문제를 깊이 고민해보고, 자신이 가능한 선에서 타당한 해결책을 도출해보는 것 말이다.

❹ 이렇게 적극성이 두드러지는 활동임에도, 적극성을 배우고 느낀 점으로 제시하는 대신에 자신이 내세워야 할 또 다른 역량인 '사람에 대한 이해'를 제시하고 있다. '적극성'을 이때 내세운다면 그건 하수다. 누구든 이 활동

을 읽는다면 적극성을 충분히 확인할 수 있기 때문이다. 이때 배우고 느낀 점으로 굳이 적극성을 다시 한 번 강조한다면, 그건 불필요한 반복에 지나지 않는다.

❺ 이번에는 자신이 배우고 느낀 점을 먼저 제시하고 있다. 배우고 느낀 점을 내세워서 강조하고 싶을 때는 이렇게 그걸 맨 앞에 배치해서 두괄식으로 진행하는 것도 좋은 방법이다.

❻ 본인이 관심을 갖고 있던 경제 과목인 만큼, 그에 걸맞게 제법 흥미로운 프로그램을 기획한 듯하다. 그런데……

❼ 그 과정에서 문제가 발생했다고 한다. 다만 이를 어떤 실패로 규정하기보다 자신이 알고 있는 지식을 활용해 해결책을 제시한다. 그 과정을 잘 주목하자.

❽ 어떤 문제를 해결하는 데(자세한 내용은 p.93 좋은 독서의 기준 참고) 독서를 활용하는 것은 좋은 방법이다. 하지만 이렇게 적극적으로 수업 시간에 배운 내용을 활용해보는 것도 좋다. 사실 더 좋다. 수업에서 파생되는 경험이기 때문이다.

❾ 그 해결책에서 경제학에 대한 자신의 이해 역시 발전했음을 내세우고 있다. 기획적 창의성에 더해 한 가지 더 배우고 느낀 점을 제시한 것이다.

❿ 글로벌 역량(세계적 인식도 마찬가지로)은 연세대도 사용하는 워딩이라, 이를 그대로 활용했다. 글로벌 리더십, 국제화 역량과 동의어에 가깝다.

⓫ 이런 기획 자체가 굉장히 창의적인가? 아니다. 앞의 '복불복 가격흥정'이나 '청출어람 프로그램'에서의 기획은 창의적이라고 볼 수도 있지만 이건 절대 아니다. 그렇다면 왜 이 내용을 썼는지 궁금할 것이다. 이런 구체적인

고민의 흔적을 보여주는 것 자체가 아주 유의미하기 때문이다. 이 학생이 다양하고 섬세하게 고민한 흔적을 보여줌으로써 간접적으로라도 눈치 채게 하려는 것이다.

❷ 학생 스스로는 가장 자랑스러워한 부분이다. 그래서 이 부분을 특히 살리려고 공을 많이 들인 기억이 난다. 본인이 경제학에도 관심이 많은 만큼, 경제학적 효율성 역시 중요시했음을 알 수 있는 부분이다.

❸ 이 부분이 왜 글로벌 역량, 세계적 인식과 닿아 있는지 설명하고 있다.

03
학교 생활 중 배려, 나눔, 협력, 갈등 관리 등을 실천한 사례를 들고,
그 과정을 통해 배우고 느낀 점을 기술해 주시기 바랍니다.
(1,000자 이내)

영화감독을 맡아 킹스맨을 패러디한 '복스맨' 영상을 제작하면서 관계와 이미지에 대해 성찰해봤습니다. ❶ 저희 조에 따돌림을 당하는 특수반 친구가 있었는데 이 친구에게 영상의 가장 핵심 역할을 제안해봤습니다. 평소에는 소극적이지만 기회가 주어지면 기꺼이 도전하는 친구라고 생각해왔기 때문입니다. 방과 후 늦은 시간까지 친구들과 합을 맞췄고 특수반 친구와 다들 가까워졌다고 생각했습니다. 상영회 때도 다들 특수반 친구의 연기에 폭발적인 반응을 보였고 그 친구에게 먼저 말을 걸기도 했습니다. ❷ 따돌림도 끝이라 생각했지만 영상의 효과는 잠깐이었고 결국 저만 가까운 친구로 남게 돼

안타까웠습니다. 이는 본질적인 인간관계에 대한 고민으로 이어졌고 서로에게 부여하는 이미지에 주목했습니다. 학기 초에 학우들은 ❸ 이 특수반 친구에게 선입견을 토대로 부정적 이미지를 심었고 그 이미지는 지금까지 강화돼 왔습니다. 복스맨에서 새로운 긍정적 이미지를 덧댔지만 기존의 강화된 부정적 이미지의 영향으로 이내 묻혀버렸다고 판단했습니다. 이에 긍정적 관계를 형성하려면 긍정적 이미지를 장기적으로 쌓아가야 한다고 생각했습니다. 3학년 학급회장이 됐을 때도 이에 주목해 ❹ 학우 간 긍정적 이미지를 쌓는 데 집중했습니다. 특히 학기 초에 스승의 날 이벤트를 진행했습니다. 스케치북에 반 친구들 각자 선생님께 하고 싶은 말을 쓰고 읽어보는 장면을 영상으로 제작했는데, ❺ 이때 모든 학우에게 역할을 부여해 소통과 협력을 유도했습니다. 그 결과 학기 초의 거리감을 많이 해소할 수 있었습니다. 이후에도 장점을 파악하는 나름의 특기를 발휘해 학급일기에 친구의 장점을 하나씩 적기도 하고, 학급사진을 멋지게 찍자고 제안하는 등 사소한 일상 속에서 긍정적 이미지를 쌓아가려고 노력했습니다.

이때 만약 혼자서만 노력했다면 긍정적 이미지는 형성되지 않았을 것입니다. 무엇보다도 좋은 이미지를 만들어낸 것은 결국 반 친구들의 호응 덕분이라 생각합니다. ❻ 이를 통해 이미지 형성은 결국 협력을 통해 이루어짐을 느꼈습니다.

- - - - - - - -

학생 스스로가 굉장히 의미를 둔 경험이다. 평가자 입장에서는 그렇게 대단하거나 좋은 활동이라고 생각되지 않았지만, 학생이 원했기에 선택한 소재다. 이는 사견이기는 하지만, 학생 스스로 반드시 쓰고 싶은 활동이라면 최대한 이를 살리는 방향으로 자기소개서를 작성하는 것이 좋은 자기소개서가 만들어지는 정도(正道)라고 생각한다. 이 자기소개서도 소재 자체를 보기보다는 그 소재를 다루는 방식, 글의 흐름에 주목해보면 좋겠다.

분석포인트

❶ 타인에 대한 배려가 두드러지는 활동이고, 이번 문항의 핵심 소재다. 여기서는 이 소재 자체보다도 그 이유가 더 중요하다. 평소에 그 특수반 친구에게 많은 관심을 가지고 있었고 이것이 긍정적인 평가로 이어졌다는 점이 특히 인상적이기 때문이다.

❷ 하지만 사실 실패에 가까운 경험이다. 일시적인 효과뿐이었기 때문이다. 하지만 이 학생은 여기서 포기하지 않고 더 깊은 고민을 이어간다.

❸ 여기서 이 판단이 엄밀한지, 정확한지, 근거가 있는지는 별로 중요하지 않다. 이런 고민을 했고, 그 다음에 이를 해결하려고 구체적으로 노력했다는 점이 중요하다. 그게 이 학생을 긍정적으로 평가하게 되는 가장 결정적인 요인이다.

❹, ❺, ❻ 그 구체적인 노력을 드러내는 대표적인 사례다. 타인을 배려하는 것에 대한 고민이 이어졌고, 그게 협력의 중요성으로 이어지고 있다는 점이 인상적이다.

해당 모집단위에 지원하게 된 동기와 지원하기 위해 노력한 과정을 구체적으로 기술하시오.(1,500자 이내)

❶ '군산GM 폐쇄' 사건을 다각적으로 조명해보는 과정에서 경영학도로서 특히 필요한 협력의 가치를 배울 수 있었습니다. 시사이슈토론부에서 관련 기사를 접했을 때 ❷ 지역경제에 미칠 부정적 파급효과가 우려됐습니다. '과연 GM이 지역경제를 충분히 고려해보고 내린 선택일까?'를 주제로 자율동아리 친구들과 토론했습니다. 이에 대해 ❸ '책임감 없는 결정이다'라는 관점과 '비용을 고려한 어쩔 수 없는 선택이다'라는 관점으로 의견이 갈려 각자 자신의 관점에서 조사해보기로 했습니다. 저는 최선의 선택이 아니었다고 생각하는 친구와 함께 컨설턴트의 관점에서 다양한 자료를 수집하고 분석해봤습니다. 주위 분의 도움으로 실제 차주들이 ❹ GM 자동차에 대해 어떤 인식을 갖고 있는지 인터뷰해봤습니다. 또한 한국 GM뿐 아니라 본사 GM에도 호기심이 생겨 ❺ 미국 GM을 조사했습니다. 국내 자료가 부족해 해외의 다양한 자료들을 분석하면서 GM이 집중적으로 미래차에 투자한다는 사실을 발견했습니다. 이를 계기로 ❻ 차세대 성장 전략으로서의 친환경 자동차에 주목해 관련 TED 영상과 분석 자료를 팀원들과 함께 정확하게 이해하려 노력했습니다. 그 과정에서 ❼ 리튬이온전지의 원리를 이해하기 어려웠는데 이는 공학계열을 지망하는 친구가 협력해준 덕분에 온전히 이해할 수 있었습니다. 이러한 조사를 바탕으로 미세먼지와 황사로 피해를 보고 있는 한국이야말로 친환경 자동차 시장의 거점이 되기에 충분하다고 결론을 내렸습니다. 최종적으로 군산 GM을 폐쇄하는 대신 그 규모를 줄이되, 수소차 등 친환경 모델을 연구·생산하는 중심부로 전환시킬 수 있다는 주장을 팀과 함께 발표했습니

다. ❽ 하지만 한국 시장에 대한 GM의 비용부담을 포함한 여러 현실적 문제가 존재한다는 사실을 기존 결정을 지지하던 상대측의 체계적인 근거에서 확인할 수 있었습니다. 이를 해결하고자 전기차 충전소 등 관련 시설을 확대 구축하려는 한국 정부의 지원을 받는 형태의 정책적 보완점도 제시했습니다. 더해서 리튬 매장지 확보와 연결해 전기차의 시장성을 설득력 있게 주장했는데 전혀 새로운 시장을 개척하는 선택지를 제안했다는 점에서 '창의적'이라는 피드백을 받을 수 있었습니다.

이렇게 실제 기업의 경영전략을 제한적으로나마 생각해보면서 특히 팀원 간 협력의 힘을 깨달았습니다. ❾ 또한 상대 의견에도 귀를 기울이고 이를 반영해보면서 다각적 사고의 힘을 느낄 수 있었습니다. 경영학도라면 정답이 없는 복잡한 현실 문제를 대하는 만큼 이렇게 협업을 기반으로 다른 입장도 수용해야 한다고 생각합니다. 소비자를 위한 최선의 해결책을 도출할 수 있도록 앞으로도 겸손한 자세로 의견을 경청해 윤리적 관점에서 모두에게 도움이 되는 의사결정을 하는 경영학도가 되고자 합니다. ❿ 이러한 역량을 중시하는 연세대학교 경영대학에 진학하여 CLC 과정에 성실히 참여하고 연관된 역량을 더욱 심화시키고 싶습니다. 특히 실제 기업의 의사결정 과정을 고민해본 경험을 넘어 연세컨설팅프로젝트에 참여해서 지역사회와 공존할 수 있는 경영을 실현해보고 싶습니다.

- - - - - - - -

이 활동 자체가 굉장히 많은 에너지를 투자한 활동이었기에 여기서는 이 활동 하나만을 중심으로 다루었다. 이렇게 해도 좋고, 4번 문항에 여러 활동을 묶어서 사용해도 좋다. 실제 경영학과 가장 유사한 활동이었고, 이것이 사람을 위한 윤리적 경영으로 이어진다는 점에서 긍정적으로 평가했기에 지원 동기를 말하는 4번 문항의 소재로 선택했다.

분석포인트

❶ 실제 사건을 기반으로 그 원인과 가능한 해결책을 제시한 부분이 실제 경영전략 컨설팅처럼 느껴질 정도의 훌륭한 활동이니, 한번 꼼꼼하게 읽어 보길 바란다.

❷ 이 활동의 배경 역시 사람에 대한 이해에 있음을 드러내고 있다. 간접적으로 자신이 갖추고 있는 역량을 잘 내세우고 있다.

❸ 창의적인 활동 방향이다. 의견 충돌을 토론 등으로 해결하는 대신 각자가 컨설팅 팀을 이루어 원인을 분석하는 활동을 진행했다고 한다.

❹, ❺ 다양한 자료를 분석하면서 실제 기업의 현실적인 관심사를 탐구하는 모습이다. 이렇게 인터뷰하고 해외 자료를 공부하라는 뜻이 아니다. 적극적으로 다양한 방법을 동원해서 탐구하는 경험을 쌓고 이를 내세우라는 소리다.

❻ 도출한 '친환경 자동차'라는 해결책을 제시하고 이를 위한 자료 조사를 진행하는데……

❼ 활동 과정에서도 협력의 가치를 배웠다. 특히 이렇게 다른 진로나 계열의 학생과 협력한 사례를 보여주는 것은 아주 좋은 방법이다.

❽, ❾ 이렇게 다른 팀의 비판에서 개선점을 도출해내고 있다는 점 역시 긍정적이다.

❿ 최종적으로 왜 연세대학교여야 하는지를 잘 보여주고 있다.

06
일반편

고려대학교 보건환경정책학부

2018학년도 고교추천2, 비서울 일반고등학교

이 학생의 내신은 일반고 기준 1.6이었다. 이 학생은 3학년에 와서 내신에 맞춰 합격률이 더 높은 과로 진로를 급히 변경했다. 그에 따라 활동을 추가하고 꿈이 바뀐 합리적인 이유를 서술해준 부분이 돋보인다. 꿈이 자기소개서를 쓰는 동안 갑자기 바뀐 학생이 있다면 이 사례를 참고하자. 꿈이 바뀌는 과정을 자기소개서에 표현하는 방법을 익힐 수 있을 것이다.

· 자기소개서 설계도 ·

A_내가 되고 싶은 사람과 이루고 싶은 가치	A를 꿈꾸는 이유와 계기
보건행정정책전문가	원래 법에 대해 관심이 있었는데, 사람들의 삶을 실질적으로 바꿀 수 있다는 생각에 정책을 설계해 사람들의 삶을 바꾸는 데에 관심을 갖게 됨

B_A를 위한 과정 속에서 필요한 조건	B를 내가 갖췄다는 증거
– 소통능력 – 탐구 호기심 – 행정 경험 – 공감과 사회에 대한 봉사정신	– 인문 토론 동아리 – 경제법 탐구, 클러스터 사회 주제 탐구 – 학생회 교칙 토론회 주도 – 장애인 시설 봉사(장애인보조)
C 대학이 필요로 하는 이유 및 대학이 바라는 인재상	C의 대학이 바라는 인재상을 갖춘 증거
– 개척하는 지성 – 창조적 인재 – 정의로운 리더 – 지혜로운 인재	– 스스로 주제를 찾아 클러스터 중 SNS 관련 내용, 경제법 관련 내용을 탐구함 – 교칙 변경 과정에서 정의롭고, 주도적인 리더 역할을 맡음 – 장애인 봉사를 통해 정책전문가로서의 정의로운 자세에 대해 생각해봄
D_대학에 가서 A를 이루기 위한 계획	대학의 참고할 만한 진학 후 프로그램
고려대의 경우 '보건정책'에 포커스를 맞춘 학과가 존재함	보건정책관리학부의 커리큘럼을 살펴보고 앞으로 어떻게 공부할지 구체적인 과목 언급

─── 자기소개서 ───

01

고등학교 재학기간 중 학업에 기울인 노력과 학습 경험에 대해, 배우고 느낀 점을 중심으로 기술해 주시기 바랍니다.(1,000자 이내)

❶ 사회 과목을 공부하면서 더 나은 사회를 만드는 두 가지 방법을 알았습니다. ❷ 사회 클러스터 수업에서 SNS 관련 문제를 배웠는데 당시 교내에서

는 SNS의 욕설 비방이 문제가 되고 있었습니다. 이 문제를 해결하는 방법을 탐구했습니다. SNS 관련 범죄와 해결책을 조사하던 중 처벌 규정의 허점을 발견하고 이를 보완하는 제안을 담아 보고서를 작성했습니다. SNS가 가진 긍정적 기능 뒤에 부정적 기능이 있음을 알았습니다. 긍정적 기능은 유지하되, ❸ 부정적인 부분들을 법적 장치로 제어하면서, 시대와 상황에 따라 적절히 변화시켜 나간다면 더 나은 사회를 만들 수 있다는 것을 깨달았습니다.

그러던 중, 한국 헬프 에이지에 기부하며 저소득층 노인의 삶을 접했는데, '법'이란 도구는 일탈자들의 규제에만 치우쳐 있어서 이런 사람들이 살기 좋은 세상을 만들기에는 부족하다는 생각을 했습니다. ❹ 그러다 사회문화 시간에 사회보장제도 단원을 배우며 법이 아닌 '정책'이 사회를 더 나은 곳으로 만들 수도 있겠다는 생각이 들었습니다. 실제 신문에서 본 '부양 의무제' 폐지 논쟁은 정책에 따라 사람들의 삶이 바뀔 수 있음을 생생하게 알게 해줬습니다. 이 제도가 완전히 폐지된다면 생기게 될 문제를 정책적으로 보조할 수 있을까 하는 생각이 들어, ❺『어떠한 복지국가에서 살고 싶은가?』라는 책을 읽으며 비금전적 사회서비스를 함께 제공하는 저만의 정책을 고안해 보고서를 작성했습니다. 처벌만 가지고 행동을 억제하는 것이 아니라, 실질적으로 도움이 필요한 사람에게 금전, 비금전적으로 지원하는 정책적 해결책이 법보다 더 매력이 있었습니다. 하지만 지원대상, 규모, 방식을 선정하는 과정은 법을 집행하는 것보다 더 많은 고민이 뒷받침돼야 한다는 생각도 들었습니다.

❻ 사회 공부를 문제를 해결하려는 노력으로 연결하니 딱딱한 개념이 아니라 현실 속 문제를 분석하고 해결하는 데에 사용할 수 있다는 것을 알았고, 개념을 더 정확히 파악해 재미있게 공부할 수 있었습니다. 이는 우수한 사회 성적은 물론, 정책을 연구하고 싶다는 꿈도 꾸게 해주었습니다.

- - - - - - - -

이 학생은 1번 문항에 진로가 변경된 이야기를 담았다. 꿈이 3학년 때 급

격히 검사에서 행정전문가로 바뀌었기 때문에 그 이유와 새로운 꿈이 무엇인지 명확히 밝혀서, 자기소개서를 읽는 평가자가 이를 알도록 했다.

📝
분석포인트

❶ 첫 문장에서 자신이 사회 공부를 하며 깨달은 점을 함축적으로 이야기하고 있다.

❷ 탐구 활동의 계기를 서술하고 있다. 탐구 활동은 활동 자체뿐 아니라 반드시 그 계기까지 서술해야 한다.

❸ 탐구를 하며 본인이 깨달은 점을 구체적으로 드러냈다.

❹ 꿈이 바뀐 계기를 탐구 활동과 수업 활동을 토대로 자연스럽게 드러내고 있다.

❺ 탐구 과정에서 지적 호기심을 독서를 통해 풀어낸 일화를 서술하고 있다. 탐구를 진행하다가 책으로 문제를 해결하는 방식은 독서 활동까지 효과적으로 드러내므로 좋은 전략이다.

❻ 전체적으로 느낀 점을 서술하고 있다.

02

**고등학교 재학기간 중 본인이 의미를 두고 노력했던 교내 활동을
배우고 느낀 점을 중심으로 3개 이내로 기술해 주시기 바랍니다.
단, 교외 활동 중 학교장의 허락을 받고 참여한 활동은 포함됩니다.**

(1,500자 이내)

❶ '인토넷'은 하나의 사안을 다양하게 보는 힘을 길러줬습니다. 인문학 소양을 쌓겠다는 목적으로 만들었고 식민지 지배, 그래피티 등의 주제를 토론했습니다. ❹ 찬성과 반대 의견뿐 아니라, 예술, 법 등 하나의 문제를 다른 관점으로 바라보는 힘을 기를 수 있었습니다. 그런데 고3이 되자 친구들이 참여를 하지 않는 바람에 토론도 잘 이루어지시 않았습니다. 공부민 하기보다는 비판적으로 사회를 이해하는 활동을 계속 이어나가고 싶었기에 ❺ 고3 때 부장을 맡아 활동들을 바꾸었습니다. 시간 부담이 큰 토론은 줄이고, 기사 스크랩, 독서 감상문 교환 등 다양한 의견을 교류할 수 있으면서도 부담이 적은 활동을 기획했습니다. 자료를 취합하는 역할을 맡아서 하면서, 다른 친구들의 소감문이나 스크랩을 자세히 볼 수 있었습니다. 토론은 못 했지만, 식민지 문제 등을 ❻ 다양한 관점에서 보는 법을 배웠습니다. 뿐만 아니라 상황에 따라 활동을 조율해 친구의 참여를 이끌어 내는 기획 능력도 기를 수 있었습니다.

❷ 학생회에서 다양한 의견을 수렴해 정책을 만드는 경험을 얻었습니다. 선도부를 하며 많은 학생들이 교복을 입지 않는다는 문제를 발견했는데, 점점 심각해져서 이 문제가 학생 자치위 안건으로 올라왔습니다. 기존에는 교복을 안 입는 친구를 성찰 교실로 보내는 강제적 방법을 썼는데, 이보다는 자

율적 방법이 더 좋다고 판단했습니다. 하지만 학교 측이 이 방법을 원치 않아, 설득해야만 했습니다. ❼ 결국 토론회까지 열렸고, 각 방법의 장단점을 비교해 나름의 영향 평가를 진행하고 효과가 없을 시 기존의 방법으로 돌아간다는 절충안을 제시함으로써 학부모와 학교 측을 설득했습니다. 결국 규정을 통과시켰고, 실제로 교복 불량 학생의 적발 수가 감소했습니다. 일탈자를 처벌하기보다 의식을 개선하고, 자율적인 기회를 주는 정책이 더 긍정적임을 깨달았고, 정책을 만드는 과정에서 저항이 있다면 합리적인 근거를 들어 설득하고, 일부 의견을 수용하는 절충적인 자세가 필요함을 배웠습니다.

❸ 프로젝트 탐구 활동은 다양한 분야에 대한 관심이 중요하다는 것을 가르쳐줬습니다. 반복적인 경제 위기는 많은 사람들을 고통스럽게 만들었기에 그 원인과 해결법이 궁금해 프로젝트를 진행했습니다. 금융 위기를 조사했고, 금융자유화와 경제 규제, 감독 미비로 금융시스템이 불안해지면서 경제 위기가 발생하는 공통 과정이 존재한다는 것을 알았습니다. 그래서 어떤 문제가 되풀이되는 경제 위기를 유발할까를 고민해보았고, 법에 빈틈이 있다는 것을 깨달았습니다. ❽ 파생금융상품에 대해 엄격한 글래스-스티걸법을 유지하되 다른 부분에서는 규제를 완화하고, 금융 변화를 이끌어 낸 그램-리치-블라일리법도 그대로 유지하되 금융지주회사를 별도 관리하는 방식을 해결책으로 제시했습니다. 이렇게 부족한 정책이 보완된다면 경제 위기가 줄어들 수 있을 것이라고 예측했습니다.

📝
분석포인트

❶, ❷, ❸ 첫 문장에서 각각 활동이 어떤 능력이나 자질을 기르게끔 해주었는지 서술하고 있다.

❹ 토론 내용을 간단히 소개하면서 토론을 통해 깨달은 점을 서술하고 있다.

❺ 토론 활동을 이어가면서 발생한 문제를 새로운 기획으로 해결하는 기획·행정적인 사고력과 학생들이 계속 활동하게끔 동아리를 꾸려가는 리더십을 보여주고 있다.

❻, ❹, ❺를 통해 배운 내용을 간단히 요약해서 느낀 점으로 제시하고 있다.

❼ 학생회에서 규칙을 변경한 사례는 행정관련 학과를 진학하는 이 학생의 전공적합성을 아주 뚜렷하게 드러냈다. 단순히 선도부로서 솔선수범했다는 유의 내용이 아니라 실제 규칙을 만들고 바꿔서 다른 학생의 삶을 좀 더 편하게 만들었다는 점을 썼고, 그 과정에서 규칙을 검토하고 변화를 설득하는 모습을 구체적으로 서술했다.

❽ 탐구 활동은 법이 중심인 활동이었고, 경제 쪽 분야였기 때문에 아주 명확하게 전공과 맞아떨어지지는 않았다. 하지만 탐구 능력과 고등학교 수준을 넘은 탐구가 이루어졌음을 강조하려고 배운 내용을 구체적으로 제시했다.

03

학교생활 중 배려, 나눔, 협력, 갈등 관리 등을 실천한 사례를 들고,
그 과정을 통해 배우고 느낀 점을 기술해 주시기 바랍니다.

(1,000자 이내)

❶ 3년 동안 예가원에서 한 봉사는 정책연구원에게 필요한 공감 능력을 길

러주었습니다. 그 중에서 ❷ 영화관에 함께 간 기억이 가장 인상에 남습니다. '덕혜옹주'라는 영화를 CGV에서 함께 관람하던 도중 저의 짝꿍이 불편함을 호소했고 영화관 밖으로 나와 이야기를 해보니 화장실을 가고 싶다고 말했습니다. 화장실에 갔는데 장애인 화장실의 불이 제대로 켜지지 않는 등 이용하기에 많이 불편했습니다. 결국 다른 화장실을 이용해야 했습니다. 이 경험에서 장애인을 배려하는 시설은 갖추었지만 이를 제대로 정비하지 않는 등, 실질적인 도움이 아닌 형식적인 도움에 불과한 것이 많다는 사실을 알았습니다.

몇 주 뒤 다시 예가원을 방문해 사회복지사 선생님을 만났습니다. 저는 선생님께 저번과 같은 외출을 하자고 말씀드렸는데, 선생님께서는 저번처럼 외출하려면 엄청난 어려움이 뒤따른다고 설명해주셨습니다. ❸ 사회복지사 없이 혼자 외출하려면 3시간 이상이나 택시나 버스를 기다려야 한다는 것이었습니다. 이 일 역시 아직도 장애인에게 실질적인 도움을 주는 정책이 부족하다는 것을 깨닫게 해주었습니다.

❹ 이 두 경험을 통해 현재 많은 복지 정책이 존재함에도 불구하고 이들을 실제로 돕지 못하고 있다는 것을 알았습니다. 그래서 정책을 만드는 면에서 가장 먼저 고려해야 할 것은 정책의 혜택을 받을 대상자를 정확하게 파악하는 일이라는 것을 깨달았습니다. 또한 이들과 피상적인 관계만 유지해서는 그들이 어떤 것을 진정 필요로 하는지 알 수 없기 때문에 그들과 가까운 곳에서 지속적으로 소통해야 함을 느꼈습니다. 그래서 실제 3년 동안 봉사하면서 밀접한 관계를 형성하려 노력했고, 결국 서로 마음의 문을 열어 지금은 더할 나위 없는 친구 사이가 되었습니다. ❺ 앞으로 보건 복지와 관련한 정책을 세운다면 혜택을 받을 사람을 먼저 파악해 그들에게 실질적으로 도움을 주도록 만들자고 다짐했습니다.

❶ 3번 문항에서 깨달은 점을 함축적으로 첫 문장에서 제시하고 있다.

❷, ❸ 두 가지 경험에서 깨달은 점을 제시했다. 이렇게 3번 문항을 쓸 때는 최대한 구체적으로 자신이 한 활동, 혹은 그 안에서 일어난 일화를 알려주는 것이 좋다.

❹ 단순히 뿌듯했다, 뜻 깊었다 유의 느낀 점이나 인성을 자랑하는 것에 그치는 게 아니라, 이 경험을 통해 행정가로서의 역량과 가치관 변화를 드러내고 있다. 〈파트 4 기술편〉에서도 반복적으로 제시하지만 봉사 자체로 이미 인성은 어느 정도 드러낸 것이니까, 차별성을 주려면 전공적합성 등을 함께 보여주는 것이 좋다.

❺ 단순히 느낀 점뿐 아니라 어떤 다짐을 했는지를 제시해서 진정성을 더하고 있다.

04

해당 모집단위 지원동기를 포함해 고려대가 지원자를 선발해야 하는 이유를 1,000자 이내로 기술해 주시기 바랍니다.

❶ 더 나은 사회를 만들기를 희망하던 저는 1, 2학년 때는 법이 더 나은 사회를 만드는 필수 조건이라고 생각했습니다. 하지만 학교에서 사회와 관련된

공부를 하고, 이야기를 나누며 다양한 활동을 하다 보니 더 나은 사회를 만드는 데는, 문제가 생긴 다음에 적용하는 법보다 사전에 문제를 예방하는 정책이 더 중요하다는 것을 알았습니다. ❷ 이후 정책 연구원이라는 진로를 희망하게 됐고, 여러 분야의 정책이 있지만 그중에서 특히 건강과 관련된 사회보험 제도를 연구하고 싶었습니다. 조금 더 효율적인 사회보험을 만들면 모든 국민이 살기 좋은 나라가 될 것이기 때문입니다.

❸ 고려대학교 보건환경정책관리학부의 기본 정신도 정책에 대한 지식을 통해 더 나은 세상으로 바뀌 가는 것이라 제 꿈과 가깝다고 생각합니다. ❹ 제 삶의 목표는 전문적인 지식으로 국가와 인류의 선에 이바지하는 것입니다. 또 전문적인 지식을 바탕으로 자주 나누고 사회에 필요한 사람이 되는 것입니다. 꿈만 꾼 것이 아니라, 실제로 사회제도, 정책, 법에 관심을 가져왔습니다. 그 과정에서 다양한 문제에 대한 해결책을 제시해보고, 법을 문학 작품에 적용했으며, 실제로 학내 문제를 적절한 정책을 제안해 해결했습니다. 이렇듯 지식을 가지고 사회에 이바지하는 실천적인 인재가 되려고 노력해온 제가 정책 연구 분야에 필요한 사람이라고 생각합니다.

❺ 제가 고려대에 진학한다면, 건강과 관련된 많은 우리나라의 정책이 만들어진 배경과 결과를 공부하는 보건정책학 수업을 들으며 현재 우리 사회에 수정해야 할 정책에는 어떤 것이 있는지 파악하고, 국제 보건론을 공부하면서 복지가 발달한 유럽 국가는 어떤 복지 정책을 펼치고 있는지, 어떻게 효율성을 달성하는지 비교함으로써 우리나라 국민에게 더 도움이 되는 방향으로 정책을 개정하고 수립하고 싶습니다.

분석포인트

❶ 꿈이 바뀌었다면 자신의 꿈이 원래 무엇이었고, 어떻게 바뀌었는지 자

율문항에서 얘기해주는 것이 좋다.

❷ 단순히 꿈이 ~이라고 제시하기보다 그 꿈을 통해 본인이 실현하고자 하는 바가 무엇인지 구체적으로 사례처럼 적어주는 것이 좋다.

❸ 고려대학교는 학교 입장에서 지원자를 선발해야 하는 이유를 쓰도록 하고 있다. 이는 내가 고려대학교에 가고 싶은 이유와는 다르다는 것을 반드시 명심해야 한다. 고려대의 '어떤 점이 마음에 들었다'는 것은 자신이 고려대에 가고 싶은 이유이고, '내가 ~한 능력을 가지고 있다'는 것이 고려대가 나를 선발해야 하는 이유다.

❹ ❸의 고려대가 나를 선발해야 하는 이유를 고려대 보건정책관리학부 홍보책자에 나와 있는 인재상에 맞춰 각각 자신의 활동과 함께 서술해주고 있다.

❺ 구체적으로 대학에 가서 어떻게 수학할 것인지 제시하고 있다. 대학에 대한 자신의 관심과 애정을 드러내려면 막연하게 '~한 것을 공부하고 싶다'고 쓰기보다 대학이나 학과의 커리큘럼을 실제로 조사해서 서술하는 편이 좋다. 대학에서 학부생에게 제공하는 좋은 프로그램이 있다면 그것을 기술해도 된다.

07
일반편

중앙대학교 아시아문화학부

2017학년도 탐구형 인재, 서울 모 외국어고등학교

이 학생은 서울의 모 외고 출신이고, 전교과 기준 5.8이었다. 이 학생은 교과 성적 대부분이 좋지 않았고, 외고임에도 내신이 불리한 편에 속했다. 하지만 외고 일어과였다는 특성과 일어를 공부하려고 많은 노력을 기울였다는 학습 경험을 최대한 진로 사항에 부각시켜서, 한 분야에 관심이 많은 탐구형 인재로서의 자질을 보여주고자 많은 노력을 기울였다. 그 결과 외대 융합일본지역학부에도 최종 합격했다.

· 자기소개서 설계도 ·

A_내가 되고 싶은 사람과 이루고 싶은 가치	A를 꿈꾸는 이유와 계기
한일 외교 전문가	한국과 일본 사이에서 균형감을 갖추고 두 입장을 절충해서 관계 발전을 이끌어내는 외교 전문가가 되려고 함

B_A를 위한 과정 속에서 필요한 조건	B를 내가 갖췄다는 증거
- 일본어와 문화에 대한 지적 호기심 - 소통능력 - 리더십 - 다양한 관점에 대한 수용	- 한일 댄스 교류활동 - 교내 응원단장 - 일본문화탐구보고서 - 일본 문화 동아리 - 아시아 문화 동아리
C_대학이 필요로 하는 이유 및 대학이 바라는 인재상	C의 대학이 바라는 인재상을 갖춘 증거
- 실용적 전문인 - 개방적 문화인 - 실천적 봉사인 - 실험적 창조인 - 자율적 교양인	- 댄스 교류 행사를 바탕으로 실질적으로 소통하고 일본 문화에 대한 이해를 높임 - 응원 단장으로서 목표를 달성하기 위해 스스로 창의적 방법과 소통능력을 활용함 - 문화 탐구보고서나 문화 동아리 등을 통해 교양을 갖추고 지적호기심을 확장시킴
D_대학에 가서 A를 이루기 위한 계획	대학의 참고할 만한 진학 후 프로그램
해외에 나가 직접 문화를 익히고 대학원을 통해 더 깊이 있게 외교에 대해 공부할 계획임	중앙대학교 해외탐방 프로그램 동 대학의 대학원 커리큘럼 참고

01

고등학교 재학기간 중 학업에 기울인 노력과 학습 경험에 대해, 배우고 느낀 점을 중심으로 기술해 주시기 바랍니다.(1,000자 이내)

❶ '환경'을 주도적으로 이용하고 만들어 일어를 공부했습니다. 자기 전 단어를 외우고, 단어 뜻이 예문에 맞게 쓰였는지 검사하는 등 혼자 일본어를 공부했습니다. 하지만 혼자 공부하니 재미도 없고 효율도 좋지 않았습니다. 그러다가 일어에 대한 관심과 공부 의지를 가진 친구들이 많은, 일어과라는 '환경'이 보였습니다. ❷ 혼자 예문을 만드는 대신 친구와 예문을 만들어 공유하고, 더 발전시켜 외국어 전용공간 FOZ에서 주도적으로 연극을 만들어 친구들과 일본어를 익혔습니다. 이렇게 '환경'을 이용해 공부하니, 1학년 친구 관계도 좋아지고, FOZ 활동우수상, 일어경시대회 수상 등의 성과를 거뒀습니다. ❸ 하지만 이 환경도 더 깊은 공부를 하기에는 부족했습니다. 종교, 가족관 등 공유하는 문화 배경이 일본과 서로 달랐기 때문입니다. 축제가 일어로 마쓰리라는 건 알았지만, 우리가 생각하는 축제와 일본인이 생각하는 마쓰리는 달랐습니다. 한국인끼리는 일본의 정서와 문화를 자세히 익히기 힘들었습니다.

이 고민은 '한일 중고생 교류 댄스댄스댄스'라는 활동에서 해결됐습니다. 춤을 좋아해, 한일교류까지 하게 됐는데, 춤이란 공통점으로 일본인 친구와 금방 친해졌습니다. ❹ 이들과 소통하며 문화를 접하고 배우는 '환경'이 부족함을 다시 깨달았고, 행사 마지막 날에 친구들과 SNS 친구를 맺고, 후에 한국으로 초대해 지속적인 인연으로 만들었습니다. 그 덕분에 일본문화와 정서를 접할 수 있는 '환경'을 스스로 만들 수 있었습니다. 특산물 중심인 우리나라의 축제와 다르게, 마쓰리는 그들이 믿는 신, 지역적 특징, 심지어 가족에 이르기까지 그들의 삶 전체와 깊은 관련이 있는 행사임을 직접 느꼈습니다. 그와 함께 많은 문화 배경을 공유했고, ❺ 이런 관심을 발전시켜, 일본의 자연환경과 소수민족 등을 다룬 일본문화 탐구보고서를 작성하면서 일본 문화를 더 깊게 배울 수 있었습니다.

무엇보다, ❻ 언어 공부에서 문화의 중요성, 그리고 주어진 환경을 이용하고, 때로는 만들며 문제를 해결할 수 있다는 자신감을 배웠습니다.

- - - - - - - -

학생은 수학성적이 7등급, 전교과 내신이 6등급에 가까울 정도로 교과 역량에 부족함이 많은 학생이었다. 따라서 최대한 지적 호기심과 대학에 가서 수학할 역량이 충분함을 강력하게 어필하고 싶었고, 교과 역량 중 비교적 뛰어난 일어 성적을 택해 1번에 서술했다.

📋
분석포인트

❶ 첫 문장에서 학습 환경을 스스로 구축하며 일본어를 공부했다는 내용을 함축적으로 제시하고 있다.

❷ 스스로 학습 환경을 구축하려 노력했음을 보여주고 있다.

❸ ❷의 노력으로는 부족했으며, 뒤에 나올 활동의 계기가 무엇이었는지 서술하고 있다.

❹ ❸의 문제를 해결하기 위해, 일본 문화까지 함께 공부할 수 있는 환경을 구축하는 과정을 댄스댄스댄스라는 춤 활동을 통해 구체적으로 드러내

고 있다.

❺ 단순히 문화 배경 공유에서 그치지 않고 보고서 작성까지 이어지게끔 서술해서 지적 호기심을 깊게 드러내고 있다.

❻ 1번 문항을 구성한 전체 활동에서 느낀 점을 서술하고 앞으로도 이런 과정을 통해 적극적으로 공부할 수 있음을 어필했다.

02

고등학교 재학기간 중 본인이 의미를 두고 노력했던 교내 활동을
배우고 느낀 점을 중심으로 3개 이내로 기술해 주시기 바랍니다.
단, 교외 활동 중 학교장의 허락을 받고 참여한 활동은 포함됩니다.

(1,500자 이내)

❶ 연구 동아리는 제 호기심을 구체적인 탐구와 지식으로 이끌어주었습니다. ❹ 한국사 교과서와 『처음 읽는 한국사』라는 책에서 임진왜란 이후 일본 문화가 많이 바뀌었다는 것을 배웠습니다. 하지만, 어떤 점이 어떻게 바뀌었는지가 더 궁금했던 저는 '일본문화연구반'에서, 주제를 정해 탐구하기 시작했습니다. 도자기, 성리학 등의 선진문화 전문가가 임진왜란 당시 일본에 유출돼 일본 문화가 크게 발전했다는 것을 알 수 있었습니다. ❺ 이후 현대까지 일본이 강대국이 되는 과정에 관심이 생겨 3학년 때는 '역사연구반'에 들어가 다양한 국가 속에서 일본이 강대국이 되는 과정을 탐구했습니다. 〈대국굴기 강대국의 조건 일본〉이라는 CCTV의 다큐멘터리를 시청하고, ❻ 다른 시

대와 국가를 조사한 친구들과 토론하며, 조선과는 다른 '개방성'에 그 비결이 있었음을 알았습니다. 혼자 호기심을 해결하기보다 동아리에서 더 다양한 의견을 들었고, 덕분에 더 빠르고 풍부하게 호기심을 탐구와 지식으로 바꾸어 나갈 수 있었습니다.

❷ 연극을 하면서는 영어 실력은 단순히 언어를 잘하는 것이 아님을 배웠습니다. 1학년 때, 5명의 친구들과 함께 영어연극대회에 참여했습니다. '나만 아니면 된다'는 현대의 이기주의를 비판하는 연극이었습니다. 처음에 제가 대본을 맡아, ❼ 한국어로 작업을 시작했는데, 이를 번역하다 보니 어색한 표현이 많았습니다. 그래서 원어민 선생님에게 영어 대본을 보여드리고, 영어 표현을 묻고 배워가면서 제가 표현하고자 하는 의도에 맞춰 자연스러운 대본을 완성해갔습니다. 대사가 상황과 정확하게 맞아떨어진다는 칭찬과 함께 장려상을 수상했습니다. ❽ 이런 경험은 2학년 때 참여한 영어말하기 대회에서, '농구'를 주제로 발표할 때도 도움이 됐습니다. 단순한 영작이 아니라, 실제 선수 인터뷰와 중계영상을 하나씩 돌려보면서 먼저 '농구'라는 스포츠를 이해하니, 실제 선수 인터뷰인 것 같다는 평가와 함께 영어 말하기대회 최우수상을 받을 수 있었습니다. ❾ 영어 실력을 늘리려면 영어 그 자체만이 아니라 영어가 사용되는 배경과 맥락에 대한 공부도 필요하다는 것을 배웠습니다.

❸ '문화재 제자리 찾기 아카데미'에서 다양한 시각의 중요성을 배웠습니다. 처음 문화재 제자리 찾기를 접했을 때는 우리나라가 빼앗긴 문화재를 다시 찾자는 취지의 운동인 줄 알았습니다. 하지만, 실제로 『빼앗긴 문화재를 말하다』라는 책을 읽고 강의를 들으니, 우리나라에서 반출된 문화재는 물론이고, 우리가 불법으로 가져온 타국 문화재의 반환 문제, 우리가 가지고 있어도 관리가 안 되고 있는 문화재 관리 등 다양한 이슈가 얽혀 있었습니다. 그러자, ❿ 단순히 돌려받기를 요구하는 해결책이 아니라, 문화재 관리 시스템을 더 체계화해야 하고, 우리가 돌려줘야 할 문화재를 돌려주면서, 우리 문화재 반환을 요구해야 한다는 다양한 측면에서의 해결책이 떠올랐습니다. 해결

책은 문제를 단순히 하나의 시각에서 보는 것이 아니라, 다양한 시각에서 분석해 도출해야 함을 배웠고, 이런 배움을 학급문고에 책을 기증하면서, 친구와 나눌 수 있었습니다.

📝 분석포인트

❶, ❷, ❸ 각 3가지 활동에서 어떤 능력을 드러내고자 하는지 함축적으로 서술해주고 있다.

❹ 단순히 동아리 활동이 아니라 동아리에서 탐구한 계기가 독서에서 출발했음을 서술하고 있다.

❺ 지적 호기심이 확장함과 함께 새로운 궁금증을 해결하려고 동아리를 바꾸었음을 보여주고 있다. 단순히 수동적으로 동아리에 가입하는 모습이 아니라, 배우고 싶은 것이 있어 적극적으로 동아리를 활용하는 적극성 또한 보여준다.

❻ 동아리 활동에서 느낀 점을 구체적으로 제시하고 있다.

❼ 영어(외국어)를 사용하면서 느낀 어려움을 서술하고 있다.

❽ ❼의 문제점을 해결하는 면에서, 단순히 언어가 아니라 문화적 맥락과 상황을 정확히 이해하기 위해 노력한 과정을 서술하고 있다.

❾ ❽을 통해 문제를 해결하고 느낀 점을 서술하고 있다.

❿ 본인이 이전에 생각한 미환수 문화재에 대한 편견이 ❸의 활동 덕분에 바뀌었음을 구체적으로 서술하고 있다.

03

학교생활 중 배려, 나눔, 협력, 갈등 관리 등을 실천한 사례를 들고,

그 과정을 통해 배우고 느낀 점을 기술해 주시기 바랍니다.

(1,000자 이내)

❶ 모두의 힘을 모아 편견을 깨다 !

동양어과는 1, 2학년 체육대회에서 모두 응원전 꼴찌를 했습니다. 주로 서양어나 국제어과가 응원전에서 우승했는데, 2년간 동양어과는 웅장하고, 절도 있는 서양어과의 응원을 흉내 낸 응원을 하고 있었습니다. 역사 선생님과 이야기를 하며, 단지 절도 있고, 웅장한 동작이 멋있는 게 아니라 과의 '정체성'을 담은 응원이어야 멋있고 단결력이 생긴다는 것을 깨달았습니다. 그래서 서양어과의 '바게트 응원'이나 국제어과의 '마오리 응원'처럼, ❷ '동양적 정체성'을 담은 응원을 만들자고 결심했습니다.

❸ 먼저 역사 선생님께 조언을 얻었습니다. 선생님께서는 유네스코문화유산인 '탈춤'을 추천하셨고, 응원단원과 회의해보니 절도보다 '곡선과 유연한 미'가 있고, 일방성이 아니라 관객과 소통하는 춤이라는 특성이 있는 탈춤이 동양적 아름다움을 대표할 수 있다는 판단이 들어, 탈춤 콘셉트의 응원을 만들어갔습니다.

❹ 동작과 음악은 동양 예술을 저보다 더 잘 아는 풍물반 친구의 힘을 빌렸습니다. 동양어과의 응원은 예전부터 동작이 작은 율동으로 이루어져 있어서 체육관에서 잘 들리지 않았고, 전통 탈춤은 과정이 복잡해 배우기 어려웠습니다. 그래서 전통 탈춤 중 단순한 부분만 고른 뒤, 팔을 많이 사용하는 탈춤의 특성을 부각해 역동적인 동작을 만들었고, 서양 음악에 뒤처지지 않는 빠르기와 강세의 장단을 골랐습니다.

❺ 동작을 전파하면서는 응원단원의 힘을 빌렸습니다. 사회문화 시간에 배운 관료제에서 착안해 먼저 응원단원을 연습시키고, 동양어과 300여 명의 학생들을 점심시간에 한 자리에 모아 15그룹으로 나눠, 각 그룹마다 단원을 배치해 동작을 효율적으로 반복 연습시켰습니다.

그 결과 ❻ 3년 만에 동양어과가 응원전에서 우승할 수 있었고, 저는 물론 전교생 모두 동양적인 것도 멋있다는 것을 깨닫게 됐습니다. 또한 리더로서, 실패 원인을 분석하고, 다양한 사람의 의견과 전문성을 모아 협력으로 문제를 해결하는 방법을 배웠습니다.

- - - - - - - -

외고 학생들의 응원대회는 워낙 흔한 소재여서 쓰지 않으려 했으나 쓸 수 있는 활동이 한정돼 있었고, 응원단장을 맡은 학생의 특성상 응원대회 에피소드를 3번에 쓰기로 결정했다. 다만 흔한 소재를 쓰기 때문에 최대한 에피소드 안에서 해결 과정과 학생의 구체적 모습을 드러내고자 했다.

📝
분석포인트

❶ 문항 전체에서 드러나는 핵심 주제를 소제목으로 제시하고 있다. 요즘은 소제목을 많이 쓰는 편이 아니지만 위의 사례처럼 에피소드 여러 개를 쓰거나, 매우 구체적인 에피소드를 쓰는 경우에는 전체 흐름에서 느낀 점이 흐트러질 수 있으니 소제목을 붙이는 것도 좋다.

❷ 문제 상황을 간단히 서술하고 있다.

❸, ❹, ❺ ❷의 문제를 해결하려고 누구의 조언을 구하고 힘을 빌렸는지

구체적으로 서술하고 있다.

❻ 응원단장으로서 자신이 얻은 성과와 느낀 점을 제시하고 있다. 주로 리더십에 관한 느낀 점이므로 리더십에 대한 본인의 생각이 어떻게 성장했는지 서술하고 있다.

04
해당 모집단위에 지원하게 된 동기와 이를 준비하기 위해
노력한 과정이나 지원자의 교육환경(가정, 학교, 지역 등)이 성장에 미친
영향 등을 경험을 바탕으로 구체적으로 기술해 주시기 바랍니다.

저는 항상 일본에 관심이 많았습니다. 특히 학교에서 배운 일본어를 사용해 원어민 선생님과 얘기하거나 일본 친구와 소통하는 것이 즐겁습니다. 하지만 수업에서 배운 내용은 지극히 문어적인 표현이 가득했고, 공식 석상에서의 표현만 배웠기에, ❶ 선생님이나 친구들이 사용하는 신조어나 일상 표현, 그 표현을 사용하는 배경 또한 이해하지 못해서 소통에 불편할 때가 많았습니다.

❷ 그래서 저는 그 불편을 최소화하고자 학교 수업 외에도 학교에서 사용할 수 있는 다른 방법을 적극 활용했습니다. 먼저 일본어 방과후수업에 꾸준히 참여했습니다. 수업에서 가르치는 문법적, 어휘적인 부분보다 더 많은 내용을 알고 싶어서 심화 일본어 강좌에 참여해 일본 신문 기사의 내용과 문학을 해석하며 더 폭넓은 문법 지식과 어휘력을 습득할 수 있었습니다. 이후 원

어민 선생님과 일본 문화 체험 방과후강좌에도 참여했습니다. 미국 드라마 말고는 외국 드라마를 접하지 못했기 때문에, 강좌에서 본 일본 드라마는 새로웠습니다. 어렸을 때부터 배운 영어가 아닌 새로운 언어인 일본어를 설렌 마음에 공부하던 기억을 떠올리며, 일본 드라마를 시청했습니다. 시청하면서 대사를 받아 적으며 일본의 일상적인 표현을 배우고, 드라마에 나오는 다도와 스키야키 같은 일본 문화와 음식을 직접 체험해보기도 하면서, 특정 언어가 사용될 수 있는 환경과 비공식적인 상황에서 사용되는 반언어적, 비언어적 표현을 배웠습니다. 방과후강좌에서 배운 것을 일본 친구들과의 영상 통화에서 적절하게 사용했고, 친구들로부터 일본인보다 더 일본인같이 표현한다는 칭찬을 들으니 공부 의욕이 더 늘어났습니다. ❸ 그 의욕을 다지며 강좌 이후에는 도서관에 있는 일본 분야의 책을 활용했습니다. 일본 문화와 역사, 문학, 사회를 다룬 책을 3년간 꾸준히 읽으면서 부족한 지식을 채웠고, 이 지식과 강좌에서 배운 내용을 토대로 2년간 일본문화탐구보고서를 꾸준히 작성했습니다. 그동안 얻은 지식을 토대로 2학년 2학기 때 일본문화퀴즈대회에 참여해 1위를 차지하기도 했습니다. 이 과정을 거치며 어느새 일어과의 그 어떤 친구보다, 심지어는 같은 반 일본인 친구보다 일본을 더 잘 알게 됐습니다. ❹ 그 이후, 저는 일어일문학 학자가 돼 한국에서는 일본에 대한 오해를, 일본에서는 한국에 대한 오해를 고쳐주며 동아시아 사회에 공헌하고 싶다는 꿈을 꾸게 됐습니다. 그 꿈을 이루려면 일본에 대한 해박한 지식이 있어야 하는데, 고등학교에서 한 활동만으로는 많이 부족합니다.

❺ 중앙대학교의 해외탐방 프로그램을 통해 일본 현지에 체류하며 고등학교 때보다 더 많이 다양한 일본인과 교류하고, 일본 대학의 강의를 들으면서 수준을 올릴 수 있다고 생각합니다. 또한, 대학 졸업 후 대학원에 진학해 일본을 더 자세히 탐구하고 싶은데, 다른 대학과 달리 중앙대 대학원은 학과 지원을 받으면서 일본을 바라보는 시각을 더 넓힐 수 있다는 점이 매력적이었습니다. 일어일문학 학자가 되는 첫걸음을 중앙대학교에서 뗐으

면 좋겠습니다.

중앙대의 4번 문항은 자신의 노력, 진로 계획과 함께 환경에 대해 써달라고 요구한다. 가장 처음에 자신의 꿈을 소개할 수도 있지만, 중앙대, 경희대 4번은 '환경'적 측면을 우선한다. 자신이 불리한 환경이었다면, 무엇이 불리했고, 어떻게 극복하려고 노력했는지 써주고, 유리한 환경이었다면 그 환경을 이용해 어떻게 더욱 발전했고, 더 나아가 어떤 자발적 노력을 했는지 써주는 것이 좋다. 특히 이 사례에서는 꿈이 3학년 때 바뀌었기 때문에 환경 속에서 공부한 내용을 먼저 쓰고 꿈을 문항의 뒷부분에 서술했다.

🗒️ 분석포인트

❶ 1번 문항부터 지속적으로 환경을 스스로 구축해서 공부했음을 강조하고 있다. 일어나 일부 영어 과목을 제외하고는 나머지 교과의 학업 역량이 좋지 않았기 때문에 아시아문화학부에서 요구하는 언어의 수월성을 강력하게 보여줘야 했다.

❷ 지원 모집 단위에 입학하려고 노력한 과정을 드러내고자, 먼저 학교생활부터 충실하게 활동했음을 어필하고, 이에 대한 노력을 구체적으로 서술하고 있다.

❸ 학교 프로그램에서 얻은 지적 호기심을 확장해 책을 읽고 일어와 일본과 한국의 관계, 나아가 역사를 공부했음을 어필하고 있다.

❹ ❷, ❸을 바탕으로 정해진 꿈과 구체적으로 그 꿈을 통해 무엇을 성취하고 싶은지 서술하고 있다.

❺ 중앙대에 진학해서 어떻게 자신의 능력을 더 발전시킬지, 그리고 일문학과는 다른 학교에도 있는데, 왜 꼭 중앙대에서 공부하고 싶은지를 쓰고 있다. 경희대와 중앙대는 왜 꼭 그곳에서 공부하고자 하는지를 중요하게 생각하므로 구체적 이유를 언급해주는 편이 좋다.

08
일반편

서울교육대학교

2019학년도 학생부종합전형, 비서울 일반고등학교

사실 지극히 평범한 학생이다. 오히려 그렇기 때문에 독자 입장에서는 살펴볼 점이 많을 것이다. 어릴 때부터 교사를 꿈꾸었지만 학교에서 운영하는 프로그램들은 평범하기 그지없었다. 이 학생은 그 안에서 서울교대가 원하는 모습이 무엇일지를 치열하게 고민했고, 그 결과 평범한 활동만으로도 섬세한 자기소개서를 작성할 수 있었다.

· 자기소개서 설계도 ·

A_내가 되고 싶은 사람과 이루고 싶은 가치	A를 꿈꾸는 이유와 계기
초등교사	단순히 가르치는 것을 넘어 교실 안에서 어떤 역할을 수행해야 좋을지를 고민함

B_A를 위한 과정 속에서 필요한 조건	B를 내가 갖췄다는 증거
- 교직 적성 - 교직 인성 - 교직 교양 ※〈파트 5 대학편〉 '서울교육대학교' 확인	- 수학멘토 활동을 통한 멘토링 수업 - 교육정책과 관련된 토론 활동 경험 - 태권도 프로그램을 통한 신체 활동에 대한 고민을 경험해봄
C_대학이 필요로 하는 이유 및 대학이 바라는 인재상	대학이 바라는 인재상을 갖춘 증거
- 교대의 경우 대부분 B의 세 가지 조건을 충족하면 된다. - 다만 서울교대는 〈파트 5 대학편〉에도 언급했지만 외국어 역량, 과학적 역량과 같은 다양한 역량을 우대하기도 하며, 이 학생은 설명에서 언급했듯이 이에는 해당되지 않은 평범한 학생이다.	
D_대학에 가서 A를 이루기 위한 계획	대학의 참고할 만한 진학 후 프로그램
비교적 진로가 명확하고, A, B, C 서술 내용이 많아 따로 기술하지 않음	

자기소개서

01

고등학교 재학기간 중 학업에 기울인 노력과 학습 경험에 대해,

배우고 느낀 점을 중심으로 기술해 주시기 바랍니다.(1,000자 이내)

❶ 성적은 공부 양에 비례한다는 생각으로 입학 후 한 달에 한 권씩 문제집

을 끝낼 만큼 많은 문제를 풀었습니다. 그 결과 성적이 올랐으며 1학기 수학 내신 1등급을 받을 수 있었습니다. 그리고 제 방식이 옳다고 생각했습니다. ❷ 그러나 모의고사 성적은 오락가락했고 내신 성적마저 떨어지면서 제 실력에 대한 확신을 갖지 못하게 됐습니다. ❸ 근본적인 원인을 파악하지 못한 채 1학년을 끝마쳤습니다. 2학년이 되어 교내 교육봉사 동아리 ○○○○의 멘토링 활동을 하며 수학 멘토를 지원했습니다. 가르치는 입장이 돼보니 그간의 실력만으로는 지식을 온전히 전달하기 힘들었습니다. 그래서 그동안 공부할 때 등한시하고 넘어갔던 교과서와 개념서를 다시 꺼내들었습니다. 멘티입장에서 궁금해할 부분을 생각하며 기초 개념부터 각종 증명까지 꼼꼼히 공부했습니다. 학교 수업시간에는 선생님과 제가 멘토와 멘티라는 생각으로 수업에 적극적으로 참여했습니다. 수업 중 선생님께서 강조하시는 부분은 따로 노트에 필기해 멘토링 수업에서 중점을 두어야 하는 부분을 찾을 수 있었습니다. ❹ 또 수업 삼 일 전부터 멘티들이 앞에 있다고 생각하며 수업을 연습했습니다. 연습할 때는 완벽하다고 생각하던 부분도 멘티의 질문에 막상 제대로 답을 못해 당황한 경우도 있었습니다. 그럴 때면 노력이 부족했음을 반성하고 다시 공부해 다음 수업 때 보충자료도 덧붙여 설명해주었습니다. 이렇게 꼼꼼히 공부하다 보니 밑 빠진 독에 물 붓기 식으로 새로운 문제만 계속 풀어나가기보다 ❺ 개념부터 차근차근 공부하는 것이야말로 진정한 실력을 만든다는 사실을 알았습니다. ❻ 이 경험을 바탕으로 교사가 되었을 때 학생들과 함께 개념노트를 만들어 가고 싶습니다. 매일 배운 것을 자신만의 해석을 쓰고 그림을 그리면서 차곡차곡 개념노트를 채워 간다면 학생들이 흥미를 잃지 않고 공부할 수 있을 것입니다. 또 이 노트가 학생의 지적 호기심을 자극하고 가능성을 일깨워 학습에 대한 동기부여도 될 것이라 생각합니다.

📝 분석포인트

❶에서 ❷로 이어지는 전개 자체는 대단하지 않고 오히려 지양해야 할 '내신 하락' 사례다. 대부분의 학생들은 그 다음에 '본인의 내신 하락을 극복하고자 어떤 노력을 했는지'에 집중하지만 이 학생은 그렇지 않았다.

❸ 문제 풀이에 치중하던 지난날과 달리 교육봉사를 하면서 자연스럽게 개념에 집중하면서 교육자의 시선에서 학습을 하게 된 모습을 잘 보여주고 있다.

❹ 그 후에도 이를 통해 본인의 내신을 끌어올리고자 노력했다고 이야기하는 대신 더 나은 수업(멘토링)을 하려고 어떤 노력을 했는지에 집중하고 있다.

❺ 가장 압축적인 '배우고 느낀 점'에 대한 서술이다. 이 자체는 결코 거창하지 않고 백번 양보해도 대단한 깨달음이 아니다. 하지만 더 나은 멘토링 수업을 고민하는 과정 끝에 도달한 결론임을 고려했을 때는 좋은 깨달음이다.

❻ 본인의 교직 적성을 강조하려고 이를 교수법에 대한 고민까지 확장시키고 있다.

❼ 교과 수업이나 탐구 경험을 서술하는 대신 교육 봉사 경험을 주로 서술하고 있다는 점에서 독특하다. 이렇게 본인이 생각하는 '배우고 익히는 경험'을 담는다면 1번 문항에서도 충분히 다양한 이야기를 할 수 있음을 잊지 말자.

02

고등학교 재학기간 중 본인이 의미를 두고 노력했던 교내 활동을
배우고 느낀 점을 중심으로 3개 이내로 기술해 주시기 바랍니다.
단, 교외 활동 중 학교장의 허락을 받고 참여한 활동은 포함됩니다.

(1,500자 이내)

❶ 1학년 교내 테마 체험학습 PPT보고서발표대회를 통해 소심하던 저를 극복할 수 있었습니다. 담임 선생님의 추천으로 발표대회에서 학급을 대표하는 단독 발표자가 됐습니다. 처음에는 300명 이상의 대중 앞에서 홀로 발표하는 것이 정말 두려워 불가능하다고 생각했습니다. ❷ 그러나 친구와 선생님의 격려 속에 스스로의 모습을 동영상으로 녹화해 제스처와 태도, 말투를 연습하면서 자신감을 얻을 수 있었습니다. 또 PPT 순서와 내용을 외우고, 부모님과 친구의 피드백을 받으며 발표 내용을 수정하면서 실수하지 않도록 철저히 대비했습니다. ❸ 이와 같은 노력을 바탕으로 발표대회 2위라는 쾌거를 이룰 수 있었고 목표를 향한 열정과 도전정신이 있으면 불가능이란 충분히 극복할 수 있는 것임을 깨달았습니다.

❹ 1학년 국어 수업 시간에 제 생애 첫 토론이 있었습니다. 서로 다른 의견을 주고받으며 소통하는 토론의 매력에 빠져 2학년 때 '소통'이라는 교내 토론 동아리를 창설해 매주 친구들과 함께 다양한 주제로 토론하기 시작했습니다. 특히 '학교폭력 가해자의 가해 사실을 생활기록부에 기재해야 한다'는 논제의 토론은 교육 분야에 관심이 많던 제게 가장 깊은 인상을 남겼습니다. 평소 가해 학생을 비판했던 저는 당시 반대 입장을 펼치다가 가해 학생의 인권을 생각하게 됐습니다. ❺ 이는 후에 제가 교내 자치법정에서 과벌점자 학생

을 변호하는 변호사로 활동하는 큰 계기가 됐습니다. ❻ 여름방학 때는 룸메이트 친구와 팀을 이루어 ○○○○○에서 주최한 전국고등학생토론대회를 준비했습니다. 예선은 영화 '레미제라블'을 보고 토론 논제를 추출하는 것이었습니다. 기숙사에서 함께 영화를 총 4번 반복해서 보며 많은 논의 끝에 '사회통합을 위한 물리적 강압은 정당한가?'라는 논제를 추출했습니다. 이 과정에서 진정한 화합의 의미를 생각해볼 수 있었으며 결과적으로 본선에 진출하는 소중한 경험을 얻었습니다. 또 지금 우리가 누리고 있는 자유와 평화가 결코 저절로 이루어진 것이 아니며 그 존재의 소중함을 가슴 깊이 깨닫는 계기가 되었습니다.

❼ 교내 실용태권도 프로그램에서 끈기와 노력의 결실을 얻을 수 있었습니다. 입학 전까지 한 번도 태권도를 접해보지 않아 처음에는 수업을 따라가기 벅찼습니다. 친구와의 실력 차이에 좌절감이 들어 중도에 포기할까 생각도 했지만 새로운 분야에 도전하는 기회를 놓치고 싶지 않았습니다. 헷갈리는 부분을 유단자 친구나 체육 선생님을 찾아가 배우고, 매일 점심과 저녁 시간마다 강당에서 연습하면서 동작을 숙달했습니다. 이렇게 한 달 동안 꾸준히 연습하자 동작이 몸에 익었고 국기원 승단심사를 통과해 1단을 취득할 수 있었습니다. 체육 활동으로 신체를 단련하고 스트레스를 해소하며 희열을 느꼈고 흘린 땀만큼 값진 성취감도 얻었습니다. ❽ 훗날 교사가 되면 다양한 신체 활동 프로그램을 만들어 학생들이 즐겁고 건강하게 학교생활을 하도록 돕고 싶습니다.

분석포인트

❶과 ❹는 '말하기'와 관련된 경험으로 교직 적성과 닿아 있는 동시에 두 활동이 어느 정도 연결돼 있다. 이는 '말하기'를 통한 소통이야말로 수업을

하는 교사에게 필요한, 가장 기초적인 역량이기 때문에 이루어진 선택이다. 먼저 ❶의 교내 테마 체험학습 PPT보고서발표대회는 물론 대단한 대회는 아니다. 본인이 '말하기'에 대해 가지고 있던 두려움을 극복한 계기 정도로 서술되고 있다.

❷ 본인의 두려움을 극복하려고 어떤 노력을 했고 그것이 ❸ 어떤 결과에 도달했는지 적절하게 서술하고 있다.

❹ 이번에는 훨씬 더 심화된 '말하기 활동'인 '토론'과 관련된 경험을 서술하고 있다. 굉장히 여러 활동이 나열돼 있지만 이는 모두 '토론'이라는 공통된 키워드로 묶이는 만큼 문제는 없다. '국어 수업 시간'에서의 토론 경험은 교내 토론 동아리 창설로 이어지고 ❺ 이는 다시 교내 자치법정에서의 경험으로 이어지고 있다. 이렇게 꼬리에 꼬리를 무는 경험의 연속을 보여주는 것이 좋다. ❻ 마지막으로 토론에 대한 관심은 궁극적으로 (물론 학교장의 승인을 받은) 외부 활동으로 이어지는데 이렇게 교내 활동을 기점으로 학생의 관심사가 외부 활동까지 확장된다면 자기소개서에 비중 있게 서술해도 좋다.

❼ 여기에 주목해보자. 갑자기 성격이 다른 활동이 제시되는데 여기에는 학생의 의도가 강하게 반영돼 있다. 교육대학교는 예체능과 관련된 역량 역시 중시하는데 이는 초등교사가 관련 업무를 수행하는 경우가 많기 때문이다.

❽ 따라서 신체 활동과 관련된 경험을 서술하고 이를 교수법과 연결함으로써 좋은 평가를 받을 수 있었다.

3번 문항의 경우 지나치게 개인적인 사례이기에 학생의 사생활에 피해가 될 우려가 있어 부득이하게 공개하지 않는다.

04

본인이 생각하는 이상적인 초등학교 교사상을 설명하고,

이러한 이상적인 교사상을 실현할 수 있는

본인의 강점을 기술하시오.(1,500자)

❶ 제가 서울교대에 지원하고자 하는 3가지 이유가 있습니다. 첫째, 촛불 같은 선생님이 되고 싶기 때문입니다. 1학년 때 진로를 정하지 못해 방황하던 제게 담임 선생님은 촛불 같은 존재셨습니다. '무엇을 하든 넌 잘해낼 수 있을 거야, 걱정하지 마'라는 선생님의 말씀 한 마디가 꿈을 찾지 못해 두렵고 캄캄하던 제 마음을 밝혀주셨습니다. 당시 제가 느낀 감정들을 이제 다른 학생도 느끼게 해주고 싶습니다. ❷ 둘째, 초등학교는 정규교육의 시작 단계이기 때문입니다. 사회에 첫발을 내딛는 초등학생 시기는 자아형성과 사회화가 이루어지는 중요한 때입니다. 교과 지식 전달을 중점으로 두는 중고등학교와 달리 초등교사는 아이들의 바른 가치관 형성과 인성 함양을 돕는 사명을 띠고 있습니다. 대한민국의 미래가 될 아이들이 올곧게 성장하는 데 헌신하는 교사가 되고 싶습니다. ❸ 셋째, 국내 최고의 교육환경을 갖춘 교육대학교이기 때문입니다. 서울교육대학교는 초등교사 양성에 그치지 않고 석박사과정 설치, 교환학생제도, 평생교육원 운영 등 국가교육발전을 위해 끊임없이 전진하고 있습니다. 이렇게 여타 지방교대와 차별화된 교육 시스템을 갖춘 서울교대야말로 계속 발전하는 초등교사가 되고자 하는 저에게 최상의 환

경을 갖춘 학교입니다.

❹ 저는 공감적 경청의 자세를 잘 알고 있습니다. 교내 토론 동아리 '소통'에서 활동하며 많은 친구와 토론했습니다. 그중에는 말을 조리 있게 잘하는 친구도 있는 반면 하고 싶은 말은 많으나 그것을 표현하지 못하는 친구도 있었습니다. 하지만 토론 활동을 꾸준히 하면서 그 친구들이 진정 전달하고자 하는 내용이 무엇인지 가만히 귀담아 듣고 소통해 그들을 이해하는 법을 알 수 있었습니다. 초등학교 학생은 아직 온전한 언어구사 능력을 갖추지 못해 자신의 생각을 뜻대로 표현하지 못하는 경우가 많습니다. 특히 학생의 표현을 대하는 교사의 반응은 그들의 향후 언어습관과 자존감 형성에 큰 영향을 미칩니다. 저는 토론 동아리에서 배운 소통 능력을 바탕으로 학생 한 명 한 명의 말을 귀담아 들어주고 이해하는 교사가 될 것입니다.

교사는 자신만의 천을 만들어갈 학생들의 식서 역할을 한다고 생각합니다. 식서란 천을 짤 때 올이 풀리거나 변형되지 않도록 짠 천의 가장자리입니다. 학생은 성장하며 정치관, 역사관, 가치관과 같은 자신만의 천을 짜나갑니다. 각자의 환경과 사고에 따라 천의 모양, 색, 두께가 모두 달라지는데, ❺ 이때 교사는 학생들에게 바른 가치관과 정도(正道)를 제시해 천의 틀을 유지하고 크게 어긋나지 않도록 도와주는 식서 역할을 수행합니다. 학생들이 성인이 돼 자신의 천을 완성하면 이는 타인과 만나 서로 엮이고, 결국 우리 사회에 개인의 천이 점점 모여 아름다운 한 벌의 옷, 즉 바람직한 다원주의 국가가 이루어집니다. 교사는 이렇게 사회구성원의 곧은 가치관과 인격도야를 도와 조화로운 공동체 형성에 기여해야 하며, 이것이 교직의 매력이라고 생각합니다.

- - - - - - - -

현재 서울교대의 자율 문항은 물론 비슷한 내용을 묻고 있기는 하지만 다소 바뀌었다. 그럼에도 굳이 이 사례를 보여주는 이유는 이 학생이 정말 많이 고민하다가 자율 문항을 작성했기 때문이다. 이 학생은 자율 문항에서 아래 두 가지 질문에 집중적으로 답하고자 했다. 이는 특히 교육대학교를 지망하는 학생들에게 좋은 이정표가 될 수 있으리라 생각된다. 그 두 질문이란 바로 '왜 교사가 되고 싶은지'와 '왜 사범대가 아닌 교육대를 택했는지, 즉 중등 교사가 아닌 초등 교사를 택한 이유가 무엇인지'다. 그리고 한 가지를 더. 본인이 지방 학생인데 타 지역의 교대에 지원하는 경우라면 그 이유 역시 설명해주는 편이 좋다.

분석포인트

❶ 왜 교사가 되고 싶은지, 즉 이상적인 교사상에 대한 대답이라고 할 수 있다. 이렇게 비유법을 활용하는 방식은 사실 트렌디하지는 않다.

❷ 왜 초등 교사를 택했는지에 대한 답이라고 할 수 있다. 이때 학생이 제시한 '인성 함양'에 집중하고 싶다는 생각은 이전 문항에서 보여준 다양한 모습들, 예를 들어 교내 자치법정에서 과벌점자를 위해 변호를 맡은 모습 등을 통해 뒷받침된다.

❸ 왜 굳이 서울교대를 택했는지에 대한 대답이다. 사실 썩 좋은 대답은 아니다. 서울교대가 운영하고 있는 독특한 프로그램을 좀 더 구체적으로 다루었으면 좋았을 것이라는 생각이 강하게 든다. 참고만 하자.

❹ 자율 문항에서 이미 앞의 문항에서 언급한 활동을 다시 활용하는 것은 지양하는 편이 좋다. 그래도 초등교육에서 중요한 가치와 이와 관련된 본인의 강점을 내세우고자 토론 동아리 경험을 다시 언급한 것인 만큼 여전히

좋은 평가를 받을 수 있었다. 또한 교사에게 소통이라는 가치가 매우 중요하다는 점 역시 고려했다.

❺에서는 ❷에서 본인이 언급한 '인성 함양'에 대한 본인의 생각을 잘 보여주며 글을 마무리하고 있다.

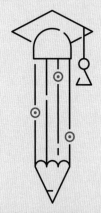

대치동 입시컨설턴트가 알려주는
2022, 2023 자소서 작성비법

새로 바뀐 대입자기소개서 인문계열

초판 1쇄 발행 2021년 4월 26일
초판 2쇄 발행 2021년 10월 30일

지은이 이수민
펴낸이 조종현
책임편집 정희숙
책임교정 이일서
표지·본문 디자인 투에스디자인
펴낸곳 길위의책

출판등록 제312-25100-2015-000068호 · 2015년 9월 23일
주소 03763) 서울시 서대문구 이화여대8길123, 105-607
전화 02-393-3537
팩스 0303-0945-3537
블로그 https://blog.naver.com/roadonbook
이메일 roadonbook@naver.com

ISBN 979-11-89151-16-4

활동 내역 정리 및 설명 문서

소속 학교 :   고등학교   이름 :

    이 책에 소개한 합격생의 전문 사례 내용을 확인했다면 자신의 자기소개서 작성을 위한 활동 틀을 작성해보기를 바란다.

    이 양식은 자기소개서 작성 전에 자신의 3년간의 고교생활 활동 내역을 학생 스스로 정리해보는 문서이다. 학생이 직접 채우는 것이 가장 바람직하나, 학생이 혼자 채우기 버겁거나, 빠뜨리는 것이 있을 수 있으므로 부모님이나 친구들의 기억을 빌려서 작성해보는 것도 좋다.

1. 진로 희망 사항

학년	진로 희망 + 내용	진로 희망 + 내용
1		
2		
3		

2. 활동 내역 및 내용 정리

활동종류	활동명	간단한 내용 설명
수상 및 교내대회	수상한 상 혹은 수상하진 못했지만 의미있었던 대회의 이름을 써주세요. ex. 기발한 아이디어 경진대회	수상까지의 느낀 점, 과정, 혹은 수상하지 못했지만 의미있는 이유를 써주세요. ex. 평소에 좋은 아이디어를 메모하는 습관이 있고 이를 바탕으로 수상
동아리	동아리 이름을 써주세요. 동아리에서 진행한 활동들을 각각 써주세요.	3년 내 동일했는지, 바뀌었는지, 바뀌었다면 이유는 무엇인지 써주세요. 동아리에서 진행한 활동들의 내용과 각 활동에서의 역할을 써주세요.
봉사	봉사활동 내용과 시간을 기록해주세요.	봉사활동에서의 느낀 점, 구체적 활동과 역할을 써주세요.

활동종류	활동명	간단한 내용 설명
탐구(R&E 등)	탐구보고서의 제목을 써주세요.	탐구보고서의 내용을 써주세요. 탐구보고서를 바탕으로 수상했다면 수상과 탐구활동 란에 모두 기술해주세요.
교과활동 내 특이사항	교과 활동에서 본인이 했던 구체적인 활동이나 주도적으로 방과후 학교, 수행평가 등에 참여한 경험이 있는 경우 기술해주세요. ex1. 경제시간에 한 단원을 맡아 발표함 ex2. 영어시간에 가우디의 건축물에 대해 영어로 발표함	구체적인 내용을 기술해주시고, 학생부에 기록된 경우 기록되었음을 표시해주세요.
독서활동	자기소개서에 기술하고 싶은 도서(서울대의 경우 필수)나 독서 문항이 없어도 인상 깊어서 기술하고 싶은 도서와 저자를 써주세요.	인상 깊었던 이유와 간단한 내용을 기술해주세요.

활동종류	활동명	간단한 내용 설명
기타 외부 활동	기타 외부 활동 중 학생부에 없지만, 자기소개서에 쓸 만큼 인상 깊었던 활동을 기록해주세요. ex. 서울대 전공 캠프	인상 깊었던 이유와 구체적 내용, 역할을 기술해주세요. ex. 전공캠프에서 호기심을 얻어 탐구 활동으로 이어짐

3. 기타 삶에서 인상 깊은 활동 + 꼭 알아두었으면 하는 점

자소서와 관계없을 수도 있지만, 선생님이 학생을 이해함에 있어 도움이 될 만한 것들을 적어주세요. 부모님이나 주변인들의 도움을 받아도 좋습니다. 사소한 일도 모두 좋습니다.

연번	내용
1	ex1. 어린 시절부터 블로그를 통해서 다른 사람들과 컴퓨터 관련 지식을 나누는 활동을 구준히 해왔음 ex2. 중학교 3학년 때 학교 대표로 한일문화교류단에 참석해 일본 도쿄에서 일주일 동안 머뭄 ex3. 사업가이신 아버지의 영향으로 어린 시절부터 사업 모델을 구성해 보는 데에 익숙했음
2	
3	
4	